权威·前沿·原创

皮书系列为
"十二五""十三五""十四五"时期国家重点出版物出版专项规划项目

对外开放蓝皮书
BLUE BOOK OF OPENING-UP

北京对外开放发展报告（2022）

ANNUAL REPORT ON BEIJING OPENING-UP DEVELOPMENT (2022)

对外经济贸易大学北京对外开放研究院
主　　编／黄宝印　　夏文斌
副 主 编／王　强
执行主编／王　颖

社会科学文献出版社
SOCIAL SCIENCES ACADEMIC PRESS（CHINA）

图书在版编目（CIP）数据

北京对外开放发展报告.2022／黄宝印，夏文斌主编.--北京：社会科学文献出版社，2023.1
（对外开放蓝皮书）
ISBN 978-7-5228-1261-8

Ⅰ.①北…　Ⅱ.①黄…②夏…　Ⅲ.①对外开放-研究报告-北京-2022　Ⅳ.①F127.1

中国版本图书馆 CIP 数据核字（2022）第 242114 号

对外开放蓝皮书
北京对外开放发展报告（2022）

主　　编／黄宝印　夏文斌
副 主 编／王　强
执行主编／王　颖

出 版 人／王利民
组稿编辑／恽　薇
责任编辑／颜林柯
文稿编辑／陈　冲
责任印制／王京美

出　　版／社会科学文献出版社·经济与管理分社（010）59367226
　　　　　地址：北京市北三环中路甲29号院华龙大厦　邮编：100029
　　　　　网址：www.ssap.com.cn
发　　行／社会科学文献出版社（010）59367028
印　　装／天津千鹤文化传播有限公司

规　　格／开　本：787mm×1092mm　1/16
　　　　　印　张：21.5　字　数：318千字
版　　次／2023年1月第1版　2023年1月第1次印刷
书　　号／ISBN 978-7-5228-1261-8
定　　价／158.00元

读者服务电话：4008918866

编 委 会

主要编撰者简介

黄宝印　对外经济贸易大学党委书记，北京对外开放研究院理事长，经济学硕士，北京市第十三次党代会代表。兼任国家督学顾问，全国普通高校毕业生就业创业指导委员会副主任委员，中国学位与研究生教育学会评估委员会主任委员，《中国研究生》杂志主编，《大学与学科》杂志主编，北京市习近平新时代中国特色社会主义思想研究中心特约研究员。

夏文斌　对外经济贸易大学校长、党委副书记，北京对外开放研究院院长，哲学博士，研究员，博士生导师。国家哲学社会科学重大项目首席主持人，教育部高等学校教学指导委员会委员，第三届商务部经贸政策咨询委员会委员，兼任全国中国特色社会主义理论研究会副会长，中国科学社会主义学会理事，北京市中国特色社会主义理论体系研究中心研究员。

主要研究领域为对外开放理论与政策、马克思主义政治学。主要著作有《当代中国的发展哲学》《区域公平的当代建构》等，先后在《人民日报》《光明日报》《北京大学学报》《哲学研究》《中国高等教育》等刊物上发表论文80余篇。获教育部、北京市哲学社会科学优秀成果奖。

王　强　对外经济贸易大学副校长，管理科学博士，教授，博士生导师，享受国务院政府特殊津贴专家，入选国家"百千万人才工程"并同时授予"有突出贡献中青年专家"。九三学社中央委员，政协北京市朝阳区第十四届委员会副主席，九三学社朝阳区委主委。

主要研究领域为对外开放、产业经济学、物流与供应链管理。在国内外重要学术刊物上发表论文数十篇，"北京市服务业扩大开放"等相关领域研究成果曾获党中央国务院等部门采纳。2009年入选教育部"新世纪优秀人才支持计划"。获全国商务发展研究成果奖、第六届高等学校科学研究优秀成果奖（人文社会科学）、第七届高等学校科学研究优秀成果奖（人文社会科学）、第八届高等学校科学研究优秀成果奖（人文社会科学）、北京市第十五届哲学社会科学优秀成果奖等。

王 颖 对外经济贸易大学国家对外开放研究院常务副院长，经济学博士，研究员。兼任中国国际贸易学会常务理事，受聘为北京市人民政府研究室合作外脑专家。

主要研究领域为对外开放政策实践、中美经贸关系、国际贸易理论与政策。出版专著《美国产业地理与对中国贸易政策制定》，参编著作多部，在核心期刊上发表论文20余篇，主持1项国家社会科学基金项目、1项教育部人文社会科学青年基金项目，参与国家级和省部级重大、重点项目10余项。研究报告曾获国家领导人批示，多项成果被内参采用上报。获北京市优秀教育教学成果二等奖。

刘 斌 对外经济贸易大学北京对外开放研究院、中国世界贸易组织研究院研究员，经济学博士，博士生导师。

主要研究领域为国际经贸规则、全球价值链、对外开放。在《中国社会科学》《经济研究》《管理世界》发表学术论文70余篇。相关研究成果曾获中央领导人重要批示。主持教育部重大课题攻关项目、国家自然科学基金、北京市社科基金项目等国家级和省部级课题多项，获安子介国际贸易研究奖、商务发展研究成果奖、北京市哲学社会科学优秀成果奖等省部级奖励多项。

邓慧慧 对外经济贸易大学北京对外开放研究院、国际经济研究院研究员，博士生导师，国家社科重大（专项）首席专家。美国密歇根大学、明尼苏达大学访问学者。

主要研究领域为区域、城市与产业发展。主持国家自然科学基金面上项目、北京社科基金重大项目等省部级以上项目 10 余项，出版专著《中国制造业集聚与对外贸易：微观经济视角的分析》《中国外商投资发展报告（2017）——全球经济治理变革背景下的外商直接投资》等。在国内外权威期刊发表学术论文 40 余篇。研究成果荣获教育部高等学校科学研究优秀成果奖（人文社会科学）（2 次）、北京市哲学社会科学优秀成果奖二等奖（2 次）。

摘　要

　　《北京对外开放发展报告（2022）》对2021年北京对外开放整体形势进行了全方位、多角度、深层次的解析，并对未来对外开放走向和发展路径进行了研判，为推动北京加快形成特色突出、优势明显的高水平对外开放新格局、打造对外开放新高地提供智力支持。报告综合采用调查研究、案例分析、横向比较、实证研究等方法对北京对外开放进行了全面的分析梳理和阐述，认为当前北京对外开放水平保持持续稳健提升态势，积极深入探索以服务业为主导的开放新模式，北京经济高质量发展、高水平开放进入了新阶段。在开放发展领域，北京借助自由贸易试验区建设、"两区"建设和国际消费中心培育建设的政策叠加优势，积极推进高标准规则衔接和制度创新，着力打造高水平对外开放机制创新发展平台。在数字经济领域，北京坚持国际一流、首善标准，推动数字贸易高质量发展，加快建设全球数字经济标杆城市，通过提高监管效能促进平台经济规范健康发展。在文化往来领域，北京文化数字化的不断深化带来新业态新模式的兴起，文化贸易实现量质双提升，抓住RCEP发展机遇加快文化产业"走出去"。在国际交往领域，北京基于首都优势推动国际交往中心功能建设，不断优化国际通达能力，持续扩大国际影响力。

　　报告认为，北京已经在高水平的开放中取得了重要成就，深刻把握和推进"新高地、新引擎、新平台、新机制"建设，将进一步提升北京对外开放水平和影响力。在当前疫情叠加地缘政治风险的背景下，北京对外开放面临一系列挑战，应营造更为公平透明的营商环境，促进投资便利化；完善跨

对外开放蓝皮书

国公司总部经济服务保障体系，支持跨国公司在京设立全球和区域研发中心；培育外贸发展新业态新模式，构建北京市国际竞争合作新优势；对标高水平自贸协定，推动北京市服务贸易和文化贸易高质量发展；加快北京市知识产权保护制度创新，推动知识产权强国示范城市建设；加快京企"走出去"步伐，深度参与并积极开拓国际市场。

关键词： 对外开放　制度创新　"两区"建设　数字经济　文化贸易

目　录 ◥

I　总报告

II　分报告

（一）开放发展篇

（二）数字经济篇

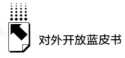

V　附　录

皮书数据库阅读**使用指南**

总 报 告

General Report

B.1

北京市对外开放分析与展望（2022）

对外经济贸易大学北京对外开放研究院课题组*

摘　要：　全球疫情影响持续，国际形势动荡加剧，世界面临百年未有之大变局。当前中国对外开放进入新发展阶段，逐渐由商品和要素型开放向制度型开放转变。在国际形势动荡和国内经济结构转型期，北京市始终立足"四个中心"战略定位，不断提高"四个服务"水平，疫情防控与经济建设工作取得显著成效，高质量对外开放水平持续提升。货物贸易总量再创新高，贸易结构不断升级；营商环境持续优化，引资"强磁场"效应进一步增强；开

---

* 对外经济贸易大学北京对外开放研究院课题组总负责人：黄宝印，对外经济贸易大学党委书记，主要研究方向为学位与研究生教育政策、实践与理论研究；夏文斌，对外经济贸易大学校长、党委副书记，研究员，主要研究方向为对外开放理论与政策、马克思主义政治学。执行负责人：王强，对外经济贸易大学副校长，教授，主要研究方向为服务贸易、国际运输与物流、全球供应链管理、产业经济学。执笔人：刘斌，对外经济贸易大学中国世界贸易组织研究院研究员，博士生导师，主要研究方向为国际经贸规则、全球价值链、对外开放；王颖，对外经济贸易大学国家对外开放研究院常务副院长、研究员，主要研究方向为对外开放政策实践、中美经贸关系、国际贸易理论与政策；刘玥君，对外经济贸易大学中国世界贸易组织研究院博士研究生，主要研究方向为国民经济。

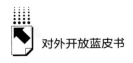
放平台能级不断提升，园区建设成果显著；制度创新和政策集成能力不断提高，自主创新能力进一步增强。尽管当前北京市对外开放面临一系列挑战，但稳中向好的基本面没有发生改变。未来，北京市要率先探索构建新发展格局有效路径，积极开展国际高水平自由贸易协定规则对接先行先试，全力打造对外开放新高地。

关键词： 对外开放　对外贸易　"两区"建设

一　北京市对外开放成就

近年来，北京市在习近平新时代中国特色社会主义思想指引下，全面贯彻党的十九大和十九届历次全会精神，大力加强"四个中心"功能建设，提高"四个服务"水平，抓好"三件大事"，打好三大攻坚战，统筹推进改革发展稳定和改善民生各项工作，坚持"稳中求进"的工作总基调，发挥北京市"四个中心"引领作用，持续推动"五子"联动，经济高质量发展、高水平开放进入新阶段。2021年，北京市经济实力进一步增强，经济总量突破4万亿元大关，地区人均GDP稳居全国首位，经济结构持续优化，服务业增加值占比超过80%，数字经济占比超过40%。北京市对外贸易创历史新高，货物贸易首次进入"3万亿元"时代，进出口同比增速高达30%，高出全国8个多百分点，反映出疫情到来后北京市外贸的韧性和反弹力度，服务贸易总额继续居全国前列，外贸"朋友圈"不断扩大，贸易新业态持续壮大，引资结构继续优化，营商环境不断改善，北京市已初步形成全方位、多领域、高层次的对外开放新格局。

（一）北京市对外贸易实现量质双提升

1. 货物贸易总量创历史新高

2021年，北京市积极落实疫情防控与稳定外贸工作，货物贸易总量迈上新台阶，全年进出口总值突破重要关口。根据北京海关数据，2021年北京市货物进出口总值达3.04万亿元，首次突破3万亿元大关，扭转2020年负增长态势，较2020年上涨30.56%，较2019年上涨5.83%，展现出外贸持续发展的稳定性（见图1）。其中，全年总出口达6120亿元，较上年增长31.18%，总进口达2.43万亿元，较上年增长30.41%，并且较2019年均有所增长，恢复疫情到来前正增长趋势。

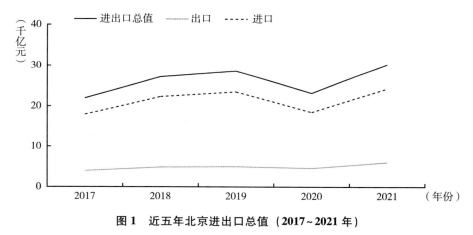

图1　近五年北京进出口总值（2017~2021年）

资料来源：根据《北京统计年鉴》（2018~2022年）、北京海关2017~2021年北京地区进出口贸易统计报表整理。

从分季度货物贸易进出口总值情况看，2021年一至四季度的货物贸易进出口总值分别为6830亿元、7470亿元、8060亿元与8080亿元，始终保持平稳增长趋势，展现出北京市疫情到来后外贸"稳中有进"的发展走向（见图2）。

2. 货物贸易结构进一步优化

（1）贸易商品结构持续优化，民营企业展现外贸活力

从出口商品结构看，2021年北京市排名前五的出口产品分别为成品油、医药材及药品、手机、集成电路与钢材（见图3）。其中，成品油、手机及集成电路与钢材的出口总额分别为1330亿元、850亿元、200亿元与150亿元，同比增长幅度分别为2.69%、29.78%、48.01%及16.87%，医药材及

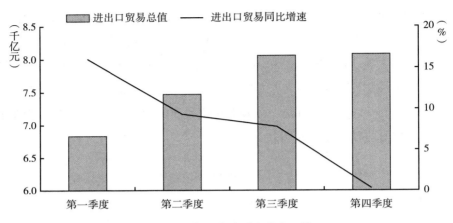

图2 2021年北京分季度进出口情况

资料来源：根据《北京统计年鉴》（2022年）、北京海关2021年1~12月北京地区进出口贸易统计报表整理。

药品表现最为突出，达到1040亿元，同比增长1434.97%。疫情大考下北京企业践行"医药担当"，防疫物资出口持续增长，人用疫苗出口922.30亿元，较2020年增长了6227.08%。

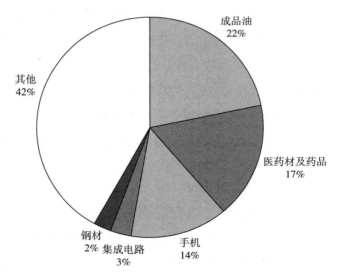

图3 2021年北京主要出口商品结构

资料来源：根据北京海关2021年北京地区主要出口商品结构图整理。

从进口商品结构看，北京总部经济特点突出，部分在京总部企业担负着为全国进口的任务。北京市前五大进口商品为原油、汽车、天然气、农产品、铁矿砂及其精矿（见图4）。其中，进口原油9200亿元，同比增长39.78%；进口汽车2040亿元，同比增长9.49%；进口天然气2030亿元，同比增长54.38%；进口农产品1970亿元，同比增长40.15%；进口铁矿砂及其精矿1480亿元，同比增长16.03%。

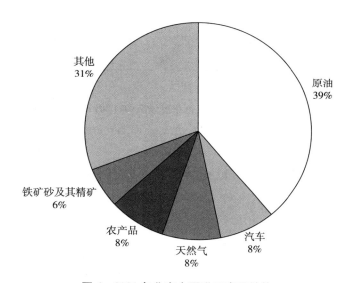

图4　2021年北京主要进口商品结构

资料来源：根据北京海关2021年北京地区主要进口商品结构图整理。

从贸易主体情况看，民营企业活力强劲，进出口增速超越全国平均水平。2021年北京市国有企业、民营企业及外商投资企业进出口总值分别为20630亿元、2900亿元与6740亿元，同比增长33.20%、28.96%与24.14%（见图5），北京市国有企业迅速扭转2020年的负增长趋势，再次跃升为进出口增长水平最高的企业主体。但值得注意的是，2021年北京市民营企业进出口同比增长率近五年来首次超越全国民营企业平均水平，高出同年全国民营企业进出口同比增长率2.3个百分点（见图6）。在经历2020年的短暂缓慢增长后，北京市民营企业展现出强大灵活性与市场敏感度。

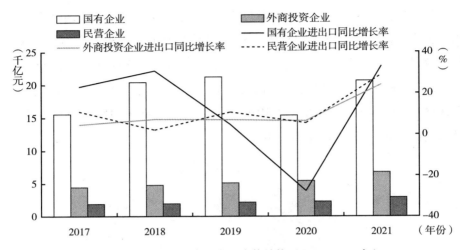

图 5　近五年北京进出口企业主体结构（2017～2021 年）

资料来源：根据北京海关 2017～2021 年北京地区进出口贸易统计报表整理。

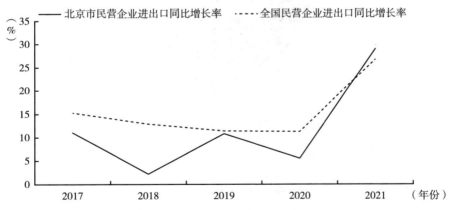

图 6　近五年北京与全国民营企业进出口同比增长率对比（2017～2021 年）

资料来源：根据北京海关 2017～2021 年北京地区进出口贸易统计报表整理。

（2）与亚洲和共建"一带一路"国家的贸易实现快速增长

从区域市场结构看，2021 年在北京市进出口商品区域构成中，对亚洲的进出口总值为 13200 亿元，较 2020 年增长了 32.17%，占整体进出口总值的 43.4%；欧洲是北京市的第二大贸易市场，进出口总值为 6540 亿元，同比增长 19.86，占比为 21.5%；北美洲是第三大贸易合作区域，进出口总值为 3320 亿元，同比增长 49.60%，占比为 10.9%（见图 7）。从国别市场结构看，2021 年美国再次成为北京市最大贸易国，北京市对美国进出口总值达 3009.93 亿元，同比增长 49.65%。澳大利亚超越德国成为北京市第二大贸易国，北京市对澳大利亚与德国的进出口总值分别为 1906.51 亿元、1839.01 亿元（见图 8）。从整体上看，2021 年北京市对美国、德国、日本、澳大利亚及俄罗斯等主要贸易国家的进出口呈现正增长趋势，贸易伙伴更加多元。

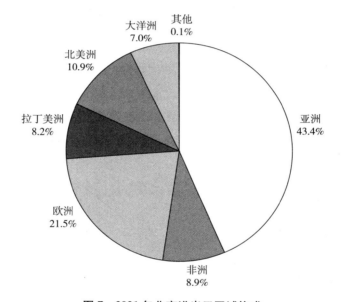

图 7　2021 年北京进出口区域构成

资料来源：根据北京海关 2021 年北京地区进出口贸易统计报表整理。

近年来，北京市对共建"一带一路"国家贸易往来日益增多，2021 年北京市与共建"一带一路"国家进出口总值达到 16100 亿元，占贸易总额的 53%，贸易同比增速达 37.30%（见图 9），较 2021 年北京市整体进出口总值同比增长速度高出 6.73 个百分点。在"一带一路"沿线国家中，西亚北非 16 国是北京市区域内合作最密切的贸易伙伴，北京市对西亚北非 16 国的进出口总值达 5890 亿元，同比增长 47.63%，合作前景十分广阔。

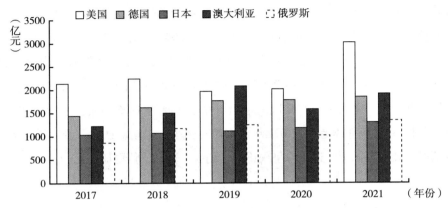

图8 近五年北京对主要贸易国家进出口情况（2017~2021年）

资料来源：根据北京海关2017~2021年北京地区进出口贸易统计报表整理。

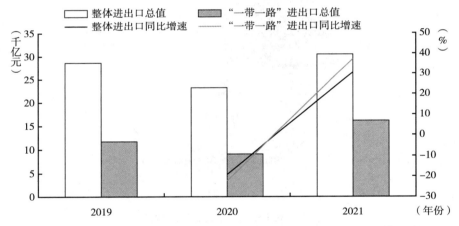

图9 2019~2021年北京与共建"一带一路"国家进出口贸易情况

资料来源：根据北京海关2019~2021年北京地区进出口贸易统计报表整理。

（3）服务贸易实现高质量发展，文化产业成长壮大

服务业扩大开放成效显著，进出口总值创历史新高。2021年北京市服务贸易进出口总值为8400亿元左右①，北京市服务贸易进出口总额占贸易

---

① 《8400亿！2021年北京对外贸易创历史新高》，人民资讯百度百家号，2022年1月14日，https：//baijiahao. baidu. com/s？id=1721913650223139886&wfr=spider&for=pc。

总额的比重接近 30%。文化贸易发展迅速，2021 年北京市文化产品出口全国第一，较上年增长 61.53%，文化产品出口总值为 1.25 亿元，较上年增长 136.83%，创五年来新高（见图 10）。在 2021~2022 年国家文化出口重点企业中，北京市共有 32 家企业入选，占企业总数的 8.67%；在 2021~2022 年国家文化出口重点项目中，北京市共有 11 家企业入选，占项目总数的 9.02%。① 天竺综保区作为国家文化出口基地，保税艺术品进口规模占全国近 1/3，文物进口规模占全国数量的 50%。②

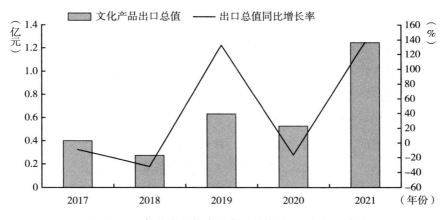

图 10   近五年北京文化产品出口总值（2017~2021 年）

资料来源：根据北京海关 2017~2021 年北京地区进出口贸易统计报表整理。

（4）跨境电商发展迅速，贸易新业态活力十足

近年来北京市跨境电商业务迅速增长。2020 年以来，北京市着力打造跨境电商特色监管模式，先后推出六项创新业务，推动了北京市跨境电商新业态快速健康发展。目前北京市新模式、新产业与新供给已初步得到落实，

---

① 根据《2021—2022 年度国家文化出口重点企业公示名单》《2021—2022 年度国家文化出口重点项目公示名单》计算，《关于公示 2021—2022 年度国家文化出口重点企业和重点项目名单的通知》，商务部网站，2021 年 7 月 27 日，http://www.mofcom.gov.cn/article/zwgk/gztz/202107/20210703180727.shtml。

② 《高水平开放实践"两区"担当：百余标志性项目和功能性平台落地》，《新京报》百度百家号，2022 年 6 月 15 日，https://baijiahao.baidu.com/s?id=1735708674331472827&wfr=spider&for=pc。

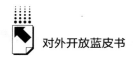

相关试点企业已从受疫情影响销售额下降99%的困境，恢复至疫情到来之前80%的销售水平，有力推动了消费潜力的释放。

在确保商品快速通关的同时，北京海关还积极为跨境电商及快递企业解决"堵点"与"难点"问题，帮助企业稳定订单数量，促进对外贸易保稳提质。截至2021年，北京市跨境电商企业已经在30个国家建立70多个海外仓、6个跨境电商监管场所、11家跨境电商产业园与50余家跨境电商体验店，形成了较为完善的跨境电商服务支撑体系，为在京电商企业发展创造了良好的条件。

（二）北京市"引进来""走出去"步伐进一步加快

1. 引资"强磁场"效应持续释放

外商投资规模持续扩大，引资结构继续优化。2021年，北京市实际利用外商直接投资155.6亿美元，同比增长10.3%（见表1）。引资结构中前三位的行业为：科学研究和技术服务业60.4亿美元，同比增长25.9%，占外商投资总值的38.8%；信息传输、软件和信息技术服务业41.2亿美元，同比下降7.6%，占比为26.5%；租赁和商务服务业20.4亿美元，同比增长40.0%，占比为13.1%。

表1 2019~2021年北京重点行业实际利用外资情况

单位：万美元，%

指标	2021年			2020年			2019年		
	实际利用外资额	比重	同比增长率	实际利用外资额	比重	同比增长率	实际利用外资额	比重	同比增长率
总计	1556162	100.0	10.3	1410441	100.0	-0.8	1421299	100.0	-17.9
制造业	73160	4.7	64.7	44419	3.1	31.9	33682	2.4	-67.3
批发和零售业	67892	4.4	13.7	59738	4.2	12.9	52899	3.7	-31.8
交通运输、仓储和邮政业	2825	0.2	-94.2	48573	3.4	82.6	26599	1.9	-76.4
信息传输、软件和信息技术服务业	412309	26.5	-7.6	446295	31.6	-16.6	534844	37.6	18.3
金融业	37361	2.4	-67.3	114093	8.1	-29.8	162521	11.4	76.4

续表

指标	2021 年			2020 年			2019 年		
	实际利用外资额	比重	同比增长率	实际利用外资额	比重	同比增长率	实际利用外资额	比重	同比增长率
房地产业	70166	4.5	58.5	44271	3.1	−36.8	70022	4.9	−64
租赁和商务服务业	204344	13.1	40	145949	10.3	32.7	110025	7.7	−59.5
科学研究和技术服务业	604137	38.8	25.9	479903	34.0	30.5	367736	25.9	52.9

资料来源：《北京市国民经济和社会发展统计公报》（2019~2021 年）。

外资企业收入稳步提升，新设外企数量增长迅速。2021 年，北京市外企实现营收 254.18 亿元，较上年增长 40.53%，达到行业内领先水平。新设外资企业数量为 3382 家，较上年增长近五成，数量创近五年新高（见图 11），进出口业务持续扩展，为带动北京市整体进出口规模增长做出较大贡献，同时也说明北京市场对外资企业仍然具有很大的吸引力。

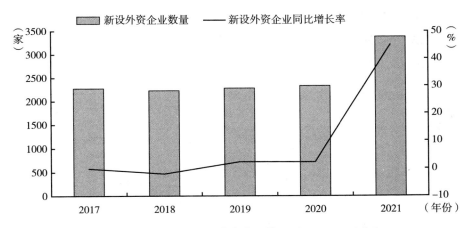

图 11　近五年北京新设外资企业情况（2017~2021 年）

资料来源：《北京统计年鉴》（2018~2022 年）。

引资来源更加多元化。近年来，中国香港地区长期为来京投资最多的地区，其次为英属维尔京群岛、开曼群岛、日本、韩国与美国。值得注意的是，

2020 年德国来京投资额达 47474 万美元，同比增长 127.29%，超越开曼群岛、美国与韩国，在北京市对外投资来源地中的地位得到较大提升（见图 12）。

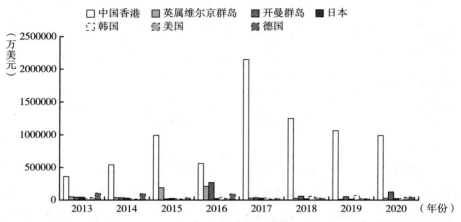

图 12　2013~2020 年北京对主要投资来源地的实际利用外资额

资料来源：《北京统计年鉴》（2014~2021 年）。

2. 对外投资力度增大

北京市对外投资步伐不断加快，增速创五年内新高。2021 年全年，北京市对外实际投资额为 65.8 亿美元，较 2020 年增加 55.4%（见图 13）。其

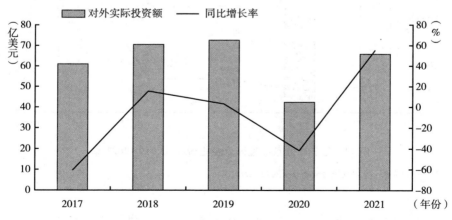

图 13　2017~2021 年北京对外实际投资额变化趋势

资料来源：《北京市国民经济和社会发展统计公报》（2017~2021 年）、北京市统计局。

中，对外承包工程完成营业额 36.8 亿美元，较上年下降 0.7%；对外劳务合作派出各类劳务人员 2.0 万人，同比增长 33.3%，劳务人员实际收入总额 5.2 亿美元，同比增长 9.1%。北京市对外直接投资正逐渐接近疫情到来前水平，2021 年对外直接投资额与 2019 年相比差值小于 7 亿美元，对外投资稳步恢复增长趋势。

（三）对外开放平台载体再升级

1. 四大平台扩能升级

中国国际服务贸易交易会（以下简称"服贸会"）取得空前成效。习近平主席在 2021 年中国国际服务贸易交易会全球服务贸易峰会上发表视频致辞强调"支持北京等地开展国际高水平自由贸易协定规则对接先行先试，打造数字贸易示范区；继续支持中小企业创新发展，深化新三板改革，设立北京证券交易所，打造服务创新型中小企业主阵地"[①]，这为疫情背景下复苏任务艰巨的世界经济注入了新动能，彰显中国推动合作共赢的大国担当。2021 年服贸会举办了 5 场高峰论坛、193 场论坛会议和推介洽谈活动以及 8 场边会，吸引了来自 153 个国家和地区的 1.2 万余家企业线上线下参展参会，参与国家比上届增加 5 个，企业数量增加 4500 余家，参展参会企业数量和国际化程度均超过上届水平。[②] 本届服贸会体现了以下基本特征：第一，表达了更高水平对外开放的迫切愿望，会上提出中国将从提升开放水平、扩展合作范围、强化服务贸易规制建设与支持中小企业创新发展四个方面，继续推动世界各国开展贸易合作，进一步展现中国扩大对外开放的决心与信心；第二，凝聚了国际经贸复苏的共识，三大国际组织以及 5 国领导人对服贸会的举办表示高度赞赏与支持，会议汇集了世界各国商界、学界与政

---

① 《习近平在 2021 年中国国际服务贸易交易会全球服务贸易峰会上发表视频致辞》，央视新闻百度百家号，2021 年 9 月 2 日，https://baijiahao.baidu.com/s？id=1709797357227517414&wfr=spider&for=pc。

② 《5 场高峰论坛、193 场论坛会议和推介洽谈活动、1 万余家企业参会——共襄服贸盛举 共享数字机遇》，中国政府网，2021 年 9 月 3 日，http：//www.gov.cn/xinwen/2021-09/03/content_ 5635095.htm。

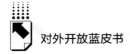
界人才关于数字贸易、服务贸易与防疫健康等多个贸易热点问题的前沿观点，为推动全球经济复苏贡献知识力量；第三，聚焦数字服务贸易，展现了数字贸易、区块链与工业物联网等前沿领域的发展新业态，并达成了一系列重大合作项目，会上共达成了1672个合作成果；第四，展示了中国"十三五"时期的瞩目成就，发布了《中国服务贸易发展报告2020》《中国数字贸易发展报告2020》《世界旅游城市发展报告2020》等多项权威报告，会议专业性、国际性、知名度与影响力得到较大提升；第五，积累了"线上+线下"同步办展的经验，利用先进技术手段，实现线上线下洽谈顺利进行，并圆满完成疫情防控要求，实现线下参展"零感染"。

双枢纽机场开放平台有效吸引国际消费。2021年，首都国际机场与大兴国际机场共进出港航班49.9万架次，同比增长17.6%；旅客吞吐量合计5769万人次，同比增长12.2%。① 北京市发布24项重点建设任务，从强功能、畅流通、提流量、广辐射与补短板五大方面，继续发挥"双枢纽"优势、扩大消费场景、优化资源配置，为国际消费中心城市建设创造强大牵引力。结合智能化数字化技术，不断增强平台新模式试点工作，提升航空口岸物流能力，目前双枢纽空港电子货运平台已成功完成试运行，为口岸物流便利化、信息化建设奠定了基础。

中关村论坛与金融街论坛为北京市科技创新与金融业改革创造交流平台。2021年中关村论坛规格全面升级，共举办会议、展览与发布会等六大板块60场活动，来自全球50多个国家和地区的全球顶级科学家、国际组织负责人、全球知名企业家与投资人等上千名嘉宾参会，在数字经济、生命健康与可持续发展等全球性热点问题上形成了广泛共识，会议影响力明显提高。论坛取得显著成效，发布了《新一代人工智能伦理规范》等一系列国家级创新成果以及国际科技合作计划，为继续打造北京市科技创新交流平台指明了方向。2021年金融街论坛年会包括5个平行论坛，进行了35个议题

---

① 《国际消费中心城市建设一周年，北京交出成绩单》，澎湃新闻网，2022年7月13日，https：//m. thepaper. cn/baijiahao_ 18996766。

的密集交流①，整体议题及专场活动数量较上年增加三成，更加突出金融服务实体经济本质和金融科技创新发展议题。会议在小微企业普惠金融、金融高质量转型创新与加强金融风险防控等多个方面取得了丰硕成果，在引领中国金融业改革开放方面发出了"北京声音"。

2. 综合保税区建设加速

天竺综合保税区成为空港型综保区改革创新实践者。天竺综保区是中国（北京）自由贸易试验区国际商务服务片区重要组成部分，也是国家服务业扩大开放综合示范区的重要开放平台。2021年，天竺综保区依托"两区"建设重要契机，加快增值税一般纳税人试点工作，探索"保税免税相衔接"业务模式，推动口岸智能化、信息化升级，推进重点项目加速落地。目前，园区已开展增值税一般纳税人试点44家，2021年实现内销收入212.8亿元，同比增长41.3%，园区企业销售额超过30亿元，保障了全市95%以上的国际货邮高效通关，已成功争创国家级跨境贸易便利化标准化试点，在医药产业国际化、文化产业集聚化方面取得了显著成果。未来园区将对标高水平经贸协定规则，继续强化政策创新，瞄准"高精尖"产业发展方向，增强服务、文化与医药贸易等优势特色产业发展力度。②

大兴国际机场综合保税区成为全国唯一跨省综合保税区。2021年12月20日，大兴国际机场综保区（一期）通过封关验收，标志着全国首个跨省市建设的海关特殊监管区域开始运作。综保区设有4座海关卡口，分别配备电子闸门放行系统等智能化通关设施，能够实现货物实时监管，大幅提升了通关效率。园区实现了保税功能区与口岸功能区一体化建设，将机场口岸一级货站功能前置到保税功能区，进一步缩短了企业通关的时间，为企业提供更全面、更便利的通关服务。未来园区将与北京市片区建设深度融合，突出

---

① 《2021金融街论坛年会闭幕，取得这些重要成果》，中华网，2021年10月26日，https：//news. china. com/zw/news/13000776/20211026/40203623. html。

② 《「迎接北京市第十三次党代会」北京天竺综保区打造首都开放新高地》，北京顺义官方发布百度百家号，2022年6月28日，https：//baijiahao. baidu. com/s？id＝1736859763138465710&wfr＝spider&for＝pc。

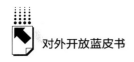

"京津冀协同发展"引领，发挥北京市、河北省两地自贸试验区政策双重优势，打造新型跨省制度创新标杆。①

目前，天竺综保区与大兴国际机场综保区是目前北京市全市正在运营的综保区，亦庄综保区与中关村综保区是目前仍在申建的综保区，未来亦庄综保区将围绕主导产业集群，打造高端制造服务基地，中关村综保区将围绕数字经济与科技创新建设，打造创新特色功能区，四大综合保税区将持续优化服务功能，助力北京市高水平对外开放。

3. 产业园区成果显著

近年来，北京市高质量推动中日、中德等国际合作产业园建设。中日产业园以医药健康、先进智造、数字经济三大产业为发展方向，中德产业园以新能源汽车、智能装备、工业互联网、生产性服务业等产业为服务目标，两大园区承担着打造开放创新政策基地、创新服务新式平台、产业国际合作新集群的使命，积极打造北京市国际化科技创新"示范园"。

北京中日国际合作产业园自建设以来，累计吸引了 400 余家日资企业来京投资②，许多落地企业已在京顺利开展经营活动，并联合科研院所，在新型发动机与固态电池等领域的技术创新方面取得了新突破。2021 年，北京中德产业园累计落地项目 28 个，总投资达 22 亿元③，坚持对标国际一流建设标准，引进专业化、国际化机构与人才进行园区运营管理，为人才生活提供便利服务，在较高水平上夯实园区产业发展基础。目前园区已围绕投资贸易开放等七大领域形成了 25 项普惠性及个性化政策清单，在许多应用场景开放智能制造等功能。未来中德产业园区将充分利用本土产业与政策优势，持续提升国际开放水平，完善跨国产业合作规划，构建国际化服务体系，形成产业国际合作新集群。

① 《北京大兴国际机场综合保税区正式运营》，《潇湘晨报》百度百家号，2022 年 4 月 28 日，https：//baijiahao. baidu. com/s？id=1731321609760622287&wfr=spider&for=pc。
② 《北京中日创新合作示范区实现高质量开局》，《大兴报》电子版，2022 年 3 月 11 日，http：//dxrmtdxb. daxing. net/content/202203/11/content_ 6501. html。
③ 《北京顺义壮大中德产业园——德资企业纷至沓来为哪般》，《经济日报》百度百家号，2022 年 4 月 10 日，https：//baijiahao. baidu. com/s？id=1729664407867458463&wfr=spider&for=pc。

（四）营商环境更加优化

2021 年，北京市主动营造公平透明的市场环境，在国务院发布的《关于开展营商环境创新试点工作的意见》中，北京市被列入六大首批试点城市。先后出台《培育和激发市场主体活力持续优化营商环境实施方案》和《关于开展北京市营商环境创新试点工作的实施方案》，北京市围绕简政放权与放管结合，提升政府服务质量，深化"证照分离""证照联办"与行政审批制度改革，加快"准入即经营"速度，实现"10 分钟开办新公司"；推进市场主体登记管理告知承诺制度，降低企业制度性交易成本，提升办事效率，探索建立外资"一站式"服务体系；促进监管精准化、智能化，在 9 个行业推行"一业一评"创新监管模式，推进多部门联合"双随机、一公开"监管，促进企业信用信息归集数字化，逐步完善监管机制；加大综合执法力度，提升发展质量，深入推进综合行政执法机制改革，加快建设首都高质量发展标准体系，探索出了一系列可复制推广的"北京经验"（见表2）。

表 2　2021 年北京部分营商环境政策

市级文件		
时间	政策名称	部门
2021 年 4 月 28 日	《优化营商环境更好服务市场主体工作方案》	北京市市场监督管理局
2021 年 8 月 9 日	《北京市关于深化"证照分离"改革进一步激发市场主体发展活力的工作方案》	北京市人民政府行政审批制度改革办公室
2021 年 8 月 20 日	《北京市"十四五"时期优化营商环境规划》	北京市人民政府办公厅
2021 年 11 月 20 日	《北京市培育和激发市场主体活力持续优化营商环境实施方案》	北京市人民政府
2021 年 1 月 30 日	《全面推行证明告知承诺制实施方案》	北京市人民政府行政审批制度改革办公室
2021 年 3 月 31 日	《北京市高级人民法院关于推动诉讼执行全流程提速服务市场化法治化国际化营商环境的意见》	北京市高级人民法院
2021 年 2 月 10 日	《关于印发北京市企业投资项目"区域评估+标准地+承诺制+政府配套"改革试点工作方案的通知》	北京市发展和改革委员会

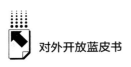

市级文件		
时间	政策名称	部门
2021 年 2 月 10 日	《关于进一步优化口岸营商环境促进跨境贸易便利化若干措施的公告》	北京海关
2021 年 4 月 6 日	《关于进一步优化企业综合窗口服务的通知》	北京市规划和自然资源委员会
2021 年 4 月 16 日	《关于深入推进企业开办便利化深化企业开办一网通办的通知》	北京市市场监督管理局等七部门
2021 年 4 月 26 日	《关于进一步优化低风险项目规划自然资源管理相关工作的通知》	北京市规划和自然资源委员会
2021 年 4 月 27 日	《北京市数据中心统筹发展实施方案（2021—2023 年）》	北京市经济和信息化局
2021 年 6 月 24 日	《关于在不动产抵押权注销登记中使用电子印章的通知》	北京市规划和自然资源委员会
2021 年 7 月 1 日	《进一步完善北京民营和小微企业金融服务体制机制行动方案（2021—2023 年）》	中国人民银行营业管理部等十二部门
2021 年 7 月 7 日	《〈中关村国家自主创新示范区促进科技金融深度融合创新发展支持资金管理办法〉实施细则（试行）》	北京市科学技术委员会、中关村科技园区管理委员会
2021 年 7 月 24 日	《北京市"十四五"时期知识产权发展规划》	北京市知识产权局
2021 年 8 月 16 日	《关于做好不动产抵押权登记工作的通知》	北京市规划和自然资源委员会
2021 年 8 月 26 日	《关于在北京自贸试验区内申请劳务派遣经营许可实行告知承诺制的通告》	北京市人力资源和社会保障局
2021 年 9 月 17 日	《促进中国（北京）自由贸易试验区国际商务服务片区北京 CBD 高质量发展引导资金管理办法（试行）》	北京朝阳区 CBD 管委会
2021 年 11 月 10 日	《关于进一步优化建设工程竣工联合验收的有关规定》	北京市住房和城乡建设委员会等十部门
2021 年 12 月 7 日	《北京市市场监督管理行政处罚信息公示实施方案（试行）》	北京市市场监督管理局
2021 年 12 月 9 日	《关于进一步加强北京市知识产权公共服务的意见》	北京市知识产权局

（五）政策叠加优势更为凸显

"两区"建设进入新阶段，开放机制更灵活。首先，北京市对外开放政策互补性增强，推进"五子"联动发展工作，利用"两区"政策叠加优势，建设国际科技创新中心，推进全国数字经济标杆城市建设，落实国际消费中心城市实施方案，着力打造高水平对外开放机制创新发展平台。其次，北京市对外开放产业辐射作用增强，系统谋划全产业链开放改革专项方案，深化优势产业制度创新建设，已印发科技创新、数字经济及金融医药3个全产业链开放方案。最后，北京市对外开放区域联动机制完善，充分发挥自由贸易区试点作用，构建"京津冀"合作共赢制度体系，建设跨区域产业协同新平台（见图14）。

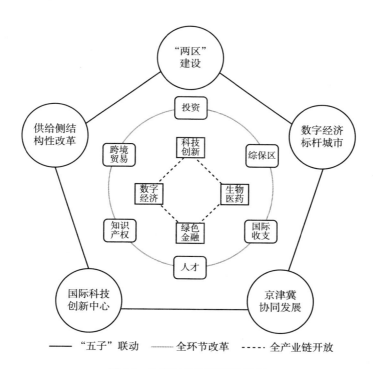

图14　北京对外开放联动机制

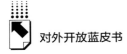

北京市对外开放机制建设重心已从商品和要素流动型开放向制度型开放转变。目前，"两区"已推出上百项首创性或突破性政策，110多个标志性项目和功能性平台落地，形成的 10 项最佳实践案例可向全国复制推广，企业常规审批流程大幅压缩 80% 以上[1]，首创推荐制人才引进模式，全国首个跨境数据托管服务平台在京落地。未来，北京市将继续对标国际先进准则，先行先试加强对接 RCEP、CPTPP 等高水平自由贸易协定规则，融合试点工作建设，完善开放制度保障，发挥全国开放标杆城市的示范作用，助力我国实现高质量"走出去"与高水平"引进来"。

二　当前北京市对外开放面临的主要问题

北京市积极深入探索以服务业为主导的开放新模式，着力打造"新高地、新引擎、新平台、新机制"，以开放的主动赢得发展的主动，在高水平的开放中取得了重要成就。与此同时，也要清醒认识到，北京市对外开放仍然面临着一些突出的问题亟待解决，主要表现为：对外开放新高地仍然不够"高"，对外开放新引擎仍然不够"强"，对外开放新平台仍然不够"大"，对外开放新机制仍然不够"活"。

（一）对外开放的新引擎需要进一步升级

金融服务、数字经济、文化旅游、专业服务是推动北京市开放升级的"新引擎"。但是目前四大领域的相关工作仍存在升级空间。

金融服务方面，小微企业金融服务仍需进一步完善。2021 年北京市地区全年新发放普惠型小微企业年化利率为 4.58%，处于全国低位水平[2]，但

① 《高水平开放实践"两区"担当：百余标志性项目和功能性平台落地》，《新京报》百度百家号，2022 年 6 月 15 日，https://baijiahao.baidu.com/s? id = 1735708674331472827&wfr = spider&for = pc。
② 《北京银保监局：2021 年北京地区普惠型小微企业贷款增速近 25%》，人民资讯百度百家号，2022 年 3 月 25 日，https://baijiahao.baidu.com/s? id = 1728283188722514365&wfr = spider&for = pc。

由于小微企业除了负担利息之外，还需要支付相应比例的手续费、担保费等其他费用，这抬高了小微企业面临的融资成本。贷款审批时间较长、融资机构较少的现状仍很难满足小微企业的需求，受限于融资环境与准入门槛，目前小微企业融资机构仍以银行为主，融资结构较为单一，小微企业可抵押资产较少，完善的小微企业信用评级体系尚未建成。

数字经济方面，2021年8月北京市提出要建设全球数字经济标杆城市，目前相关方案的实施已取得积极进展，但仍然存在数据流动规则有待进一步完善、基础设施建设仍需升级的问题。目前北京市数据跨境流动安全管理政策有待完善，尚未完全与国际高水平数字经济规则形成对接，数字经济基础设施建设仍存在低水平重复建设现象，高质量公共数据共享开放程度不够，数字产业创新质量有待提升。

文化旅游方面，北京市假日文旅、乡村旅游市场情况良好，但入境旅游仍需要进一步恢复。疫情影响下2021年北京市入境游客数量为24.5万人次，较上年下降28.20%[①]，由于出入境旅游和跨省旅游占到旅行社收入的80%以上，旅行社业务开展严重受阻。历史建筑遗产仍是北京市文旅产业的主要资源，而文旅产品缺乏现代创新、民间艺术民俗活动较少、文旅管理体制僵化是目前北京市文化旅游产业仍需进一步解决的问题。

专业服务方面，北京市具备专业服务业聚集优势，但仍未形成成熟的专业服务品牌。专业服务线上"走出去"步伐有待进一步加快，线上综合服务平台尚未建成。有待继续培育一批专业服务品牌企业，举办配套对接服务活动，打造北京市高效服务体系与服务品牌。

（二）对外开放平台的功能和作用亟须进一步强化

首先，北京市开放平台的场景创新和应用能力仍有不足。北京作为首都和超大型城市，拥有许多全球范围内独特的场景资源，北京市在大项目中挖

---

① 《2021年北京接待外省来京游客人数1.29亿人次》，《潇湘晨报》百度百家号，2022年7月8日，https://baijiahao.baidu.com/s?id=1737759028807972820&wfr=spider&for=pc。

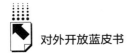

掘场景机会，打造了一批标杆场景项目，如科技冬奥场景、海淀城市大脑场景等，同时北京市开放平台具有政策叠加优势，具有场景应用和创新能力，但目前来看仍然存在改进空间，如央企需求与各类创新主体技术产品缺乏精准对接，新经济科技企业创新需求开放场景机会仍然偏少，政府长效场景组织保障机制仍然需要改进，突破性的制度创新仍然需要加快。其次，北京市开放平台的市场引领作用有待加强。目前北京市初步搭建了以企业为主体的科技创新专业服务平台，但由于企业的资本与盈利能力尚不足以适应完全市场化运营，中小企业与科创开放平台的资源对接尚不充足。国有企业与高校研究所等专业服务机构仍未形成完善的资源共享机制，导致许多平台资源配置能力不高，仍注重以低价手段竞争市场，可持续发展能力不足，无法实现促进自主创新、带动区域市场、充分吸引外资等方面的发展目标。最后，在区域辐射与制度示范方面，中国（北京）自由贸易试验区总体政策方案中包含"探索京津冀协同发展路径"的目标，但目前京津冀三地自贸区建设存在发展程度不统一的问题。三地自贸区交流合作仍需加强，部分自贸区与先进自贸区建设速度不一致，京津冀自贸区协同发展程度较低，尚未形成统一的立法执法体系，未形成三地自贸区联动发展的预期效果。北京市自由贸易区由于建设时间较短，目前在完成招商引资任务方面的政策力度较大，而对天津、河北的区域辐射力度不足。另外，北京市目前"两区"仍未形成协同监管制度体系，全国制度创新示范效应有待进一步加强。

（三）经济发展环境的复杂性导致"稳外资"任务依然艰巨

对外开放是我国的基本国策，稳外贸稳外资事关经济全局、就业大局，但由于近年来我国劳动力成本上涨加快，产业链转移的压力不断增大，各国供应链内向化趋势越发明显，产业链回流趋势加快，同时在疫情常态化防控时期，外资经营面临诸多困难，国际经济发展环境的复杂性、严峻性、不确定性上升，给外资企业在华生产经营带来一定挑战，稳外资任务异常艰巨。为落实国家和北京市关于稳外资工作的有关决策部署，2021 年北京市商务局印发《北京市关于进一步加强稳外资工作的若干措施》，在党中央正确领导和各部门协同努力下，北京市实际利用外资规模稳中有增，但成绩的背后仍然存在一些问题。北京市外资来源结构仍需改善，部分发达国家来京投资相对偏少，北京市对高端外资的吸引力仍然不足，相较于科技、互联网信息和金融行业，文化、旅游与医疗等行业利用外资水平仍然不高，区域内外资上下游产业关联性较低，京津冀外资与内资企业缺乏协同，疫情影响下由于人力、土地等生产要素成本价格提升与人员流动受限等因素，外企来京投资的意愿降低。与此同时，北京市有关部门在全链条稳外资方面仍需改善，在回应外资企业关切上仍需加强，在引资与引智引才相结合方面仍需改进，在优化外商生活服务方面仍需提高，在优化外企发展环境和权益保护方面仍需提升，在招商引资方式方面仍需进一步创新，招商引资工作仍存在跨部门、跨市区信息联动不足的情况，"全市一盘棋"的引资格局尚未形成，少数部门对招商引资工作的主动性仍然不足，对外资结构、外企需求与外资发展趋势缺乏深入研究。

（四）跨国公司总部和研发中心聚集效应有待进一步加强

在京跨国公司总部聚集效应仍需进一步加强，目前存在税收贡献与消费拉动效应不足等问题。一是跨国公司总部聚集的消费拉动效应尚未完全发挥，与世界其他国际外贸与金融中心相比，北京市金融街与中央商务区等跨国公司总部聚集区域在产业带动方面的影响力仍然较弱，疫情影响下消费领域企业受到较大冲击，跨国公司地区整体带动能力有待进一步提升。二是北京市跨国公司总部聚集的税收贡献效应仍有待提升，由于个人所得税、营业税等方面的税收计算标准不同，跨国公司倾向于通过关联交易或将收入转移至高税率国家或地区交税，以此获取特殊收益。三是在京跨国公司研发中心呈现下降态势。跨国公司研发中心是我国研发体系的重要组成部分，具有较高的研发"含金量"，一定程度上扮演着我国新兴技术人才"黄埔军校"的角色。2011~2017年，每年流入我国的国外研发资金始终维持在100亿元以上的水平，但此后却开始呈现下降趋势，2021年和2022年也未见明显反

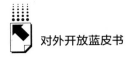

弹。近年来跨国公司研发中心撤离我国的案例层出不穷,还有一些大型外企虽然没有公开宣布关闭中国研发中心,实际上却在"默默"收缩在华研发业务。在华跨国公司研发中心撤资主要表现为五个典型特征:第一,直接裁撤研发中心;第二,减少在华研发人员;第三,收缩在华研发业务;第四,终止与内资企业的研发合作;第五,减少母国研发要素流入。北京市作为国内科技创新的高地,对国内创新发展具有重要的引领作用,但近年来在京国外研发资金规模也呈现下降趋势,跨国公司在京新增研发机构呈现增速放缓趋势。尽管存在高技术服务业外资研发的统计盲区等问题,但在京跨国公司研发规模发展趋缓却是不争的事实,需引起高度重视。

(五)与高水平自贸协定的要求仍然存在差距

中国已正式提出加入《全面与进步跨太平洋伙伴关系协定》(CPTPP)和《数字经济伙伴关系协定》(DEPA),这是中国进一步加快对外开放的重要契机,服务业开放和数字贸易开放是 CPTPP 和 DEPA 的重要内容,北京市在服务业和数字经济发展方面全国领先,对标对表高水平自贸协定对北京市对外开放和高质量发展意义重大,当前北京市重点领域对外开放与高水平自贸协定仍然存在一定差距。具体表现在以下方面:服务业准入和准营方面仍然存在诸多限制,相关政策缺乏透明度和可预测性,数字贸易壁垒水平仍然偏高,对数据出入境仍然存在一些制度性障碍,数据跨境流动在一些应用场景中出入境门槛过高,数据安全监管能力仍然需要进一步提升,知识产权保护力度仍然需要加大,数字贸易知识产权需要引起高度重视。当然需要说明的是,在服务业准入和数字贸易开放等领域,大部分"事权"在中央,北京决策权相对较小,但在服务业准营等方面,北京仍然有政策改进的空间,有关部门需要主动对高标准国际规则进行实时追踪和准确研判,基于"前瞻性""修偏性""丰富性"三大维度对北京市对接高标准自贸协定提出相应的政策建议。通过对标高水平数字贸易规则明确北京市"应该干什么",通过事权分析明确北京市"能够干什么",通过风险评估明确北京市向中央申请可以"先行干什么"。

（六）企业"走出去"步伐有待进一步加快

北京市"走出去"战略仍有较大实施空间，北京市对外直接投资的力度仍有待加强，2021年北京市对外直接投资较上年增长55.4%，但仍然存在大量由于对外投资经验不足而产生的项目搁置问题，投资总额仍未恢复至疫情到来前水平，并且对外直接投资制度体系仍未完善，跨国企业的海外投资面临较大风险，导致跨国企业的"走出去"的意愿不足。从产业关联来看，北京市服务业开放对"一带一路"沿线国家的关联性不强，目前北京市对"一带一路"沿线国家的出口以传统制造业、能源与交通运输业为主，而本土高科技及现代服务等优势产业到"一带一路"沿线国家的投资数量相对较少，与沿线国家的产业合作仍有待进一步深入。

三　北京市对外开放的形势与展望

（一）国际经济政治形势依然严峻复杂，外贸外资面临的不确定不稳定因素增多

1. 全球经济复苏的支撑力仍然不足，外需仍旧较为疲软

新冠肺炎疫情在全球尚未得到有效控制，地缘政治冲突不断加剧，北京市的国际经济形势仍面临严峻挑战。根据世界银行（WB）统计，2021年全球GDP为84.7万亿美元，较2020年增长13.56%，经济发展前五位国家分别为美国、中国、日本、德国与英国。全球经济复苏的支撑力仍然不足，疫情限制措施放松、经济刺激计划减弱、供应链缩短与供应商多元化等因素使全球经济面临波动局面。

通货膨胀方面，受新冠变异毒株影响，经济不确定性增加，全球通货膨胀率大幅上升，2021年80多个国家和地区通货膨胀率达近5年新高，全球总体通胀率或达4.3%，为10年来最高水平。就业失业方面，2021年全球失业率为6.2%，较2020年下降0.3%，但仍高于2019年5.4%的水平，失

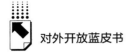

业问题依然严重。对外直接投资（FDI）方面，2021 年全球 FDI 强劲反弹，较 2020 年增长 77%达 1.65 万亿美元，但全球复苏呈现极不均衡状态，流入发达经济体的 FDI 增幅最大，发展中经济体投资恢复仍然脆弱；全球基础设施融资增加，但工业领域新建项目依然薄弱，各国基础设施投资刺激计划实施速度参差不齐。[①] 贸易方面，2021 年全球贸易额达 28.5 万亿美元，创历史新高，较 2020 年和 2019 年分别增长 25%和 13%，但尽管大多数商品与服务贸易行业实现正增长，但增幅仍十分有限，2022 年全球贸易下行趋势依然明显，外需仍呈现一定的疲软特征。[②]

2. 某些发达国家对中国战略性打压态势仍会持续

西方发达国家对华政策依然强硬，在人权、安全、经济与科技等多重领域对华进行战略性打压。美国拜登政府开启全面制裁中国的战略政策，在高新科技与尖端制造领域对华进行针对性打压，在台湾问题上不断挑战中国底线，联合欧盟等盟友伙伴，以维护人权与国家安全为由，试图将中国排除在全球产业链之外。2021 年美国将 80 余家中国实体列入"实体清单"，继续加大对华出口管制，并通过"涉疆法案"等立法手段限制中国对美进口，"印太经济框架"在贸易便利化、数字经济、供应链弹性与劳工标准等多个方面，增加对华经济与科技制度限制。欧盟等经济体效仿美国强化对华打压，美日印澳"四边安全机制"在地缘政治方面形成"抗中联盟"，美欧贸易和技术委员会升级贸易壁垒制约中国经贸发展，未来部分发达国家对中国战略性打压将进一步持续，试图将中国挤压至国际经贸规则与产业链体系的"边缘化"地位。

3. 国际经贸规则"碎片化"趋势日趋明显

经济全球化是当前不可逆转的历史潮流，全球治理体系变革是大势所

---

① 《联合国贸发会议报告显示——2021 年全球外国直接投资强劲反弹》，《经济日报》百度百家号，2022 年 1 月 22 日，https://baijiahao.baidu.com/s? id = 1722606327382154039&wfr = spider&for = pc。

② 《2021 全球贸易额创历史新高》，国家发展和改革委员会网站，2022 年 2 月 28 日，https://www.ndrc.gov.cn/fggz/lywzjw/jwtz/202202/t20220228_ 1317785.html? code = &state = 123。

趋。随着新兴国家与发展中国家力量崛起，其参与国际经贸治理的意愿与能力不断加强，全球产业链分工不断深化，数字与服务贸易等前沿贸易议题兴起，现有国际经贸规则难以适应国际贸易与投资创新发展的新变化。目前全球贸易自由化推进困难，以 WTO 贸易规则为代表的全球性规则谈判相对停滞，区域与诸边贸易谈判方兴未艾。截至 2021 年，向 WTO 通报的区域贸易协定累计达到 354 个[①]，参与国家数量不断增多，涌现出 CPTPP、RCEP、USMCA 等高标准、高质量区域贸易协定。但在提升新兴议题谈判效率、高效规范贸易秩序的同时，区域与诸边贸易协定逐渐成为发达多家"另起炉灶"主导国际贸易规则的新工具，挑战 WTO 主导的多边贸易体制，造成国际经贸规则的"碎片化"，未来全球经贸治理体系仍面临重构趋势。

（二）国内经济形势稳中向好，但基础仍不牢固

1. 经济形势回升向好趋势进一步巩固

当前，我国正处于重要的战略机遇期，改革开放 40 余年以来，我国已发展成为世界第二大经济体。面对疫情冲击，2020 年我国成为世界唯一正增长经济体，2021 年我国 GDP 达 17.73 万亿美元，同比增长 8.1%，经济增量首次突破 3 万亿美元，在主要经济体中表现最好，展示出极大的经济发展韧性。2021 年我国积极财政政策与稳健货币政策取得良好成效，就业情况向好，城镇登记失业率为 3.96%，同比下降 1.24 个百分点。产业结构继续优化，第三产业增加值占比为 53.3%，第二产业增加值占比为 39.4%，二三产业占比较 2020 年增长 0.4 个百分点，高质量发展取得良好成效。物价整体温和上涨，2021 年物价上涨率为 0.9%，低于 3% 的上涨率控制水平。2021 年消费需求对经济增长的贡献率为 65.4%，较 2020 年提升 11 个百分点，消费再次成为经济增长第一拉动力。

2. 对外开放步伐进一步加快

进出口贸易增速持续提升，稳外贸、稳外资工作成效显著。进出口贸易

---

① 数据来源：https：//rtais. wto. org/UI/PublicMaintainRTAHome. aspx。

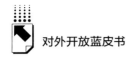

方面，2021年我国货物贸易进出口总值为39.1万亿元，同比增长21.4%，折合6.05万亿美元，进出口规模首次突破6万亿美元。利用外资方面，2021年中国实际利用外资总量首次突破万亿元水平，达11493.6亿元，同比增长14.9%；对外投资方面，2021年全行业对外直接投资9366.9亿元，同比增长2.2%，其中，对"一带一路"沿线国家非金融类直接投资达203亿美元，同比增长14.1%。①

境外经贸合作区建设取得显著成效，自由贸易试验区建设取得较大进展。我国以更高水平开放为发展目标，对外开放的重点已经逐步从商品流动型开放、要素流动型开放转向规则制定型开放。目前我国已经申请加入CPTPP、DEPA等高标准自由贸易协定，在国内发挥自由贸易试验区的制度创新引领作用，全面进行制度创新与经验推广。截至2021年末，中国纳入商务部统计的境外经贸合作区分布在46个国家，累计投资507亿美元，有力促进了区域内国家互利共赢、共同发展。② 截至2021年末，我国已有21个自贸区（港），共计67个片区，形成了东西南北中、陆海统筹全覆盖的自贸区版图。21个自贸试验区2021年创造进出口总额6.8万亿元，同比增长29.5%③，较全国高出8.1个百分点，为培育对外开放新业态新模式做出有力贡献。

3. 国内超大市场规模效用进一步显现

超大市场规模是中国经济发展的特有优势，在过去的经贸合作中展现出巨大全球影响力。我国国内的超大市场规模增长潜力大、开放程度高，具有多方面外贸竞争优势。第一，国内超大规模市场抗外部冲击能力较强，具有更强的内部稳定性，一定程度上帮助我国成功应对了多次金融危机；第二，超大市场规模使我国国内形成了完整的产业体系，有利于实现关键核心技术

---

① 《中华人民共和国2021年国民经济和社会发展统计公报》，中国政府网，2022年2月28日，http://www.gov.cn/shuju/2022-02/28/content_5676015.htm。
② 《商务部召开例行新闻发布会（2022年1月20日）》，商务部网站，2022年1月21日，http://ca.mofcom.gov.cn/article/xwfb/202202/20220203283083.shtml。
③ 《我国自由贸易试验区努力构建新发展格局》，商务部网站，2022年7月20日，http://lgj.mofcom.gov.cn/article/swsj/202205/20220503313185.shtml。

自立自强发展；第三，超大市场规模使我国对外黏合力强，中国已成为众多世界 500 强企业的主要营收来源，跨国企业对我国的市场依赖度较高；第四，超大市场规模带来的效率与成本优势，有利于形成资源流动规模市场，给予新创业企业与中小企业获益机会，截至 2021 年末，我国企业的数量达到 4842 万户，其中 99% 以上是中小型企业，极大激发了我国经济增长活力。①

4. 经济形势持续向好的基础仍不牢固

我国经济形势持续向好，但全球疫情波动仍使我国面临复杂的内外部环境，国内经济恢复基础仍不稳定。目前国内消费与投资恢复速度依然缓慢，受外需持续低迷影响，我国稳定出口难度较大。供给方面，能源等原材料供应仍不充足，企业面临成本上升压力，民营企业与中小微企业经营仍然困难。房地产行业正处于下行时期，影响整体经济复苏速度与服务业生产指数。需求方面，国内疫情影响还未完全消除，全国局部疫情散发影响经济恢复政策实施节奏，国内餐饮、旅游与交运等行业的消费仍然偏低，接触型、聚集型服务业增长速度放缓，国内青年人就业压力较大。人口增长减缓，国内需求结构从以工业为主逐渐转向以服务业为主，对传统制造业产品的需求减少，产能相对过剩问题依然存在。国内疫情影响仍未完全消除，经济形势持续向好基础仍不牢固。

（三）北京市对外开放进势积极，但长期性结构性问题依然存在

1. 外贸在经历大幅增长后将会实现平稳发展，贸易新业态将是新动力

北京市外贸在经历高速增长后可能会"软着路"。2021 年北京市货物进出口总值首次突破 3 万亿元大关，贸易增速超越疫情到来前水平，这主要是国外供应链受阻和我国超大市场规模优势所致，随着各国生产恢复新常态和外需的持续疲软，北京市外贸可能会在未来 1~2 年实现"软着

---

① 《数说中国这十年丨全国企业数量达 4842 万户中小企业超 99%》，中央纪委国家监委网站，2022 年 6 月 16 日，https：//www.ccdi.gov.cn/toutiaon/202206/t20220616_199532.html。

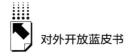

路"，恢复到疫情到来前的水平。当然，北京市外贸发展也面临着诸多利好因素，服务业开放的加速会进一步释放服务贸易红利，另外，2022年《区域全面经济伙伴关系协定》（RCEP）的生效将为北京市带来新的外贸增长活力。

新一代科技革命催生贸易新业态，数字经济和跨境电商的发展将成为助推北京市外贸发展的新动力。北京市以数字贸易和科技创新为主要方向，推进数字贸易试验区、大数据交易所和数据跨境流动监管三项建设，这会进一步释放制度红利，推动数字龙头企业和优秀人才不断汇集，形成跨境电商国际竞争新优势。

2. 北京市对外资仍然具有较高吸引力，但高质量外资引进仍然面临诸多障碍

依托经济综合实力、科技与人才优势，北京市吸引了大量高新技术及商务服务业企业来京投资，"两区"建设在科技创新、服务业开放与数字经济三个重点领域加强制度创新，外资吸引力进一步增强，2021年北京实际利用外资超过150亿美元，引资规模逐年扩大，引资结构不断优化。

但北京市高质量引资仍面临一些困难。新冠肺炎疫情的客观影响导致外资企业在京复工存在境外人员入境受限、物资流动面临障碍等难题，美国等西方国家的打压使北京市高质量引资面临压力。近年来美国政府在贸易、科技、金融等领域挑起争端，打压中国高科技企业的发展，在中美正常人员、技术交流方面设置层层壁垒，并联合国际盟友对华采取联合打击策略，西方国家的"制造业回流"和"技术脱钩"可能会使北京市引进高质量外资面临一定困难。

3. 北京市国际合作和竞争新优势逐渐形成

随着北京市高水平对外开放的建设步伐加快，国际合作与竞争新优势逐渐形成。经贸合作平台持续优化，经贸合作对象不断拓展，北京市顺利完成两届"一带一路"国际合作高峰论坛服务保障任务，并主办峰会首届地方合作论坛。连续举办五届中国—中东欧国家首都市长论坛，是国家"一带一路"建设的重要平台。北京市与24个"一带一路"沿线国家首都结为友好城市，是"一带一路"国际交流合作的重要窗口。北京市中关村科技园、北大科技园等科技园区结合企业与高校的科技资源优势，形成了北京独有的高科技创新资源聚集效应，产学研合作优势不断增强。新业态、新场景的竞争优势逐步形成，北京市全面布局数字化新场景，目前共发布60项应用场景项目，带动了企业发展与底层技术应用，初步形成数字经济标杆效应，构筑起新场景竞争优势。

四　北京市推进高水平对外开放的建议

（一）营造更为公平透明的营商环境，促进投资便利化

第一，提升外企融资便利化，为外商投资企业营造良好投资环境。近年来，北京市立足"四个中心"功能定位，从金融服务实体经济目标出发，出台了多项全国首创、首批的改革创新政策，助力北京市金融业开放，推动跨境贸易投融资便利化。未来应继续推进贸易投融资便利化，对跨境资金流动实施双向宏观审慎管理；要稳步推进贸易外汇收支便利化试点，进一步扩大便利化试点银行和试点企业范围；要在全市优化升级资本项目收入支付便利化政策，推动银行采取单证合并、线上办理等。建设多种类金融服务信息平台与贷款服务中心，为小微企业提供更多元的贷款服务。通过继续落实相关政策，提高外商投资企业资金使用效率，为企业及个人营造开放便利的投资环境，有利于吸引更多高质量外企来京投资，进一步扩大高端外资引进规模，继续优化投资结构，更好地发挥外资对产业链优化的带动作用。第二，强化数字化建设，优化外资服务体系。北京市应继续健全外资促进与服务体系，以建立"一站式"服务中心作为未来的发展目标。数字业务方面，继续推进业务办理数字化，加快数据开放共享，继续加强外资企业经常办事项目的信息整合、流程简化工作，完善线上办事窗口与操作指南，并持续优化公共数据开放平台，为企业提供更多数据要素支持；促进多部门政务信息共享，加速普及电子证明的应用，继续提升线上办事效率。数字监管方面，北京市已初步建立政府监管、交易

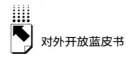

所监管与行业自律三重数据要素市场监管机制，实行各级网信办、市监局、交易所与行业联盟联动管理，未来北京市应继续完善市内数据交易管理细则，引导建立更高效的数据开放生态系统，优化数字营商环境，提升服务效率与水平。

（二）完善跨国公司总部经济服务保障体系，支持跨国公司在京设立全球和区域研发中心

构建跨国公司总部和研发中心易于融入的科创保障体系，在实施科技财税优惠、授予研发资助等方面建立更加公平透明的机制，发布英文版本的项目申报通知。将符合条件的总部企业纳入奖励和补助范围给予奖助支持，鼓励各类总部企业在京开展实体化经营；北京市各区县政府应主动承担属地责任，帮助总部企业解决落户、运营过程中遇到的难题。主动为跨国公司总部创造国际一流营商环境与多层次对外品牌交流平台，为跨国公司总部科技创新、经营升级创造条件，提升跨国企业研发中心来京的吸引力。为跨国公司研发中心聘雇的海外高层次人才在出入境、停居留、住房等方面提供便利与保障。发挥跨国公司总部经济与研发中心的聚集效应，鼓励跨国公司研发成果转化落地，打造高端研发成果的"策略地"。支持跨国公司的研发成果在北京地区或京津冀地区转化，带动产业链上下游技术升级与产品创新。鼓励跨国公司将研发产品和技术在京首发，将北京打造成全球研发创新成果的首发地、体验地和引领地。鼓励跨国公司在服贸会等国家级平台发布前沿的研发成果。

（三）培育外贸发展新业态新模式，构建北京市国际竞争合作新优势

北京市应继续探索建立新型贸易发展模式，为全国对外贸易创新发展积累"北京经验"。首先，应加速推进传统外贸企业转型升级，探索外贸企业数字化转型方案，完善中小微企业创业创新服务体系，优化政策保障体系，推进各部门数据对接，整合国内国际市场信息，实现统一的大数据管理体系，鼓励各试点区域发挥自有资源优势，探索创新发展路径，更好

地发挥北京市示范引领作用；其次，应加大跨境电商企业支持力度，深化贸易外汇收支便利化试点工作，发挥出口信用保险等金融工具的保障功能，推动海外仓与海外智慧物流平台建设，形成北京市海外仓网络，促进对外贸易新业态新发展；再次，将建设国家服务贸易创新发展示范区与全球数字经济标杆城市工作结合起来，推进专业服务向细分领域发展，提升跨境电商企业的专业服务能力，丰富跨境电商零售商品清单内容，助力开展 B2B 出口、医药电商试点工作；最后，继续深化国际数字经济发展交流合作，主动落实高水平区域贸易协定关于跨境电商管理、知识产权保护等方面相关规定，并积极参与外贸发展新业态新模式国际规制的制定，对内发挥外贸改革经验示范效应，切实带动周边"京津冀"地区跨境电商与高端服务业的发展，完善区域产业链条，打造高质量发展、多层次领域与强增长动力的开放平台。

（四）对标高水平自贸协定，推动北京市服务贸易和文化贸易高质量发展

在服务贸易方面，对接 CPTPP 和 DEPA 在数字贸易规则领域提出的"超 RCEP"条款将成为北京市服务贸易高质量发展的重要抓手。应充分发挥北京市数字贸易示范区与服务业扩大开放综合试点的制度创新优势，加强服务贸易的制度创新，"擦亮打造中国国际服务贸易交易会金字招牌"，试行跨境服务贸易负面清单管理模式，通过降低数据跨境流动壁垒、放宽数据本地存储要求、有序引进视听文化产品、优化数字贸易管理系统以及开设企业国际网络通道等措施，进一步释放北京市跨境服务贸易发展潜力，降低服务贸易跨境交易成本，提升交易效率。继续健全"服务包""服务管家"等制度建设，推动"北京服务"品牌建设，利用北京市高端生产与消费要素比较优势，大力发展金融、科技、文化创意、商务服务等现代服务业，着力打造国家服务贸易创新发展示范区，探索服务业发展新动力。在服务业对外开放领域，积极探索可在全国范围内推广实行的"北京经验"，为全国服务业开放贡献"北京智慧"。在文化贸易方面，充分利用国家对外文化贸易基

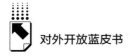
地（北京）等平台，进一步加大本土文化产品在服贸会等展会上的展示力度，创新文化贸易发展模式，搭建文化产品策划、报批、通关、展览、运输、包装、保险、宣传等全产业链平台，鼓励北京市文化企业参与国际竞争，运用大数据、人工智能、云计算等技术，拓宽线上营销渠道、创新文化贸易服务提供和消费形式，推动文化贸易高质量发展。

（五）加快北京市知识产权保护制度创新，推动知识产权强国示范城市建设

为统筹推进知识产权强国建设，2021 年 9 月中共中央、国务院印发《知识产权强国建设纲要（2021—2035 年）》。2022 年 2 月，北京市委常委会召开会议研讨知识产权强国示范城市建设方针，提出应"持续推进'两区'知识产权制度创新，开展国际高水平自由贸易协定规则对接先行先试"。北京市应在知识产权保护方面积极作为，建设知识产权首善之区，支持和促进国际科技创新中心和全国文化中心建设，服务和推动首都经济社会高质量发展。一是强化地理标志产品保护，提高消费者对地标产品的识别鉴定能力，明晰侵权责任在生产者与经销商间的责任划分；二是打击影音产品侵权现象，提高著作权侵权赔偿额，抑制重复侵权行为，加强保护著作权宣传教育；三是引进新型商标管理模式，学习借鉴发达国家新型商标的管理机制，开放气味商标注册；四是高度重视数字贸易知识产权保护。通过探索源代码的规制路径、完善网络侵权责任规范体系、构建数据知识产权保护规则等措施，推进北京市数字贸易知识产权制度建设。

（六）加快京企"走出去"步伐，深度参与积极开拓国际市场

继续加强与共建"一带一路"国家的经贸合作。自"一带一路"倡议提出以来，北京市坚持"引进来"与"走出去"并重的开放战略，境内企业在"一带一路"沿线国家重点推进基础设施互联互通、国际产能合作以及重点境外园区建设，依托总部经济优势，在央企的示范与带动

下，北京市企业"走出去"步伐逐渐加快。北京市应继续把"四个中心""京津冀协同发展"战略与"一带一路"合作倡议结合起来，扮演好引领政策、辐射区域与连通国内外的重要角色，更好地利用北京市信息、人才、开放与资本区位优势。进一步提升区域基础设施联通、生态环境联治、产业布局联动、科技创新协同、公共服务共享水平，推动现代化首都都市圈建设取得阶段性进展，继续全面发挥北京市专业服务业聚集优势，整合国内外两种资源，推动企业高水平"走出去"。另外，北京市应抓住国内国际双循环契机，通过"一带一路"倡议与 RCEP 等区域贸易协定深入参与到区域及全球价值链分工，通过更高水平的对外开放，推动产业结构向"高精尖"方向升级，实现高质量"走出去"，提升北京市的国际影响力与话语权。

主动拓展发达国家海外市场。发达国家仍然是全球技术创新的主要策源地，加快对发达国家投资对北京市企业技术进步和市场拓展尤为重要。一是尽快出台北京市企业对重点发达国家投资指导目录。分别制定对外投资的行业清单和地区清单，使有意向的北京市企业掌握发达国家的行业需求。二是加强民间沟通。发挥商会、贸促会与北京国际商会的作用，积极搭建利于双边交流的民间平台，构筑政府与企业沟通合作的桥梁纽带。

参考文献

［1］《"一带一路"倡议加速北京市对外开放》，《经济日报》2020 年 6 月 29 日。

［2］《提质增效，科技赋能，北京加强营商环境司法保障力度》，首都之窗微信公众号，2021 年 12 月 15 日，https：//mp. weixin. qq. com/s？＿＿ biz＝MzA5NDY5MzUzMQ＝＝&mid＝2655374249&idx＝5&sn＝03d50a83bf556f1761b0757939873753&scene＝0。

［3］《2021 年同比增长 30.6% 北京地区进出口总值跨越 3 万亿元大关》，《北京日报》2022 年 1 月 27 日。

［4］《跨境电商将成北京今年扩大进口引擎》，出海易网，2022 年 3 月 1 日，https：//chuhaiyi. baidu. com/news/detail/32403799。

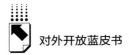
［5］《奋楫笃行谋发展 步履铿锵向未来——2017—2021 年北京经济社会发展综述》，北京市统计局网站，2022 年 6 月 13 日，http：//tjj. beijing. gov. cn/zt/fjxzcjgxsd/fjxzcjgxsdttxw/202206/t20220612_ 2737900. html。

［6］《"两区"建设一年多来，北京市高水平开放有哪些新变化？｜政解》，《新京报》百度百家号，2022 年 6 月 27 日，https：//baijiahao. baidu. com/s？id = 1736795617316093446&wfr = spider&for = pc。

［7］《2021 年全市新设企业达 23. 79 万户 创近 5 年新高》，北青网，2022 年 6 月 28 日，https：//t. ynet. cn/baijia/32983248. html。

［8］聂新伟：《"十四五"时期京津冀推动共建"一带一路"高质量发展的思考》，《海外投资与出口信贷》2022 年第 3 期。

［9］赵爱玲：《北京市为何成吸引外资"强磁场"？》，《中国对外贸易》2020 年第 10 期。

［10］王佳见、向宁、苗润莲：《北京市服务业稳外资工作存在的问题及对策》，《科技智囊》2021 年第 11 期。

［11］戴慧：《对服务业高质量发展研究——基于北京市服务业发展问题的思考与建议》，《价格理论与实践》2019 年第 8 期。

［12］刘薇：《新型贸易背景下北京市自贸区建设》，《企业管理》2022 年第 4 期。

［13］《北京海关关于"两区"建设推进工作措施》，北京市人民政府网站，2021 年 2 月 18 日，http：//www. beijing. gov. cn/zhengce/zhengcefagui/202102/t20210223_ 2286697. html。

［14］《北京市商务局关于印发〈北京市关于打造数字贸易试验区实施方案〉的通知》，北京市人民政府网站，2020 年 9 月 21 日，http：//www. beijing. gov. cn/zhengce/zhengcefagui/202009/t20200923_ 2088196. html。

［15］《商务部等 24 部门关于印发〈"十四五"服务贸易发展规划〉的通知》，北京市人民政府网站，2021 年 10 月 27 日。http：//www. beijing. gov. cn/zhengce/zhengcefagui/qtwj/202204/t20220412_ 2674334. html。

［16］《北京市人民政府关于支持综合保税区高质量发展的实施意见》，北京市人民政府网站，2021 年 11 月 19 日，http：//www. beijing. gov. cn/zhengce/zhengcefagui/202111/t20211122_ 2541858. html。

［17］《北京市商务局印发〈北京市关于进一步加强稳外资工作的若干措施〉的通知》，北京市人民政府网站，2021 年 12 月 29 日，http：//www. beijing. gov. cn/zhengce/zhengcefagui/202112/t20211229_ 2577101. html。

［18］《北京市人民政府办公厅关于印发〈北京市培育和激发市场主体活力持续优化营商环境实施方案〉的通知》，北京市人民政府网站，2021 年 12 月 15 日，http：//www. beijing. gov. cn/zhengce/zhengcefagui/202112/t20211214_ 2561129. html。

［19］《关于印发北京市推进"一带一路"高质量发展行动计划（2021—2025 年）

的通知》，北京市人民政府网站，2021 年 12 月 19 日，http：//www. beijing.
gov. cn/zhengce/zhengcefagui/202112/t20211219_ 2564427. html。

[20]《北京海关"四优四提促五子"促进外贸保稳提质若干措施》，北京市人民政
府网站，2022 年 5 月 15 日，http：//www. beijing. cn/fuwu/lqfw/gggs/
202205/t20220515_ 2710096. html。

分 报 告
Subject-reports

（一）开放发展篇

B.2
中国（北京）自由贸易试验区
发展报告（2022）

杜国臣 刘艺卓*

摘　要： 建设中国（北京）自由贸易试验区是北京立足新发展阶段、贯彻新发展理念、构建新发展格局的重要抓手。自2020年9月自贸试验区获批以来，北京市认真贯彻落实《中国（北京）自由贸易试验区总体方案》，围绕试验区重点任务，积极推进制度创新，聚焦重点领域先行先试，不断扩大对外开放，并推动联动创新模式，取得了阶段性成效。与此同时，中国（北京）自由贸易试验区在创新体制机制、开放压力测试等方面存在一定问题。下一步，应继续加大政策任务落实力度，引领前瞻性制度创新，

---

* 杜国臣，博士，商务部国际贸易经济合作研究院副研究员，主要研究方向为自贸试验区对外开放；刘艺卓，博士，商务部国际贸易经济合作研究院研究员，主要研究方向为国际贸易、对外开放。

发挥中国（北京）自由贸易试验区先行先试的示范引领作用，为促进形成全国范围内梯度发展格局贡献北京力量。

关键词： 中国（北京）自由贸易试验区　制度创新　营商环境　对外开放

一　中国（北京）自由贸易试验区建设的重要意义

（一）推进高质量对外开放战略的重要支撑

当前，全球经济力量对比发生重大变化，中美战略博弈进入长期化发展态势，全球经济格局面临重大调整。与此同时，包括 WTO 在内的全球经济治理体系面临深刻变革，对一国国内政策和体制的市场化、国际化与法制化提出了更高要求。我国作为全球第二大经济体，应积极参与和争取全球经济治理制度性权力。北京是世界银行营商环境评估的重点城市，是服务业扩大开放综合试点城市，在对标国际规则、加快构建开放型经济新体制方面取得了多方面成果，为在试验区内开展先行先试提供了完备的制度条件和机制保障。建设中国（北京）自由贸易试验区（以下简称"北京自贸试验区"），可以增强体制活力，释放制度红利；提升包容审慎的开放经济监管能力，建立抗风险力更强的监管体系和立法体系，全面提升政府治理能力与水平，为我国高质量对接高标准经贸规则，推进对外开放探索新路径。

（二）加快优化全国自由贸易试验区格局的重要探索

加快实施京津冀协同发展战略，是新时代的重大国家战略。虽然近年来京津冀一体化水平不断提升，但京津冀城市群的开放型经济发展总体水平与世界级城市群的开放要求仍有一定距离。而非首都功能的疏解对北京城市功能重调、发展动力重建、空间布局重构也提出了新的要求。设立北京自贸试

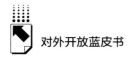
验区，整合全球高端要素资源，培育新产业形态，重新构建北京高质减量发展的新动力源，将不断增强疏解发展的内生动力。同时，建设北京自贸试验区，探索建设京津冀自由贸易试验区联动体系，将为推动自贸试验区"单兵突破"向"联合突围"转变提供新模式，探索新路径。

（三）为国家发展形成新动力源的重要举措

当前，我国经济已由高速增长阶段转向高质量发展阶段。新发展阶段，我国经济高质量发展迫切需要培育数字技术、人工智能、新材料、新能源等新发展动力。北京自贸试验区的设立将推动北京基础技术研究、应用技术研究、技术转化资源与全球顶尖技术开发和应用资源的紧密对接，加快信息技术、人工智能技术的深度开发及其与生物、材料等技术的相互渗透、交叉融合，引领我国颠覆性技术的开发和应用，增强我国前沿高端技术的自主创新能力。同时，北京自贸试验区的设立将促进全球前沿高端产业的集聚，推进传统产业链、价值链、供应链的重构，推动数字经济、人工智能、5G 通信等战略性新兴产业发展，培育和提升国际竞争力。

（四）深化服务业扩大开放成果的重要途径

服务业扩大开放综合试点是国家构建全面开放新格局的重要任务之一，以服务业开放为核心的产业开放模式构成了北京在新一轮开放中的主要路径和发展模式。这一开放模式有利于统筹北京市区域资源，形成区域开放整体合力，但这一开放路径和模式也存在资源要素不集中，功能层级不到位，制度红利不明显，产业影响力和带动力不足等局限。

建设北京自贸试验区，通过进一步聚焦资源，聚焦问题，聚焦方向，在特定区域、特定阶段、特定条件下，进一步赋予区域特殊经济功能，在更深层次、更高水平上，加大在服务贸易、高端服务业领域的开放力度，将北京服务业扩大开放综合试点与自贸区制度创新优势叠加，综合赋予区域更大的改革空间和自主权，率先建立与国际高标准经贸规则体系相适应的市场经济体系，率先形成与新一轮科技革命和产业变革要求相匹配的治理规则体系，率先探索形成引领区域协调发展新机制，从而为下一步我国扩大开放，参与和引领新一轮国际竞争与合作积累新经验。

二　中国（北京）自由贸易试验区建设的主要做法和成效

北京自贸试验区自设立以来，围绕试验区重点任务，在制度创新、优化营商环境、对外开放等领域取得了显著成效。

（一）探索推进制度创新，营商环境不断优化

1. 优化管理体制机制

一方面，建立自贸组团管理体制。北京自贸试验区积极探索法定机构治理模式，建立扁平高效便捷的管理服务体系，围绕数字经济、科技创新、知识产权、生物医药、综合保税区、人才、绿色金融、国际合作产业园以及体制机制 9 个专题，分别组建专班。

另一方面，推出打通部门和行业间壁垒的集成性创新成果。例如，实施"证照分离"改革，根据北京市市场监督管理局数据，截至 2022 年 1 月，共有 2.4 万户新设市场主体受惠于该项改革，占北京自贸试验区新设市场主体的 27.9%。[①]

2. 不断推出制度创新成果

一是出台系列贸易便利化举措。北京自贸试验区实施了"两步申报"叠加"提前申报"政策，货物经概要申报即可在运抵后实现"秒通关"；实施了跨境贸易便利化全环节改革，推动货物流转单据电子化，加快开设"CCC 免办管理系统"便捷通道，持续推广"免于到场查验"；高标准落实RCEP 6 小时放行措施等。目前，北京关区进、出口通关时间均优于全国平

---

① 《北京推进"证照分离"改革取得成效》，北京市市场监督管理局网站，2022 年 4 月 18 日，http：//scjgj. beijing. gov. cn/zwxx/scjgdt/202204/t20220418_ 2679789. html。

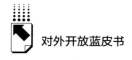
均水平。

二是深化新领域、新业态、新模式突破性创新。例如，创新保税监管功能，对文物实行入区鉴定等创新政策，实现入区便利化、出区免担保，促进了海外文物回流、出区展示等文化贸易产业新模式发展。通过深化改革，北京自贸试验区的制度创新能力不断提升。根据"2020~2021年度中国自由贸易试验区制度创新指数"，上海制度创新指数得分最高，为86.21，北京排名第五，为81.01，远高于全国75.84的平均分（见图1）。

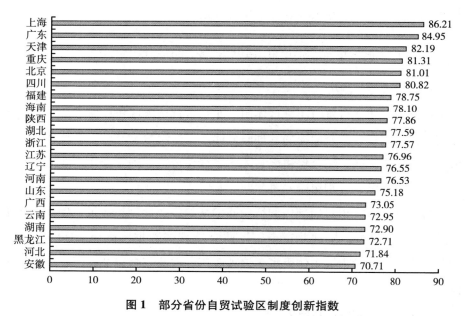

图1 部分省份自贸试验区制度创新指数

资料来源：中山大学自贸区综合研究院"2020~2022年度中国自由贸易试验区制度创新指数"。

随着北京自贸试验区管理体制机制持续完善，北京的营商环境不断改善。根据"中国最优营商环境城市排行榜"，2020年北京排名第七，营商环境总得分为92.92分，比排名第一的深圳落后2.24分；2021年北京已经跻身前五名，总得分为93.53分，比深圳仅落后1.36分，差距明显缩小（见表1）。

表 1　2020 年和 2021 年国内部分城市营商环境排名情况

单位：分

2020 年			2021 年		
排名	城市	总得分	排名	城市	总得分
1	深圳	95.16	1	香港	95.03
2	上海	94.91	2	深圳	94.89
3	广州	94.65	3	上海	94.49
4	杭州	93.98	4	广州	93.64
5	济南	93.73	5	北京	93.53
7	北京	92.92			

资料来源：作者根据"2020 中国最优营商环境城市排行榜"和"2021 中国最优营商环境城市排行榜"整理所得。

（二）聚焦重点区域先行先试，产业发展提质升级

1. 推动自贸试验区各团组加快形成制度创新试点示范

海淀组团形成知识产权全链条"快保护"服务体系、知识产权纠纷"源头回溯"治理机制等制度创新成果，北京首家全球原创新药研发平台等一批项目落地。昌平组团搭建第三方医学检验实验室等多个专业服务平台，落地去中心化临床试验项目（DCT），全国首家国际型研究医院正加快建设。朝阳组团落地全国首批本外币一体化资金池、全市首家外资 S 基金—科勒（北京）私募基金等项目。通州组团吸引北京绿色交易所和碳金融交易市场等机构和项目落地。顺义组团实现保税物流供应链监管创新，卡口智能化监管系统"秒放行"等系列突破，新增第五航权国际货运航线。亦庄组团设立国内首个智能网联汽车高级别自动驾驶示范区，SMC 中国区总部、施耐德研发中心等项目落地。

2. 强化为产业赋能的支撑平台

自设立以来，北京自贸试验区建成了北京绿色交易所、外商投资企业境内上市服务平台、国际影视摄制服务中心、人民币国际投贷基金、北京首个

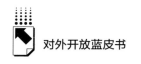
面向全球的新一代原创新药发现平台等功能性、服务型平台，促进了高端资源集聚和服务功能织补。与此同时，聚焦综保区、中德和中日产业园，营造"类海外"环境，打造连接国内外产业链创新链的平台枢纽。

（三）不断扩大对外开放，稳外贸稳外资贡献突出

1. 深化服务业重点领域开放

在科技信息领域，实施重点领域高新技术企业认定"报备即批准"，开展知识产权保险试点，拓展数字人民币全场景应用。金融领域，推动外资金融机构获得更多经营资质，帮助企业获得合格境内有限合伙人境外投资（QDLP）试点资格；在全国率先开展股权投资和创业投资份额转让试点并实现交易"零"的突破。专业服务领域，实施境外期货职业资格认可政策，挂牌成立北京法院国际商事纠纷一站式多元解纷中心，印发《境外仲裁机构在中国（北京）自由贸易试验区设立业务机构登记管理办法》。

2. 推动要素对外开放

资金跨境流动方面，北京成为全国首批开展本外币合一银行账户试点和跨国公司本外币一体化资金池试点的城市之一；开展一次性外债登记和便利化额度试点，试点额度提高至 1000 万美元，受益企业借用外债平均利率仅为 0.51%。人才从业方面，争取国家移民管理局支持北京创新发展 10 条政策，实现外籍人才工作许可、工作类居留许可"两证联办"，缩短了证件办理时限，并向境外人员开放了 35 项职业资格考试。

（四）推动联动创新模式，协同发展初见成效

1. 推动京津冀协同开放

推动建立了京津冀自贸试验区联席会议机制；建设国际贸易"单一窗口"区块链应用场景，促进三地海关物流数据共享，外贸业务协同办理，大幅提升区域通关便利化；探索三地政务事项"同事同标"，实现 56 项政务服务事项通办。京津冀三地以自贸试验区为抓手，打造区域协同发展样本，并取得初步成效。截至 2021 年，天津自贸试验区累计承接北京非首都

功能重点项目近 4400 个。[1]

2. 促进"两区"联动发展

北京市建立了由市委市政府主要领导挂帅的"两区"（国家服务业扩大开放综合示范区和北京自由贸易试验区）工作领导小组，下设 12 个协调工作组和办公室，组长由 9 个市领导担任；制定发布了"17 个区域+9 大领域+4 大要素"细化方案，实施了上百项政策制度创新。在"两区"带动下，2021 年北京市新增外商投资企业 1924 家，同比增长 52.6%，高于全国 29.1 个百分点；实际利用外资 155.6 亿美元，同比增长 10.3%。[2]

三　中国（北京）自由贸易试验区建设存在的主要问题

虽然自设立以来，北京自贸试验区建设取得了显著成效，但在体制机制、制度创新、开放程度等方面仍存在以下三方面问题。

（一）体制机制仍需进一步理顺

破解制约开放的体制机制障碍，是构建开放型经济体制的必然要求，也是深化自贸试验区改革的根本之处。目前，北京自贸试验区各片区部分组团管理体制还不顺畅，市场化机制运用不充分，招商引资激励机制不够灵活，国际化、市场化水平还不高。从各组团统计数据情况来看，双向投资和对外贸易方面尚未在全市范围内形成引领作用。其中，朝阳组团新设外资企业占比虽然较高，但也不足 10%，其余 6 组团占比均不超过 2%。同时，北京自贸试验区的对外投资、进出口等指标数据尚未呈现增长趋势，占全市比重始终保持 15% 和 13% 左右。

---

① 《天津自贸试验区已累计承接非首都功能重点项目超 4000 个!》，光明网，2022 年 3 月 10 日，https://m.gmw.cn/baijia/2022-03/10/1302838518.html。

② 《北京"两区"建设亮成绩单：去年全市新设外资企业 1924 家》，《新京报》百度百家号，2022 年 9 月 10 日，https://baijiahao.baidu.com/s?id=1743483496286104637&wfr=spider&for=pc。

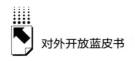

（二）制度创新仍需积极推进

一是北京自贸试验区存在现有部分政策难以落地的问题。支持研究调整促进海外文物回流进口税收政策、设立全国自愿减排碳交易中心、保障产业链用地等含金量高的、涉及实质性改革和开放任务的政策措施还未落地，需加快推进。二是已落地政策红利释放还不充分。部分已经执行的试验任务无企业需求，需进一步加大宣传解读力度，对接潜在企业。三是项目引进培育力度还不足，需加快从梳理项目向引进培育增量项目转变，加强对重大投资项目储备的建设，从单点突破向龙头企业带动产业链项目集聚转变，与南方省份相比，北京市利用外资、民间投资、大项目投资的力度还需深度挖掘。四是制度创新的系统性、战略性不足，还存在偏碎片化的问题，改革的集成效应未充分显现。

（三）对标更高标准开展压力测试仍需加强

自贸试验区是国家试验田，需要紧密贴近国家战略需要开展制度创新和压力测试。当前，我国已宣布申请加入《全面与进步跨太平洋伙伴关系协定》（CPTPP）、《数字经济伙伴关系协定》（DEPA），这为我国今后的开放指明了方向。由于我国在以往自贸协定中的投资和跨境服务承诺与高标准经贸规则的开放水平存在一定差距，也从未涉及国有企业、劳工等规则问题，因此，北京自贸试验区应在国有企业、竞争、劳工、环境、透明度等规则领域进一步对标国际标准，进行制度设计和压力测试。目前，与国际高标准经贸规则相比，北京自贸试验区在高端服务业规则领域的开放方面仍存在不足，需要加大压力测试，探索形成引领区域协调发展的新机制，从而为下一步我国扩大开放，参与和引领新一轮国际竞争与合作积累新经验。

四 加快中国（北京）自由贸易试验区建设的相关建议

在新一轮对外开放当中，北京承担着疏解非首都功能和推进京津冀协同发展融入国家对外开放战略两个"时不我待"的任务。作为首都，北京有条件更有责任义务在国家新一轮高水平对外开放中发挥"排头兵"的作用，在京津冀协同发展中发挥核心辐射带动作用，积极争取国家层面更有针对性的战略设计和强有力的政策支撑。

（一）理顺体制机制

新一轮的改革开放是全方位的改革开放，涉及各个部门，因此要加强统筹协调，确定好市级各部门的职责，落实好各自贸试验片区建设的主体责任。为更好地进行制度创新，应赋予片区充分的改革权力，梳理可以下放给自贸试验区的权限，能够下放的一律下放。相对于区一级部门权限不足、能力不足、人才不足的问题，有必要明确市级和自贸试验片区级的分工任务与权利，形成上下联动、部门联动、内外联动的格局。与此同时，探索建立面向各区各部门的"两区"建设改革创新政策诉求库，按照可立行立改事项、市级事权需各部门协调解决事项以及纳入"两区"建设政策储备事项3种情况进行分级分类管理，不断提升市场主体政策诉求的转化率、落地率。

（二）加强制度创新的总体设计

建议进一步围绕北京自贸试验区未来5年制度创新的重点领域、难点问题、产业诉求以及未来开放方向开展前瞻性研究，对自贸试验区改革开放创新路径进行总体设计，避免创新制度的碎片化，提高创新的系统集成性。鼓励各个片区要进行专项的制度创新研究，广泛借助外脑外力，充实制度创新储备。同时，鼓励自贸组团所在区结合自身实际，制定落地保障服务机制方案，支持具备条件的组团或园区探索实施"管委会+公司"的法定机构管理模式，引入市场化招商、园区服务的体制机制，因地制宜创新组团管理机构设置，充分激发各片区、组团内生发展动力和创新发展活力。

（三）依托平台提升开放水平

开放平台是发挥自贸试验区制度创新高地功能的重要载体，没有各类开

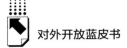

放平台的支撑，部分制度创新就没有落地的条件和基础。建议推动重点园区"功能再造"，深化"产业开放+园区开放"路径探索，探索建立与区域核心功能相匹配的体制机制和工作模式，促进目标资源集聚，推动形成符合新发展理念的首都产业高质量发展新体系、新格局。可依托天竺综合保税区、大兴国际机场综合保税区等重点海关特殊监管区域，结合北京市文化、旅游、互联网、金融、医疗、教育等服务业优势，争取国家支持北京市在特定封闭范围内，建设集免税购物、国际医疗、离岸金融、离岸数字服务等特色服务贸易功能于一体的特殊区域，打造更高能级的开放平台。

（四）探索加强前瞻性制度创新

应对标 CPTPP、DEPA 以及《中欧全面投资协定》（CAI）等国际高标准经贸规则，立足首都"四个中心"的城市战略定位，以及各区、各组团功能定位和产业发展基础，聚焦有过渡期、软约束的条款，争取率先实施一批政策措施，为北京乃至全国深化国际经贸合作积累制度性经验。与此同时，应围绕北京市经济高质量发展所需要的新技术、新业态和新模式，进行产业开放的局部压力测试和效果评估，不断破除制约产业发展的关键性制度性障碍，完善促进我国开放型经济发展的政策支持体系。

参考文献

［1］《中国自由贸易试验区年鉴》编辑委员会编著《中国自由贸易试验区年鉴2021》，中国商务出版社，2021。
［2］赵雪松：《"五子"联动推进北京融入新发展格局》，《前线》2021年第7期。
［3］刘薇：《新型贸易背景下北京自贸区建设》，《企业管理》2022年第4期。

B.3
以 RCEP 生效为契机推进
北京市"两区"建设
高水平发展研究

刘 斌　刘玥君*

摘　要：《区域全面经济伙伴关系协定》（RCEP）是目前涉及人口最多、
经贸规模最大的自由贸易协定，协定的达成为北京市"两区"
建设发展提供了新的契机。RCEP 规则文本具有包容性、全面
性与可执行性等特征，其关税降低、原产地累积规则、负面清
单制度、电子商务和知识产权条款等为北京市推动自由贸易与
服务贸易开放创造了机遇条件。北京市应主动对接 RCEP 高标
准制度规则，率先落实服务贸易负面清单管理制度，加快"两
区"内跨境电商试点工作。主动履行 RCEP 投资与贸易便利化
要求，进一步优化营商环境，吸引更多高质量外资与专业人才。
继续充分发挥"两区"平台引领作用，加快数字贸易示范区、
国家服务贸易创新发展示范区与国际高标准经贸规则先行合作
示范区建设，全方位提升北京市"两区"发展水平。

关键词：　RCEP　"两区"建设　规则对标

---

* 刘斌，博士，对外经济贸易大学中国世界贸易组织研究院研究员，博士生导师，主要研究方
向为世界经济；刘玥君，对外经济贸易大学中国世界贸易组织研究院博士研究生，主要研究
方向为国民经济。

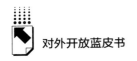

一 RCEP为北京市"两区"建设带来发展机遇

（一）服务贸易开放红利进一步释放

与《服务贸易总协定》（GATS）相比RCEP对服务贸易的承诺水平之高，主要体现在两个方面。首先，RCEP的市场准入规则，对外资的开放水平更高。具体内容为，在通信服务领域，与GATS规定外商"在中国加入后3年内在指定城市可设立合资企业，且外资股比不超过25%，加入后6年内可调整为49%"相比，RCEP直接取消了地域限制，以及外资股比不超过49%的政策；我国在GATS承诺中有对合资董事会主席任职资格的限制，而在RCEP中则没有做出此类限制。在运输服务方面，GATS规定海运服务国际运输模式要满足指定条件，海运理货仅适用于合资企业形式，公路运输仅对外资有限制（股比不超过49%），而RCEP对于以上内容均无限制。

其次，RCEP整合了之前的FTA规则，在服务贸易透明度方面达到了一个较高的水平，降低了贸易壁垒，提高了信息透明化程度。中国在RCEP中开放的服务贸易种类多达122个，较加入WTO时增加了22个。RCEP服务贸易条款为推动北京市服务贸易高质量发展，促进"两区"建设提供了新思路。例如，对跨境服务贸易负面清单管理模式的探索有利于北京市文化贸易、商务服务贸易开放纵深发展，保障规范公平的营商环境，推动"两区"建设更好地服务北京市的战略定位，助力打造"北京服务"新名片；金融服务、电信服务以及专业服务的开放承诺为拓展研发设计、创业孵化等科技服务业态提供良好制度支撑，有利于推动"两区"专业服务综合性示范区建设，吸引高端服务机构在京落户，面向世界提供全链条专业服务，促进"两区"商务服务业向国际化、高端化发展。

（二）"两区"投资与贸易便利化水平进一步提升

RCEP中的多项条款为北京市"两区"优化营商环境提供了参考。在投资便利化方面，RCEP 要求每一个缔约方设立一站式投资中心等实体机构，向投资者提供咨询服务，简化投资申请与批准程序，为外商投资营造良好的制度环境，这有利于"两区"建设实现"投资自由便利"的目标，倒逼北京市投资便利化规则与更高的国际标准对接，提供更多外资引进与扩大开放的政策便利。在贸易便利化方面，RCEP 在简化海关通关手续、促进易腐产品的迅速通关以及加强卫生措施等多个方面做出了规定，有利于优化北京市"单一窗口"建设，为北京市继续提升通关效率、实施有效贸易便利化措施提供了制度参考，从而实现"贸易自由便利"的目标。

（三）为"两区"推动跨境电商发展提供新动力

RCEP 在无纸化贸易、电子认证与签名和在线个人信息保护等多方面提出可执行性措施，为"两区"数字经济和数字贸易建设提供保障。RCEP 中涉及的电子商务贸易便利化规则将推动无纸化贸易的规范化、保证电子认证与签名的效力，在降低贸易壁垒以及贸易促进措施等多方面发挥重要作用，能够提升"两区"跨境电商企业交易效率。RCEP 在线上消费者保护、线上个人信息保护与国内监管等方面做出了详细规定，为进一步降低"两区"跨境交易的不确定性与数据流动风险奠定了基础，有利于跨境远程医疗等特色项目的顺利运行。另外，RCEP 的电子商务条款中，包含了构建跨境电商服务平台与推动物流服务体系建设的内容，有利于完善北京市"两区"内跨境电商的生产模式，增强电商行业的集聚示范效应，创造新的盈利模式与国际化合作模式，持续促进区域内跨境电商转型升级。

（四）有助于完善"两区"知识产权保护制度

RCEP 知识产权章节为"两区"科技创新提供了保障，有利于推动人才、知识产权等要素全环节改革。RCEP 涵盖了著作权、商标权、地理标志与知识产权执法等领域的广泛内容，整体保护水平较《与贸易有关的知识产权协定》（TRIPS）有所提升。RCEP 知识产权保护规则有利于拓展"两区"知识产权保险试点工作保障范围、优化"两区"知识产权公共服务，

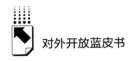

提升外籍人才来京投资以及研发机构创新研发的积极性，为北京市本土科技研发、引进高端技术与人才创造稳定环境。

（五）有助于优化"两区"企业生产布局

RCEP 的关税减让措施有利于扩大北京市与成员国的进出口规模，为优化北京市产业布局创造条件。RCEP 生效后最终将实现区域内 90% 以上货物贸易立刻降至零关税或十年内逐渐降至零关税，并且其原产地累积规则规定各成员国企业生产中使用的产自其他成员国的原材料，均可视为本地原产，因此原产价值成分比例将大大增加，这进一步降低了成员国享受关税优惠的门槛，提高了企业生产布局的灵活性。近年来，北京市与日本、韩国、东盟等 RCEP 成员产业合作日益深化，产业链互补趋势明显，RCEP 的生效不仅能够降低北京市对各成员国在纺织等传统合作领域的贸易壁垒，还能够增强双方在跨境电商、绿色经济与中小企业发展等前沿领域的产业链合作，结合"两区"建设推动制造业生产服务化，有利于推动实现"促进先进制造业和现代服务业融合发展，再培育几个具有全球竞争力的万亿级产业集群"的发展目标。

二 北京市"两区"高水平开放存在的主要问题

（一）服务业开放步伐明显加快，但开放程度仍需加深

北京市各级政府积极把握"两区"政策机遇，推动科技服务、金融服务等重点领域项目落地。首先，在科技服务方面，2021 年 1 月，北京市发布《科技领域"两区"建设工作方案》，要求提升全球创新资源聚集能力，围绕创新链产业链加快形成多层次创新人才梯队，促进全产业链资源聚集，北京市服务业开放 10 项经验成功向全国推广，形成了科技服务创新全链条生态体系。其次，在金融服务方面，2021 年北京市印发《金融领域"两区"建设工作方案》，要求推动股权投资和创业投资份额转让试点率先在京落地，形成一批可复制推广经验，完成一批具有开放创新引领性的示范项目，

谋划深化综合示范区建设新举措。目前北京市已实现股权投资和创业投资转让份额转让模式创新发展，外债一次性登记试点范围扩大至中国（北京）自由贸易试验区，跨国公司本外币一体化资金池试点范围进一步扩大，本外币合一银行结算账户体系试点工作进一步深化。

但中国现行服务贸易相关政策与国际高水平贸易规则相比还有较大差距，服务业贸易机制建设仍然存在继续完善的空间。一方面，由于服务贸易负面清单制度仍处于起步阶段，可参考的经验尚不充足，北京市从正面清单向负面清单管理制度转变将面临较大挑战；另一方面，"两区"联动政策与制度创新整体性不足，尚未形成同标准、无差别的"两区"事务通办体系，国际化服务保障能力有待提升，在引进外籍人才的过程中仍存在从业限制的问题，现有专业服务机构数量仍然偏少，公共服务仍不能完全满足国际人才的生活需要。

（二）跨境电商新业态不断壮大，但电商企业"走出去"步伐仍需加快

跨境电商服务体系再升级。2021 年 9 月，中国（北京）自由贸易试验区跨境电商综合服务方案正式发布，将为跨境电商企业提供包括跨境支付结算、企业及供应链融资、本外币、资产增值几大类服务，分析跨境电商企业需求，为跨境电商全流程中电商企业、境内外消费者、支付机构与物流公司等主体提供支付结算、跨境融资与金融科技等多方面的服务。世界首个区块链与隐私计算科技创新平台在京设立，全国首个跨境数据托管服务平台投入使用。跨境电商医药销售试点工作初见成效。2021 年 9 月，《北京市关于促进数字贸易高质量发展的若干措施》正式发布，要求北京市搭建数字贸易专项服务平台，提升数字贸易便利度，破解跨境电商发展瓶颈，稳步开展北京市跨境电商销售医药产品试点工作。自 2019 年北京市跨境电商医药进口试点工作实施至今，北京海关已验放跨境电商医药商品价值逾 5000 万元[①]，

---

① 《多项政策"全国首创"，北京跨境电商特色监管模式显成效》，中国国际服务贸易交易会网站，2021 年 4 月 26 日，https：//www.ciftis.org/cn/xwzx/fmdt/20210426092000280l1/index.html。

截至 2021 年末，北京市共建成 32 家互联网医院，支持互联网诊断服务的医疗机构多达 131 家[①]，北京市首家全球原创新药发现平台等一批项目落地。

电子商务对北京消费与经济增长的贡献较高，且北京电商交易规模不断扩大，网络零售额持续增长，但目前北京电子商务在通关效率、市场监管等方面仍有不足，跨境数据监督体系仍不完善是重要原因之一。北京市电子商务企业数量居全国第一，其中 B2C 平台建设取得较快发展，以京东、美团、当当为代表的自营电商集团总部均位于北京，为市内电商发展注入了活力。但是，由于国外互联网基础设施、物流体系、地域文化以及支付手段等与国内存在差异，B2C 模式的跨境电商"走出去"仍然受到制约。

（三）贸易便利化服务再升级，但通关效率仍需进一步提升

RCEP 的贸易促进效果在北京已得到初步体现。北京市与 RCEP 成员贸易联系紧密，2021 年中国对 RCEP 成员的进出口总额为 6596.57 亿元，同比增长 21.33%（见图 1）。截至 2022 年 7 月，在 RCEP 生效的半年时间内，北京市已有 7.7 亿元出口货物享受到了优惠，助力企业 6.87 亿元的货物在进口国享受关税减免 687 万元。[②] RCEP 缔约方海关合作进一步加深，目前日本已成为北京市 RCEP 最大签证目的国。

继续发挥 RCEP 政策效果需要有效贸易便利化措施的支持。2021 年 2 月，北京海关发布《北京海关关于"两区"建设推进工作措施》，提出要积极配合市口岸部门拓展国际贸易"单一窗口"服务功能和领域。目前北京市已发布中国首个自主可控区块链软硬件技术体系"长安链"，冷链溯源技术成为疫情防控的重要工具，也形成了京津冀三地海关"单一窗口"，实现数据互联互通，大幅提升了跨境贸易便利化水平。2022 年 5 月，北京市海关推出"四优四提促五子"28 项措施促进外贸保稳提质，其中"优化

[①] 《北京市已有 131 家医疗机构提供互联网诊疗服务》，《潇湘晨报》百度百家号，2022 年 1 月 14 日，https://baijiahao.baidu.com/s? id=1721946082777575569&wfr=spider&for=pc。

[②] 《RCEP 实施半年 北京地区 7.7 亿元进出口货物享惠》，中国新闻网百度百家号，2022 年 7 月 4 日，https://baijiahao.baidu.com/s? id=1737418951886689085&wfr=spider&for=pc。

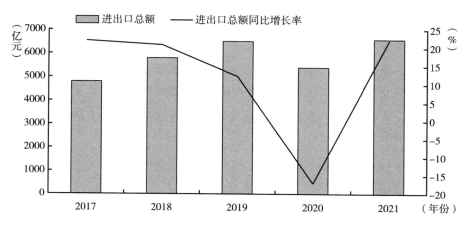

图 1　近五年北京市对 RCEP 成员的进出口总额（2017～2021 年）

资料来源：根据北京海关 2017～2021 年北京地区进出口贸易统计报表整理。

RCEP 海关政策服务"措施提出要优化出口原产地证"集中审核，就近签证"工作机制，结合数字化便利措施实现"智能审核"与"自助打印"，高标准落实经核准出口商制度，辅导企业了解 RCEP 进口优惠贸易协定享惠申报政策，向社会免费提供精确的贸易规则查询服务。

目前，北京市海关通关效率仍有待进一步提升。北京市"单一窗口"申报业务应用率已超过 80%，但仍有部分业务存在流程复杂通关时间长的现象，口岸各部门尚未形成统一的信息互享机制，"互联网+海关"及"双枢纽"空港电子货运平台等仍未形成完整的信息共享体系，在优化通关服务、加强数据管理方面仍然存在一定的提升空间。

三　利用 RCEP 推动北京市"两区"建设的建议

（一）率先落实服务贸易负面清单制度，推进"两区"与 RCEP 成员方服务贸易合作

第一，加强顶层制度设计，加快落实 RCEP 相关要求。继续完善"两区"建设顶层设计，将 RCEP 中符合北京市发展水平与改革能力的内容与

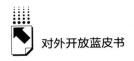

"两区"建设规划结合起来，结合海南跨境服务贸易负面清单的实施经验与北京市实际情况，以先试点、后普及的方式，逐步放宽自然人移动、商业存在、境外消费及跨境交付等方面的准入限制，逐步完成服务具体承诺表由正面清单向负面清单的转换。尽快履行 RCEP 服务贸易开放承诺，为 RCEP 各国投资者、公司内部人员、第三方服务机构人员等各类商业人员的跨境流动提供便利。

第二，加大政府扶持力度，提升"两区"政策联动性。在实现"两区"科技创新发展的过程中，既要充分发挥企业在科技创新过程中的主体作用，又要加强政府对重点产业创新创业的扶持，成立政府引导资金并促进社会资本投入，为企业科技创新提供全方位资金支持。在推动"两区"建设统筹协同发展的过程中，需要继续增强政府公共服务能力，各级部门可以借助科技手段，推进"互联网+政务服务"建设，着力实现"两区"政务"一网通办"，精简行政审批流程，加大政务信息公开力度，提升政府行政效率与透明度。

第三，扩大"两区"竞争优势，形成示范引领效应。充分发挥"两区"数字经济与数字贸易优势，积极规范数字经济规则体系，探索新的数字贸易应用场景，着力打造数字贸易示范区；充分发挥"两区"服务业与服务贸易优势，促进高端服务业对外开放，实现北京市消费升级，继续落实国际消费中心城市发展规划，积极争取建设国家服务贸易创新发展示范区。

（二）对标 RCEP"电子商务"章节，加快"两区"跨境电商试点工作

第一，完善跨境电商管理条例，优化电子商务市场环境。北京市"两区"应积极响应 RCEP 加强消费者与个人信息保护的要求，以《电子商务法》等政策条例为基础，完善跨境电商管理条例。加强现有政策的执行力度，建立市内商务局、财政局与市场监督管理局等部门的联动合作机制，为健全电商服务体系提供全流程支持；规范跨境电商交易规则，增强对跨境电商企业的针对性政策支持，对目标国的电商政策开展全面研究，必要时为

"两区"企业的海外维权提供法律援助。结合 RCEP 的信息监管要求,积极落实网络交易规则,完善信息保护体系、消费者举报渠道与风险检测系统,形成透明稳定的国内市场环境。

第二,加强政府资金支持,继续推进试点工作。RCEP 鼓励各成员国加强电子商务对话与国际论坛交流,目前北京市跨境电商医药销售、B2B 试点工作进展顺利,未来北京市应利用好各类电商管理信息,继续更新企业经营模式与商品营销方案,不断改进现有的政府支持性措施,推出贷款优惠政策支持"两区"企业开展跨境电商相关业务。同时,加快中国(北京)自由贸易试验区内电子商务试点工作,结合已建成电商示范区的开发经验,制定并持续完善推动国内电商与跨境电商业务齐头并进的合理规划。

(三)对标 RCEP"海关程序与投资便利化"条款,提升"两区"贸易投资便利化水平

第一,畅通陆路通道、空中通道、跨境电商通道与海运通道。对标 RCEP 简化通关程序,落实风险管理要求,落实"六小时放行"措施,进一步加强通关监管,结合"提前申报"等报关方式,提高通关效率,强化海关数据统计分析,帮助"两区"企业更好地了解与 RCEP 成员国的交易数据,及时解答企业疑问,优化通关服务。

第二,加快"单一窗口"建设,推进"经认证的经营者"(AEO)互认合作。北京市应依据 RCEP 要求,优化企业信用管理,加快进出口监管证件的"单一窗口"受理,努力实现通关单证无纸化、流程智能化,进一步提升通关效率。加强全市地方口岸统一管理,督促各地严格管理部门口岸收费目录清单,防止清单以外再收费。积极推进"两区"企业与 RCEP 成员 AEO 相互认证,加大与各成员国企业的交流合作。

第三,发挥地方政府服务职能,寻找当地产业优势与 RCEP 国别市场的契合点。北京市各级地方政府应继续指导"两区"企业开拓 RCEP 区域市场,促进本土优势产品向成员国出口。进一步提升政府服务保障能力,通过建设营销服务平台,完善物流保障体系等措施,帮助企业拓宽销售渠道,挖

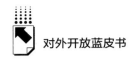

掘外贸新模式新渠道，培育外贸发展新动能。充分利用中国进出口商品交易会、中国国际服务贸易交易会等展会平台的对外交流作用，持续做好企业培训宣传工作，使企业更好地了解并应用 RCEP 享惠政策。

（四）主动履行 RCEP 投资负面清单承诺，提升"两区"投资自由化便利化水平

第一，积极履行 RCEP 投资负面清单承诺，确保引资开放措施顺利实施。推动完善全国版和自由贸易试验区版外商投资准入特别管理措施，落实"十四五"规划纲要关于有序推进电信、互联网、教育、文化、医疗等领域开放的部署，在确保国家安全的前提下进一步扩大开放。健全外商投资促进和服务体系，打造外商投资"一站式"服务，在各线上办事平台设立 RCEP 引资服务专区，便利 RCEP 伙伴国企业办理投资业务。

第二，完善人才服务体系，提升北京市"两区"人才吸引力。建立国际执业证书认可清单制度和外籍"高精尖缺"人才认定标准，加大外籍高端人才引进力度。对标北京市人社局"三个目录"人才画像要求，引进境外职业资格人才，为各类用人单位、劳动者、人力资源服务机构在招聘求职、教育培养、技术技能提升等方面提供相应的指引，为人力资源充分有序流动和国内外优质人才有效聚集提供精准服务。

第三，加强高端产业链和制造业项目投资合作，培育多元化全球供应链网络。提高"两区"国际资源要素配置能力，充分发挥北京市产业与市场优势，鼓励企业在 RCEP 区域内就具有合作空间的产业链环节开展紧密交流，支持本市企业与伙伴国企业共同开展研发和技术投资合作项目，进一步推动高端产业链优势互补。

（五）发挥"两区"内平台引领作用，打造国际经贸规则对接示范区

第一，推进自由贸易试验区改革，形成可推广的全链条发展经验。为中国（北京）自由贸易试验区企业查询 RCEP 相关内容建设便利平台，向企业普及 RCEP 各成员国的降税承诺及过渡期限，鼓励企业根据成员国各产业

的降税特点，扩大试验区内企业的贸易品类。继续加强 RCEP 原产地累积规则实施以及签证管理制度落实，指导企业积极运用原产地累积规则享受 RCEP 相关优惠，建立数字化公共服务平台，扩大自助打印、智能联网等高效办事方式的运用，争取实现"两区"企业与 RCEP 成员国企业电子联网。以签署加入 RCEP 为契机，围绕北京市全产业链改革，总结一系列系统化、全面化自由贸易试验区建设经验，形成商业模式、监管制度与配套服务等"一揽子"建设方案。

第二，打造制度创新示范区，为全国制度创新贡献北京力量。国家服务业扩大开放综合示范区应继续开展国际高水平自由贸易协定规则对接先行先试工作，建立健全数字贸易、服务贸易规则体系，着力打造数字贸易示范区；加大力度推进跨境服务贸易负面清单管理，探索建设国家服务贸易创新发展示范区，同时在贸易投资自由化便利化、知识产权保护等领域形成更多首创首试和引领性政策制度，为国家高水平开放贡献北京经验。

第三，探索"京津冀"三地协同发展路径。北京市需要在吸收、借鉴中国（北京）自由贸易试验区建设的经验基础上，推动自由贸易方面形成自身特色优势，随后带动周边地区协同发展。对标国际高标准规则相关政策先行先试，探索"一地生效、三地同行"政策联动，打造以中国（北京）自由贸易试验区为核心的高质量开放合作平台。

（六）主动推进 RCEP 鼓励类措施先行先试，进一步释放政策红利

一是优化知识产权管理机制。北京市应加快知识产权管理制度升级，与相关咨询机构开展更密切的合作，可尝试建立适当的组织机构对知识产权进行集中管理，推动"两区"在知识产权保护方面先行先试。加强管理制度数字化、便捷化，考虑采用专利电子申请制度，提升专利申请人申请效率与便利度。目前北京市拥有两大知识产权服务平台，北京市知识产权局网站提供知识产权申办、资助与维权等服务，北京市知识产权公共信息服务平台提供专利、商标、版权的检索服务以及国内外知识产权法律法规的查询、咨询与培训服务，为适应 RCEP 开放要求，北京市知识产权局应尽快搭建英文网

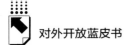
站，突出网页的简洁性、便利性以及功能性，优化"地理标志"等内容的注册及查询功能。二是有效管理海关程序。在北京"智慧海关"的建设中，无纸化贸易管理制度的建设应参考国际组织标准，并积极参与国际规则谈判。减少对"两区"出口货物装运前检验的新要求，定期使用《货物放行时间测算指南》等工具，测算北京市海关放行货物所需时间，在国家相关部门的领导下，加强与 RCEP 货物委员会①的沟通协调，加强数据共享和信息交换，发挥"两区"对接国际标准的先行作用。

（七）完善电商平台监管制度，维护公平竞争环境

电商平台一直是假货和盗版商品的温床，频发的侵权现象严重侵害品牌方与版权方的利益。在两级监管体系下，政府应着重加强对平台的监管。一是应尽快补充《北京电子商务监督管理暂行办法》对"C2C"微商模式电商平台的监管措施（当前仅有"B2B""B2C"模式监管措施），例如规定所交易商品需要经过专业第三方机构鉴别。二是由北京市市场监督管理局联合北京市的出版社、电影公司等机构共同拟定旗下作品的"保护清单"，并定期与电商平台合作排查"保护清单"遭受侵权情况。三是将侵犯知识产权的行为纳入商家不良信用记录，由政府牵头，联合多家电商企业建立跨平台的不良信用商家"黑名单"，限制"黑名单"商家交易活动，或对消费者进行预警提醒。

参考文献

［1］《"两区"建设双轮驱动 北京打造高水平开放平台》，央视网百度百家号，2021年3月23日，https：//baijiahao.baidu.com/s？id=1695023986750275010&wfr=spider&for=pc。

---

① "货物委员会"是指 RCEP 联合委员会中的货物委员会，该委员会职能涵盖货物贸易、原产地规则、海关程序与贸易便利化、贸易救济措施等领域的工作。

［2］《"两区"试点政策落地，北京银行推出跨境电商金融综合服务方案》，《新京报》百度百家号，2021 年 9 月 5 日，https：//baijiahao. baidu. com/s？id＝171002851900 2549369&wfr＝spider&for＝pc。

［3］《RCEP 落地半年带来"真金白银"》，光明网，2022 年 7 月 6 日，https：//m. gmw. cn/baijia/2022－07/06/35863300. html。

［4］《北京海关"四优四提促五子"促进外贸保稳提质若干措施》，北京海关网站，2022 年 5 月 13 日，http：//beijing. customs. gov. cn/beijing_ customs/434756/434769/434771/4342077/index. html。

［5］吴长军：《北京市地方商务立法的现状、问题与完善对策》，《商业经济研究》2018 年第 17 期。

B.4
国际消费中心城市比较研究

——基于京沪的比较

姜荣春*

摘　要： 2021年7月19日，北京、上海、广州、天津、重庆获国务院批准率
先开展国际消费中心城市培育建设。鉴于北京与上海可比性和借鉴
意义最强，报告主要介绍北京和上海统筹推进国际消费中心城市培
育建设情况，包括实施方案的主要内容、相关支持政策及最新实践
进展等，在此基础上进行系统梳理和比较分析。报告发现，京沪两
地国际消费中心城市建设中既有共通之处，也存在差异。北京的建
设方案更加详细具体，政策保障更系统更有针对性；上海在消费品
贸易、首店首发经济、住宿餐饮和国际推广方面优势明显。报告最
后从与天津加强协同、学习借鉴上海在首店首发等优势领域发展经验、
研究制订专门人才支持计划、增加人民参与感四个方面提出建议。

关键词： 北京　上海　国际消费中心城市

一　国际消费中心城市培育建设工作的提出与背景

消费作为最终需求，是拉动经济增长的最终动力和生产活动的根本目的。
加快推动消费经济高质量转型是满足人民美好生活需要的主要手段和新时代

---

* 姜荣春，经济学博士，英国利兹大学商学院国家留学基金委公派访问学者，对外经济贸易大
学北京对外开放研究院研究员、国际经济研究院副研究员，主要研究方向为对外开放、服务
贸易、世界经济。

中国梦的具体体现。城市特别是国际性大都市消费规模大、开放水平高、辐射带动作用强，是承载消费功能的主要空间载体、推动消费经济升级的重要支撑，对全国消费经济提质扩容和高质量发展有强大引领、带动和示范作用。

我国高度重视国际大都市对于发展消费经济的重要作用。早在"十三五"规划纲要中，我国就提出"以重要旅游目的地城市为依托，优化免税店布局，培育发展国际消费中心"；"十四五"规划和2035年远景目标进一步明确"培育建设国际消费中心城市，打造一批区域消费中心"。为落实国际消费中心城市培育建设工作，2019年10月，商务部等14部门出台《关于培育建设国际消费中心城市的指导意见》（以下简称《指导意见》），提出"利用5年左右时间，指导基础条件好、消费潜力大、国际化水平较高、地方意愿强的城市开展培育建设，基本建成若干立足国内、辐射周边、面向世界的具有全球影响力、吸引力的综合性国际消费中心城市，带动一批专业化、特色化、区域性国际消费中心城市，使其成为扩大引领消费、促进产业结构升级、拉动经济增长的新载体和新引擎"。2021年7月国务院批准上海、北京、广州、天津、重庆率先开展国际消费中心城市培育建设。根据商务部《培育国际消费中心城市总体方案》（以下简称《总体方案》），商务部为国际消费中心城市的主要指导监督部门。由商务部主要负责同志任召集人，商务部、国家发展改革委、住房和城乡建设部相关负责同志任副召集人，有关部门司局负责同志为成员，建立国际消费中心城市培育建设工作部际联席会议机制，工作机制办公室设在商务部。同时规定，培育城市要建立健全培育工作领导小组，确保培育建设各项任务落地见效。《总体方案》在结合《指导意见》和新形势新要求的基础上，对国际消费中心城市培育建设工作提出了总体要求、重点任务和保障措施，并公布了相应评估指标体系。

二　京沪国际消费中心城市培育建设具体实践情况

自2021年7月19日国务院批准北京、上海、天津、广州、重庆五个城市率先开展国际消费中心城市培育建设以来，各培育城市按照《总体方案》

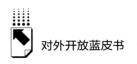

对外开放蓝皮书

相关要求，结合各自实际，做了大量工作。本部分介绍北京和上海国际消费中心城市培育建设具体实践情况。

（一）北京国际消费中心城市培育建设实践进展

北京消费经济基础好、规模大、水平高。以2021年为例，北京社会消费品零售总额为14867.7亿元，在国内城市中仅次于上海，人均可支配收入75002元，人均消费支出为43640元，恩格尔系数达21.3%，即将进入联合国标准下的极其富裕区间，2020年拥有28.8万户千万资产高净值家庭、居全国第一。作为首都，北京在引领全国消费升级和高质量发展、塑造新时代中国特色社会主义消费文化中居领先地位。

1.北京的建设方案的主要内容

疫情突袭而至以来，消费经济受到冲击。北京在国际消费中心城市培育建设方面，注重提前谋划，把握工作主动，是最早对外公布《北京培育建设国际消费中心城市实施方案（2021—2025年）》的城市。该方案将建设国际消费中心城市视为落实首都城市战略定位、推动高质量发展的必然要求，实施扩大内需战略、融入新发展格局的重要抓手，顺应消费发展趋势、满足人民美好生活需要的关键举措，对"十四五"时期如何培育建设国际消费中心城市做了详细安排，强调发挥"两区"政策优势，推动"五子"联动协同。具体内容如表1所示。

表1　《北京培育建设国际消费中心城市实施方案（2021—2025）》内容概要

	内容概要
总体要求	1. 指导思想：市场主导与政府引导相结合、国内消费与国际消费统筹发展、传统消费与新型消费协同促进、消费供给与消费需求两端发力、品质提升与规模发展并举，率先建成具有全球影响力、竞争力和美誉度的国际消费中心城市，成为国内大循环的核心节点、国内国际双循环的关键枢纽 2. 工作目标：到2025年，关键指标方面水平显著提升，基本建成国际消费中心城市。成为彰显时尚的购物之城、荟萃全球风味的美食之都、传统文化与现代文明交相辉映的全球旅游目的地、引领创新生态的数字消费和新型消费标杆城市，形成具有全球竞争力的体育、教育、医疗、会展等系列"城市名片"。明确系列数量指标。如入境人数年均增长5%以上，最终消费率超过60%，离境退税商店800家左右，培育孵化100个以上新消费品牌等

续表

	内容概要
重点任务	1. 消费新地标打造行动:打造彰显文化时尚魅力的消费地标、提升中心城区消费集群国际竞争力、建设城市副中心新型消费圈、布局"多点一区"消费新载体、建设空港型国际消费"双枢纽"、加快推进商务领域城市更新、打造京津冀城市群消费联合体 2. 消费品牌矩阵培育行动:集聚优质品牌首店首发、擦亮老字号金字招牌、培育孵化新消费品牌、荟萃全球餐饮品牌、打造时尚品牌活动风向标、加快绿色消费城市建设 3. 数字消费创新引领行动:布局数字消费新基建、推广数字消费新场景、丰富数字消费产品新供给、培育数字消费新生态 4. 文旅消费潜力释放行动:挖掘文化资源优势、设计开发精品旅游路线、打造重磅文旅消费产品 5. 体育消费质量提升行动:培育全球顶级赛事行动、打造冰雪项目消费目的地、丰富体育消费供给 6. 教育医疗消费能级提升行动:做强"留学北京"品牌、提升国际学校服务能力、提升国际医疗服务水平、开发中医药康养特色旅游资源、扩大老年康养消费供给 7. 会展消费扩容提质行动:加快补齐设施短板、提升品牌展会辐射带动效应 8. 现代流通体系优化升级行动:完善流通基础设施、优化流通网络布局、创新流通发展方式、提升流通配置服务能力 9. 消费环境新高地创建行动:营造国内一流政策环境、打造配套完善的服务环境、打造诚信创新的监管环境 10. 消费促进机制协同保障行动:加强组织协调、加强监测评估、加强宣传推广

资料来源:北京市人民政府官网。

2. 相关政策支持措施

按照《指导意见》和《总体方案》要求,北京成立了由市长担任组长的北京培育建设国际消费中心城市领导小组。过去一年来,北京国际消费中心城市领导小组办公室、北京市商务局等相继发布一系列具体行动计划或支持政策,涉及夜间经济、商圈改造、绿色经济、汽车消费等,如《打造"双枢纽"国际消费桥头堡实施方案(2021—2025年)》《北京市促进夜间经济繁荣发展的若干措施》《北京市高品质商圈改造提升行动计划(2022—2025)》《关于实施促进绿色节能消费政策的通知》《加快建设一刻钟便民生活圈 促进生活服务业转型升级的若干措施》《北京市关于鼓励汽车更新换代消费的方案》《促进首店首发经济高质量发展若干措施》《关于鼓励开展2022年网络促消费活动培育壮大网络消费市场的通知》《关于申报2021年度新消费品牌孵化项目的通知》《关于助企纾困促进消费加快恢复的具体措施》等。

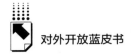

3. 北京统筹推进培育建设工作取得阶段性成效

一年来，北京统筹推进国际消费中心城市培育建设工作取得阶段性成效。据北京培育建设国际消费中心城市一周年新闻发布会提供的信息，进展主要体现在如下三个方面。一是紧扣消费新地标打造等"十大行动"主线引领，搭建协同联动工作体系。成立市领导高位部署、高频调度的"一办十组"领导小组工作体系，推出"1 个总体+10 个专项+17 个区域"实施方案体系。二是紧盯国际知名度等"五大维度"协同发力，关键指标稳中有升。在商务部25 项评估指标基础上，结合北京实际，围绕国际知名度等五个维度，设定市场总消费等 42 项监测指标，开展动态监测评估，科学指导培育建设工作。指标显示，北京消费市场基本恢复至疫情到来前水平；2021 年至 2022 年 7 月新落地首店数量居全国第一梯队、接近 1300 家，离境退税商店数量居全国首位、超过 800 家。三是紧抓地标性消费项目等"五大清单"统筹推进，形成"五个一批"标志成果。如 22 个传统商圈和 20 家"一店一策"试点企业基本完成升级改造，北京老字号扩至 206 家，"北京礼物"已超 1100 件，北京坊打造全球首个"5G+华为河图"智慧商圈，推出一批创新型消费政策，部市联动举办了一批高人气消费活动等。此外，根据北京市统计局和国家统计局数据，2022年上半年，受多轮疫情影响，北京实现社会消费品零售总额 6706.7 亿元，同比下降 7.2%，居民人均可支配收入和居民人均消费支出分别为 39391 元、21035元，同比增长 3.3%、下降 2.5%。餐饮收入 466.2 亿元，同比下降 16.4%。

（二）上海国际消费中心城市培育建设实践进展

上海以商立市，商业文化和消费经济发达，消费规模大、动力强，国际化水平高。自 2017 年社会消费品零售总额首次超过北京以来，一直居全国城市首位。以 2021 年为例，上海社会消费品零售总额 18079.3 亿元，人均可支配收入 78027 元，人均消费支出为 48879 元，均居全国城市首位；2020年拥有 24.9 万户千万资产高净值家庭，居全国第三，仅次于北京和广东；上海作为国际时尚之都，时尚基因传承百年，很早就有"东方巴黎"的美誉，2021 年消费品进口总额 5235.6 亿元，约占全国的 1/3；在引领国际时尚和高质量发展中居"领头雁"地位。

1.上海的建设方案的主要内容

上海高度重视消费经济发展问题。早在 2018 年，上海就公布《全力打响"上海购物"品牌 加快国际消费城市建设三年行动计划（2018—2020 年）》，全力打响"上海购物"品牌，加快国际消费城市建设，目标是最终建成具有全球影响力的国际消费中心城市。2021 年 7 月，上海获批国际消费中心培育城市后，在实施打响"上海购物"品牌第一轮三年行动计划（2018~2020 年）基础上，发布了《全力打响"上海购物"品牌 加快建设国际消费中心城市三年行动计划（2021—2023 年）》，持续推动国际消费中心城市建设。2021 年 9 月，上海市政府办公厅印发《上海市建设国际消费中心城市实施方案》与两个行动计划衔接。主要内容如表 2 所示。

表 2　《上海市建设国际消费中心城市实施方案》内容概要

	内容概要
总体要求	指导思想：以习近平新时代中国特色社会主义思想为指导……进一步增强消费在上海构建国内大循环中心节点、国内国际双循环战略链接中的基础性支撑作用，为全面提升上海城市能级与核心竞争力做出更大贡献 基本原则：政府引导、市场主导；突出特色、创新融合；科学布局、区域联动 总体目标：以规划引导、市场驱动、标准对接、制度创新为着力点……打造全球新品首发地、全球消费目的地，全面打响"上海购物"品牌，力争到"十四五"末率先基本建成具有全球影响力、竞争力、美誉度的国际消费中心城市
主要任务	1. 构建融合全球消费资源聚集地：打造全球消费品散中心、建设浦东国际消费中心、集聚国际品牌、打响本土制造消费品牌、发展零售自有品牌、重振老字号品牌 2. 推动多领域服务消费提质扩容：打造国际美食之都、扩大文旅休闲消费、促进丰富体育消费、发展提升健康养老消费 3. 打造引领全球消费潮流新高地：打造全球新品首发地、加快商业数字化转型、创新升级信息消费、点亮城市夜间经济 4. 建设具有全球影响力标志性商圈：提升世界级商圈业态和功能、培育特色商业街区、打造"五个新城"商业地标、提升社区生活圈能级和水平 5. 营造具有全球吸引力消费环境：完善综合交通物流体系、倡导绿色低碳消费、优化城市商业空间、优化消费市场环境、完善消费领域标准体系 6. 完善国际消费政策和制度体系：大力发展免退税经济、增强外籍人士消费便利性、优化市场准入监管体系 7. 构建区域协同产业联动新格局：加强国内大市场联动、加强"四大品牌"联动
保障措施	1. 加强组织领导保障 2. 强化人才支撑体系 3. 开展全球宣传推广 4. 完善消费监测体系

资料来源：上海市人民政府官网。

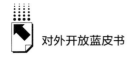

2. 相关政策支持措施

按照《指导意见》和《总体方案》要求，上海成立了由市长担任组长的上海市建设国际消费中心城市领导小组。为具体落实上述行动计划，上海坚持规划引领，出台实施《上海市商业空间布局专项规划（2021—2035 年）》，发布《上海市推进商业数字化转型实施方案》《激发创新动能 引领时尚潮流 加快国际消费中心城市建设的若干措施》；针对汽车、家电等领域出台专项消费促进政策，研究部署"汽车品质消费示范区"创建等工作；支持企业以多种方式发放消费优惠券，安排专项资金发放电子消费券等；制定《第三届"五五购物节"疫情防控工作总体方案》等。

3. 上海统筹推进培育建设工作进展情况

尽管受到疫情影响，上海国际消费中心城市培育工作并未止步。首店首发经济效应显著。2021 年上海累计开设各类品牌首店 1078 家，2022 年 1~6 月增加 366 家，稳居全国第一。2021 年 3000 多个国内外品牌在上海举办新品首发、首秀或首展活动，2022 年 6 月以来静安各大品牌首发活动全面复苏。首发经济外溢效应凸显，在"全球时尚产业指数·时装周活力指数（2021）"中，上海时装周由全球第六跃居全球第四。2021 年长宁区、普陀区成功入选国家"一刻钟便民生活圈"建设试点；2022 年，静安区、徐汇区和嘉定区参评第二批国家级试点。商业数字化持续转型。2022 年 1~5 月网上商店零售额实现 1366.7 亿元，同比增长 5%，在社会消费品零售总额中的比重为 22.6%，同比提高 5.1 个百分点。成功开展 2022 国际消费季暨第三届上海"五五购物节"等相关促消费活动，成功举办首届国际消费中心城市论坛。

此外，根据上海市统计局和国家统计局数据，2022 年上半年，受疫情影响，上海社会消费品零售总额为 7590.96 亿元，同比下降 16.1%，仍居全国城市第一，人均可支配收入和人均消费支出分别为 38996 元、21028 元，均居全国第二，略低于北京，同比下降 3.4%、11.1%。住宿和餐饮业零售额为 483.40 亿元，同比下降 33.1%，依然高于北京。

三　京沪国际消费中心城市培育建设工作的比较分析及启示

总体来看，北京和上海作为超大型城市，消费经济规模大、基础好、动力足，人均收入和消费支出居全国前列，高净值人群集中，具备优先建成全球性国际消费中心城市的潜力。国际消费中心城市获批以来，两市围绕《指导意见》《总体方案》及主管部门的要求，结合自身实际，在组织领导、方案制定、政策保障和宣传引导方面做了大量工作，取得相应成效，既有共通之处，也存在差异。分别阐述如下。

（一）组织领导方面

按照《指导意见》和《总体方案》要求，北京成立了由市长担任组长的北京培育建设国际消费中心城市领导小组，组建了由市领导高位部署、高频调度的"一办十组"工作体系。领导小组办公室、十个专项工作组、各区立足各自定位，推出"1个总体+10个专项+17个区域"实施方案体系。上海也成立了上海市建设国际消费中心城市领导小组并由市长担任组长，加强部门协同，强化统筹协调，市区联动，推动重点项目，研究创新政策，更好推动相关工作的落实。

（二）建设方案方面

北京在国际消费中心城市培育建设方面，注重提前谋划，把握工作主动，2021年8月最早对外公布《北京培育建设国际消费中心城市实施方案（2021—2025年）》。

上海高度重视消费经济发展工作。2018年和2022年先后出台《全力打响"上海购物"品牌 加快国际消费城市建设三年行动计划（2018—2020年）》《全力打响"上海购物"品牌 加快建设国际消费中心城市三年行动计划（2021—2023年）》，旨在持续推动国际消费中心城市建设。为了与商务部《总体方案》更好衔接，2021年9月上海市政府办公厅印发了《上海

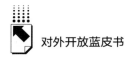

市建设国际消费中心城市实施方案》。

在指导思想方面，北京和上海都致力于建设有全球影响力的国际消费中心城市，前者提及要成为国内大循环的核心节点、国内国际双循环的关键枢纽；后者提及要增强消费在构建国内大循环中心节点、国内国际双循环战略链接中的基础性支撑作用。具体用词方面的微妙区别反映了北京作为首都的战略定位以及上海作为国际贸易中心的天然开放优势。

在重点任务方面，北京有 10 项，上海有 7 项，但涵盖的内容相当部分是重叠的，比如在商业空间建设方面，二者都涉及新地标打造和商圈建设；在品牌提升方面，都涉及国际品牌引进、本土品牌培育和振兴老字号问题；在服务消费方面，都涉及美食、健康、养老、体育、文旅等；都重视数字消费、夜间消费、绿色消费；都注重优化消费环境，完善交通基础设施，重视人才培养等；都提及区域协同问题，北京提出打造京津冀城市群消费联合体，上海提出深化长三角消费品制造业和终端消费市场联动发展。区别也很明显，北京重点任务数量多出 3 项，是由于北京的建设方案表述更明确具体也更详细，同属于服务消费的文旅消费、体育消费、教育医疗消费、会展消费单独成条，这也表明，北京希望在这些方面发力。相对而言，上海的建设方案表述较笼统，指向性弱一些。

（三）政策保障和宣传引导方面

京沪都研究出台了相应政策支持措施，涉及空间布局与商圈建设等。北京还出台了更有针对性的措施，如夜间消费、绿色消费支持政策等。北京还结合自身实际，在商务部 25 项指标基础上，研发了市场总消费等 42 项监测指标，开展动态监测评估，科学指导培育建设工作。在宣传推广方面，北京和上海都开展了消费季等系列活动，上海在国际宣传方面做得更好，比如推出《实施方案》英文版。

（四）成效方面

尽管面临疫情冲击，国际消费中心城市培育建设工作开展一年来，北京和上海都取得一些进展。福布斯中国、仲量联行、21世纪经济研究院等市场机构和媒体纷纷跟进，对外发布了一些评估结果，如福布斯中国将北京列在第一位，上海居第二；而仲量联行的评估结果显示，上海居第一，北京居第二。由于评估标准和过程不完全透明，权威性有待商榷，且培育建设工作尚处于起步期，仅可作简单参考。

总体来看，北京在组织领导、任务分解、政策支持方面，针对性和系统性更强，2022年上半年，人均可支配收入和人均消费支出已超过上海；但上海基础更好，首店首发经济表现依旧突出。在可比数据方面，2022年上半年，上海社会消费零售总额下降幅度更大，但仍然显著高于北京，居全国城市首位。不过，北京的居民人均收入和人均消费支出保持了增长态势，已高于上海。住宿和餐饮业零售额是受疫情影响的重灾区，上海下降幅度更大，但依然高于北京。

（五）对北京的启示

1. 与天津加强协同，利用天津港发展消费品贸易缩小与上海的差距

北京没有海港，虽注重发挥空港优势，打造"双枢纽"国际消费桥头堡；但空港毕竟不能完全取代海港，因此应考虑与天津进一步加强协同，借助天津港扩大消费品贸易规模，空港和海港相互支撑，实现优势互补，有助于缩小与上海的差距。

2. 在首店首发经济、住宿餐饮服务业和国际宣传方面，应积极借鉴上海经验

上海首店首发经济和住宿餐饮业发展基础好，值得北京持续学习借鉴。随着旅游业的高速发展，住宿餐饮业是消费升级和享受美好生活的重要方面，功能日益多元化。建议对住宿餐饮业进行全面深入调研，查找差距和问题，研究制定系统性专门措施。上海高度重视国际宣传和全球推广的做法也值得北京学习，建议将相关文件和旅游热点项目同步推出英文版，建立专门行动计划针对不同国家和地区制定不同方案，全面推进国际宣传工作。尽管国际形势复杂，但国际交流不会停滞，应该主动谋划推进国际旅游示范区建设。

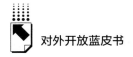

3. 重视国际消费人才培养，研究制订专门计划

北京、上海都提及要重视人才培养工作，但语焉不详。一件刺绣、一杯咖啡、一杯鸡尾酒的品质由刺绣师傅、咖啡师和调酒师决定，店面再时尚，鸡尾酒调不好，就谈不上品质和消费升级。建议将人才培养政策与促就业政策相结合，为相关人才培养出台专门政策和支持计划。

4. 切实践行人民城市为人民的理念，增强人民在培育建设工作中的参与感

北京与上海在这方面都做得不够。例如，社区商业化计划应增强透明度和专业性，业主不仅是消费者，也是主人；出租车司机在保障城市运行中发挥关键作用，应该对国际消费中心城市有大致了解。

（二）数字经济篇

B.5
北京市打造全球数字经济标杆城市
政策体系研究

蓝庆新　韩雅雯　胡江林*

摘　要：　在全球数字经济发展新常态下，数据要素成为国际竞争新的角力点，数字经济贸易性进一步增强，数字经济与实体经济深度融合，以开放协同加快技术创新，企业竞争从产品技术竞争向商业模式竞争转变。数字经济主要通过提高生产效率、拓展分工边界、创造高质量就业、强化供需精准匹配推动区域高质量发展。北京市打造全球数字经济标杆城市将会稳定经济增长势头，强化北京市"四个中心"定位，加快北京"两区"建设，拓宽就业空间，推动绿色低碳转型。在发展数字经济方面北京市具有政策支持力度日益增强，投资长期处于较高水平，研发创新动力充足，龙头企业集聚，国际开放持续深化，数据共享引领全国，数字化应用基础雄厚的基础条件和优势。北京市打造全球数字经济标杆城市需要加快重点"行业+区域"布局，加强融合基础设施互联互通，构建技术融合创新体系，优化数字经济投资促进渠道，推动新型消费提质扩容。基于北京市数字经济发展现状和路径研究，应通过构建高水平数字供应链和产业链，进一步推进北京产业数字化和新型数字产业化发展，积极参与国际

---

*　蓝庆新，经济学博士，对外经济贸易大学北京对外开放研究院研究员，国际经济贸易学院副院长，博士生导师，主要研究方向为"一带一路"、开放经济理论与政策；韩雅雯，对外经济贸易大学国际经济贸易学院硕士研究生，主要研究方向为国际商务；胡江林，中阿（阿根廷）经贸发展研究院特约研究员，主要研究方向为国际贸易。

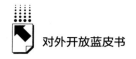
数字贸易规则制定、保障数据跨境流动安全，增强金融税收支持、助力数字经济领域企业创新发展，健全政策法规和配套衔接、建立数据要素治理体系，搭建全社会数据流通公共服务平台、营造包容创新的发展环境，加大人才支撑力度、制定数字经济人才培养方案，构建北京市打造全球数字经济标杆城市政策体系，形成发展合力，加速北京市全球数字经济标杆城市建设。

关键词： 数字经济　发展路径　政策体系　北京市

一　北京市打造全球数字经济标杆城市的必要性

（一）稳定经济增长势头

数字经济能够有效降低交易成本、提高交易效率，对冲新冠肺炎疫情的负面冲击，放大市场需求对经济增长的拉动作用。在疫情常态化防控时期，北京市居民网购消费增幅明显，据统计，八成左右的居民网购消费支出在家庭费用支出的比例显著增加，12%的居民的网购消费支出增长比例超过了60%。2021年，北京市限额以上网上商品零售额同比增长近20%，突破5400亿元大关。[①] 截至2021年10月，字节网络、今日头条、快手、微博视界共实现收入3291.9亿元，比上年同期增长63.4%，拉动海淀区信息业增长14.6个百分点。[②] 北京市数字经济消费需求的迭代升级，为经济增长不断注入新的动力（见图1）。

[①] 《北京市2021年国民经济和社会发展统计公报》，北京市人民政府网站，2022年3月1日，http：//www.beijing.gov.cn/gongkai/shuju/tjgb/202203/t20220301_2618806.html。
[②] 《数字经济助力海淀高质量发展》，北京海淀官方发布百度百家号，2022年3月7日，https：//baijiahao.baidu.com/s?id=1726605015597509435&wfr=spider&for=pc。

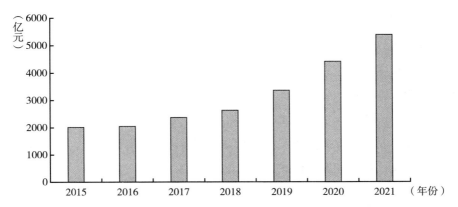

图1　2015～2021年北京市限额以上住宿餐饮业、批发零售业的网上零售额

资料来源：《北京市国民经济和社会发展统计公报》（2015～2021年）。

（二）强化北京市"四个中心"定位

面对全球经济发展不确定性，数字经济成为经济社会稳定发展的新动力源，利用数字经济本身的产业亲和性，探索通过发展数字经济激活相关产业发展、实现本国经济复苏的有效方式，增强国际竞争力。因而，北京在作为政治中心发展数字经济标杆城市的建设上具有国内外重要示范作用。同时，新兴数字化技术和核心数字化技术的发展将促使数据要素加速形成核心竞争力，对关键数字设备、技术、数据和平台的控制直接关系到国防安全、产业安全、信息安全等方方面面，数字信息技术成为全球竞争的焦点领域。作为中国科技创新中心，北京市打造数字标杆城市的全国示范引领作用意义重大，将进一步凸显中国数字经济新优势。

（三）加快北京"两区"建设

北京"两区"聚焦科技创新、数字经济等领域，出台了《北京数据交易服务指南》，统一了数据交易服务标准，让数据服务有法可依、有据可查，充分发挥了北京国际大数据交易所基础平台的作用，加速构建北京新型数据交易体系。建立加密交易平台和数据交易联盟，探索构建国际化数字经

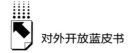

济中介产业体系，逐步深化跨境电商销售医药品试点，并与以工商银行为代表的商业银行开展数字人民币试点。朝阳、大兴、海淀数字贸易试验区和北京高级别自动驾驶示范区建设步入正轨。因此，北京市打造全球数字经济标杆城市的后劲十足，将持续推动产业园区高质量发展，进一步带动相关产业蓬勃发展，产业与园区的互相促进效应十分明显，为"双区"建设持续发力。因此，北京应抢抓经济发展新机遇，拓展国内发展新优势，加快北京数字化企业及其技术和发展模式走出去的步伐。

（四）拓宽就业空间

随着数字生态建设的逐步完善，信息无障碍的发展和高效协同的物流网络等技术的发展，为社会重点帮扶人群创造了量身定做的就业岗位，提升了数字生态大环境下的更高就业率。据统计，2020 年北京市从事信息传输、软件和信息技术服务业的新型劳动者占所有新型劳动者的比例约为 8%，同比增长约 4%，居所有统计行业之首，并且北京市信息传输、软件和信息技术服务业新型劳动者月收入 10571 元，同比增长 15.5%，也是所有行业中收入最高、增长速度最快的。[1] 截至 2021 年 12 月，北京市有 2.2 万名劳动残疾人通过自主创业、灵活就业实现就业，占到北京市就业总数的 20%[2]，成为就业新的增长点。因此，北京市积极构建全球数字经济标杆城市有利于释放数字经济在创造新增就业、优化就业结构等方面的作用，提高人均可支配收入，建设国际一流的和谐宜居之都。

（五）推动绿色低碳转型

2020 年，《北京市"十四五"时期能源发展规划》正式发布，重点突

---

① 《2020 年北京市外来新生代农民工监测报告》，北京市人民政府网站，2021 年 7 月 5 日，http：//www.beijing.gov.cn/gongkai/shuju/sjjd/202107/t20210705_ 2428703.html。
② 《2021 年北京市残疾人事业发展统计公报》，北京市残疾人联合会网站，2022 年 6 月 21 日，http：//www.bdpf.org.cn/cms68/web1459/subject/n1/n1459/n1508/n1524/n2452/c133902/content.html。

出绿色北京建设的实施战略和发展路径。数字技术能够带动不同行业的智能化发展与产业结构优化，减少基础设备生产制造阶段与运营阶段的碳排放和能源消耗；同时，数字技术促进智能城市建设，通过对交通疏堵和客流状态的数字化管理，提高城市交通运作效率，减少乘客候车时间，激励居民生活方式的绿色化转型，助力北京市碳减排目标的实现。因此，北京市打造全球数字经济标杆城市能够充分发挥数字经济对绿色发展的激励效应，加快绿色北京建设的步伐。

二　北京市打造全球数字经济标杆城市的基础条件

（一）北京市数字经济发展现状

1. 数字经济规模迅速扩大

2021 年，北京市数字经济国民生产产值为 16252 亿元，同比增长 13%，占北京市地区国民生产总值的 40%。核心产业增长值将近 9000 亿元，占北京市地区国民生产总值的 22%。[①] 北京数字化效率提升业产值 7334 亿元，同比增长近 9%，规模产业关键工序数控化率达到 50%。第三方移动支付资金量增加 16%，线上跨行支付清算系统交易规模为 98 亿元。2021 年，按照北京市统计的数字化行业指标数据来看，信息传输、软件和信息技术服务业收入达到 22400 亿元，同比增长 19%，占北京市全行业收入总额的比重为 13%（见图 2）；信息传输、软件和信息技术服务业利润额为 3077 亿元，同比增长 7.5%，占北京市全行业利润总额的比重为 10.5%。2016~2021 年，北京市数字化统计行业收入稳步增长，年均增速为 24%，占北京市全行业收入总额的比重也呈现长期增长的趋势，年均提高 1.0 个百分点；信息传输、软件和信息技术服务业等代表数字化行业发展趋势的

[①] 《北京市 2021 年国民经济和社会发展统计公报》，北京市人民政府网站，2022 年 3 月 1 日，http://www.beijing.gov.cn/gongkai/shuju/tjgb/202203/t20220301_2618806.html。

整体行业利润始终在 2700 亿元上下波动，占北京市全行业利润总额的比重长期处于 10.5% 左右。

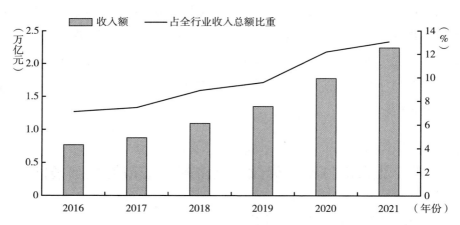

图 2　2016~2021 年北京市信息传输、软件和信息技术服务业收入

资料来源：《北京市国民经济和社会发展统计公报》（2016~2021 年）。

2. 数字技术创新频发

2016~2021 年，北京市企业申请数字技术①专利数整体保持稳定增长态势，从 1.5 万件增长到 1.9 万件，年均增长率为 4.8%；占中国企业数字技术专利申请总数的比重也呈现快速增长的趋势，从 5.2% 提高到 8.3%（见图 3）。2021 年，北京发布首个超大规模智能模型"悟道 2.0"，该模型打破之前规模预训练模型创造的 1.6 万亿个参数的记录，涉及参数达到 1.8 万亿个，是中国首个、全球最大的万亿级模型。同年，北京市陆续上线国内首个自主可控区块链平台"长安链"、首个超导量子计算云平台。

3. 数字基础设施不断完善

2016~2021 年，北京市互联网（固定）宽带接入用户数快速增长，从 448.4 万户增长到 806.3 万户，年均增长率为 12.5%（见图 4）。2021 年，

---

①　具体指 WIPO 编码中的 2、3、4、5、6。

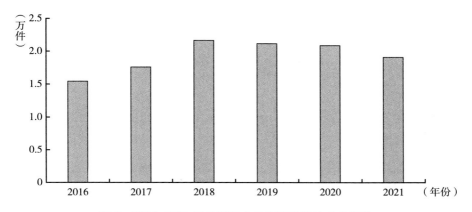

图3 2016~2021年北京市企业申请数字技术专利数

资料来源：Orbis Intellectual Property。

北京获评全国首批"千兆城市"，截至2021年12月，北京1000M及以上的固定互联网宽带接入用户达63.4万户，比2020年增长了40.3万户。2021年，北京建设完成5G基站52000个，万人平均基站数接近24个，领跑国内5G基础设施建设水平。预计"十四五"结束时，北京将完成基站63000个，届时实现行政村、乡、县、城市以及主要道路的覆盖。截至2021年底，北京地区5G终端用户高达1488.4万户。[①] 2021年，北京工业互联网、5G、车联网等新型基础设施开工建设项目达到282个，完成投资增长26%，项目投资额占北京市固定资产投资总额的比重为9%，较2020年提高了1.5个百分点。[②] 同时，"云、网、图、感、码、算、库"与大数据平台"七通一平"数字城市底座基本成型，北京市统一的领导决策指挥应用综合服务平台、北京综合办公平台、北京市统一公共服务平台成为智慧城市的统一服务入口，智慧城市2.0建设全面启动。

---

① 《北京市"十四五"信息通信行业发展规划》，北京市人民政府网站，2021年7月30日，http：//www.beijing.gov.cn/zhengce/zhengcefagui/202108/t20210802_2453612.html。
② 《北京全面加快建设全球数字经济标杆城市》，北京市人民政府网站，2022年4月10日，http：//www.beijing.gov.cn/gongkai/shuju/sjjd/202204/t20220410_2670717.html。

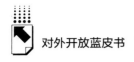

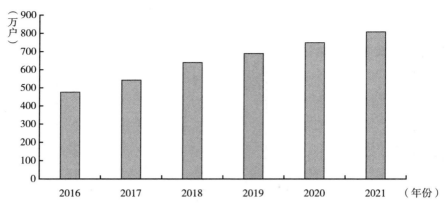

图4　2016~2021年北京市互联网（固定）宽带接入用户数

资料来源：《北京市"十四五"信息通信行业发展规划》，北京市人民政府网站，2021年7月30日，http：//www.beijing.gov.cn/zhengce/zhengcefagui/202108/t20210802_2453612.html。

（二）打造全球数字经济标杆城市的基础条件

1. 数字经济政策支持力度日益增强

2016~2021年，北京市相继颁布实施了42个与数字经济相关的政策文件，其中2021年出台实施的数字经济政策文件最多，达到25个，而2020年以前，北京市一共颁布4个政策文件。这些政策主要依托三大基地，即大兴国际机场临空经济区、金盏国际合作服务区以及中关村国家数字服务出口基地，充分发挥基地载体作用，加速产业集群与规模化发展，高质量建设北京数字贸易港，推动数字化关键核心技术和新兴技术赋能全产业链与供应链，提升北京全球数字经济影响力以及数字经贸规则制定的话语权。

2. 数字经济投资长期处于较高水平

2016~2021年，北京市企业共发生1176起数字经济相关企业并购案，年均196起，其中发生在中国的有1163起，发生在美国的有7起，发生在日本的2起，发生在法国、安提瓜和巴布达、开曼群岛、新加坡的企业并购案都为1起。同时，北京市企业对数字经济相关企业并购额累积达到58.8亿欧元，年均并购额为9.8亿欧元，其中中国、美国、开曼群岛的并购额分别为56.0亿欧元、0.4亿欧元、2.3亿欧元。2016~2021年,北京市信息传输、软件和信息技术服务业全社会固定资产投资年增长率起伏较大,其间2017~2018年的增长率突破30%,处于高速扩张阶段(见图5、图6)。

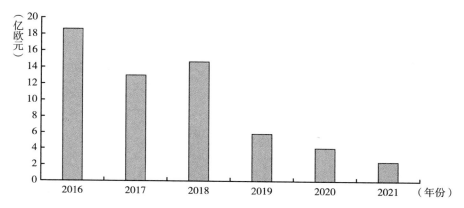

图5　2016~2021年北京市企业对数字经济相关企业并购总额

资料来源:BVD-Zephyr。

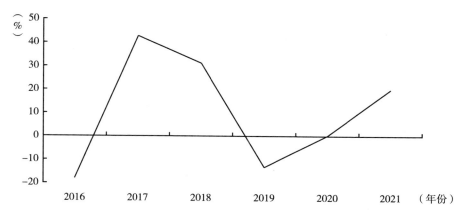

图6　2016~2021年北京市信息传输、软件和信息技术服务业固定资产投资增长率

资料来源:《北京市国民经济和社会发展统计公报》(2016~2021年)。

3.数字经济研发创新动力充足

2016~2021年,北京市大中型重点信息传输、软件和信息技术服务业等数字化企业研究开发费用呈现高速增长状态,从118亿元增长到2305亿元,年均增长率为 81.2%；另外，大中型重点信息传输、软件和信息技术服务业企业研究开发费用占大中型重点企业研究开发费用的比重从 34.6% 提高到 76.1%，其中信息传输、软件和信息技术服务业研发费用占比于 2017 年超过工业占比，成为研发支出占比最高的行业（见图 7）。

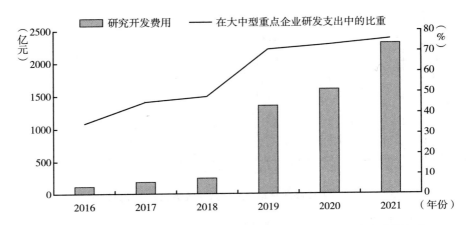

图 7　2016～2021 年北京市大中型重点信息传输、软件和信息技术服务业企业研究开发费用

资料来源：《北京市国民经济和社会发展统计公报》（2016～2021 年）。

4. 数字经济龙头企业集聚

北京作为全球重要的科技创新城市，截至 2022 年 3 月，高新技术企业有 27000 家，占总企业数的 1.2%，高于同期中国平均水平 0.8 个百分点，明显高于全国其他地区。[①] 福布斯排行榜上前 30 的互联网企业中，北京有 11 家，比如京东、百度、美团等。[②] 2021 年，北京入选全球独角兽企业 500 强的共有 72 家，总估值达到 4580.0 亿美元，比 2020 年增加 363.8 亿美元（见表 1）。2021 年，北京中关村数字经济产业联盟成立，成员包括华为、北京联通、北京移动、德勤、

---

①　《北京市区域画像报告》，上奇产业通网站，2022 年 4 月 30 日，https：//www.chanyeos.com/smart-ke/#/homePage。

②　《中国互联网行业发展态势暨景气指数报告》，中国信通院网站，2021 年 9 月，http：//www.caict.ac.cn/kxyj/qwfb/bps/202109/t20210923_ 390218.htm。

北明软件、北京电信、用友、招商银行、中国工商银行、城建集团等，该联盟要整合各方资源，搭建数字经济产业平台，向外输出数字化转型的标准。

表1 2021年北京市全球独角兽企业500强前十位

单位：亿美元

总排名	企业名称	估值	总排名	企业名称	估值
1	字节跳动	1800	49	作业帮	110
11	自如	429	57	车好多（瓜子）	100
27	京东数科	286	63	比特大陆	90
34	猿辅导	170	65	借贷宝	85
45	商汤科技	120	80	美菜网	71

资料来源：《速收藏！〈全球独角兽企业500强发展报告（2021）〉出炉（附最全榜单）》，BIHU全球独角兽企业数据库，2021年12月23日，http：//www.unicorn500.com/article/info/26。

5. 数字经济国际开放持续深化

2016~2021年，北京市信息传输、软件和信息技术服务业引进外资整体处于较高水平，达到55亿美元的规模，利用外商直接投资占比持续增长，从9%不到发展为接近27%。在此期间，北京举办了包括全球数字经济大会在内的一系列全球性会议、论坛，长期助力于我国乃至世界数字经济加速发展。同时，数字贸易示范区和数字贸易港的引领作用以及北京国际大数据交易所和北京国际数据交易联盟的组织机构作用将稳步推进逐步构建繁荣、开放、稳定的数字贸易体系（见图8）。

6. 数据共享引领全国

截至2021年3月，北京市利用打造的政务数据资源网实施的数据共享成果主要有，基于96个单位5891个数据集的约579万条无条件开放数据，涉及财税金融、公共管理、城市发展等社会民生经济领域。截至2021年，北京市所有类型开放数据，包括有条件和无条件的数据资源，累计达到12060个数据集约60多亿条数据。[①] 截至2022年1月，北京金融控股集团

---

① 《2021年度北京市公共数据开放白皮书》，北京市公共数据开放平台网站，https：//data.beijing.gov.cn/ndbps/。

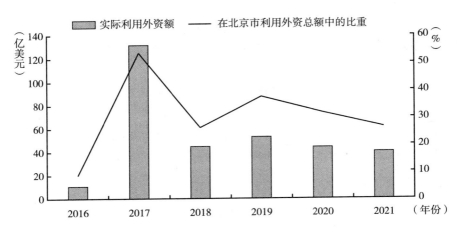

图 8   2016~2021 年北京信息传输、软件和信息技术服务业实际利用
外商直接投资情况

资料来源：《北京市国民经济和社会发展统计公报》（2016~2021 年）。

建设的金融公共数据专区发展成果显著，汇聚了 240 多万个市场主体和 14 个部门机构的 25 亿条数据，涉及开展信贷业务的方方面面。① 目前，北京市开放公共数据总量及无条件开放公共数据集数量，均居全国前列。

7. 数字化应用基础雄厚

一方面，在北京市政府的大力倡导下，国家工业互联网大数据中心等项目启动部署，国家顶级节点指挥运营中心顺利建成，接入二级节点数达到 17 个，排名居全国首位。截至 2020 年 9 月，东方国信、用友、航天云网企业平台数字化成果异常显著，平均工业设备接入数 75 万台，服务产业型企业 80 多万家。据统计，北京市上平台、上云的中小企业用户数达到 20 万家，2/5 的规模以上产业型企业已经上平台、上云。②

另一方面，北京市数字化公共服务能力不断增强。2021 年，北京相关大数据平台在复工复产、疫情防控等社会生活和政务公开领域服务效果显

---

① 《助力数据要素市场化配置，北京金控创新公共数据授权运营的"北京模式"》，北京金控集团网站，2022 年 1 月 10 日，https://www.bfhg.com.cn：9443/html/jkyw/20220110/1205.html。

② 《2020 中关村论坛工业互联网论坛成功举办》，北京市经济和信息化局网站，2020 年 9 月 18 日，http://jxj.beijing.gov.cn/jxdt/zwyw/202009/t20200918_2065945.html。

著，累计积累 347 亿条政务数据和 1264 亿条社会数据，支持服务 181 个应用场景。市区两级政务服务事项全程网办率分别为 83.3% 和 91.9%，100% 覆盖个人健康记录，涉及疫情防控的北京"健康宝"应用累计为 1 亿多人提供 130 亿次健康状态查询服务。① 另外，在线上医院服务方面，北京微医全科诊所是中国首家互联网医院数字医疗服务平台，已连接 7800 多家医院，累计注册用户 2.2 亿人，拥有 27 万余名注册医生，管理 27 家互联网医院，其中 17 家可以直接通过医保结算，是中国最大的数字医疗服务平台。②

三　北京市打造全球数字经济标杆城市路径研究

（一）重点"行业+区域"布局

1. 智能制造产业+北京经济技术开发区

北京经济技术开发区是国家级经济技术开发区，在产业链集群发展模式的带动下，打造了一批在集成电路、人工智能、智能制造领域的"高精尖"企业。截至 2020 年，北京市打造的 63 家智能制造标杆企业中的 1/3 位于北京市经济技术开发区。"十三五"时期，经济技术开发区企业贡献了智能制造国家标准的 33%，并且 70% 的企业数字集成化水平较高，可满足三级集成要求，数字化智能阶段特征显著。2020 年 1~11 月，北京经济技术开发区有 127 家机器人和智能制造产业领域规模以上企业，比 2019 年同期增加了 14 家，产值为 475 亿元，比 2019 年增长 5%，占北京市的 22%。③ 北京经济技术开发区聚焦"创新生态打造"和为企服务激发企业创新活力，全力支撑北京打造万亿级智能制造产业集群，持续集聚智能制造企业在京落地，在自主知识产权技术的加持下，建设完备智能化工厂车间和生产线。积极打造

---

① 《北京全面加快建设全球数字经济标杆城市》，北京市统计局网站，2022 年 4 月 8 日，http：//tjj. beijing. gov. cn/tjsj_ 31433/sjjd_ 31444/202204/t20220408_ 2669178. html。
② 《贝壳财经联合信通院发布首份〈北京数字经济研究报告〉》，贝壳财经网，2021 年 8 月 6 日，http：//www. bkeconomy. com/detail-1628823525814672. html。
③ 《北京亦庄创新发布第 368 次网络发布》，北京经济技术开发区网站，2021 年 9 月 8 日，http：//kfqgw. beijing. gov. cn/zwgkkfq/yzttkfq/202109/t20210908_ 2570454. html。

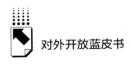

智能制造产业核心区，到 2025 年力争成为"智造"强区，智能装备制造和机器人集群总规模突破 1000 亿元，充分发挥智能数字强区的示范作用，引领带动北京乃至中国智能制造产业蓬勃发展。

2. 高端芯片制造业+顺义区

顺义区第三代半导体产业发展具有优势，成为北京市高精尖产业发展的重要支撑。自 2012 年国务院批复中关村科技园顺义园区以来，以顺义园区为核心的顺义区协同发展第三代半导体产业链全链条的各个环节，实现器件及芯片、外延、材料和设备研发、衬底、封装检测全链条覆盖。顺义强化数字生产线布局，在芯片领域的发展上着重关注大功率芯片、驱动电路和标准化模组，提升芯片和器件与设备的性能。发展特色专用工业生产线，聚焦射频电路、微机电系统、化合物半导体等领域，促进半导体研发实现质的突破，在高端芯片研发方面和专用芯片研发方面加强技术服务支持。

3. 新一代交通出行产业+丰台区

丰台区作为北京乃至中国重要的轨道交通产业发展基地，在主导产业轨道交通方面禀赋明显，全链条产业链长板性能显著。在装备制造环节、规划设计环节、运营维护环节吸引了诸如交控科技股份有限公司、中铁工程设计咨询集团、龙铁纵横（北京）轨道交通科技股份公司等典型企业。丰台区致力于交通控制技术研发，在大力融合数字化关键技术和新兴技术的前提下，深度重塑现代交通领域数字化发展格局。引导车企构建全生命周期管理系统，提升车联网的软硬件服务能力，积极研判制定数字化交通领域规则制度。

4. 数字化健康服务产业+东城区

东城区创新"中医药+互联网"模式，以同仁堂中医医院为依托，打造同仁堂互联网医疗品牌。2020 年 9 月，东城区政府与腾讯共建"国际数字健康应用创新中心"，充分发挥二者在各自领域的比较优势，融合医疗资源优势、行政组织协调优势、新兴技术优势，助推卫生、医疗、健康领域可持续发展。东城区将加强"互联网+药品"流通服务发展，吸引更多医药电商类公司落户，鼓励医疗机构与国家商业健康保险公司合作，开发基于互联网的健康保险产品和服务，成立中医药产业联盟，促进产、学、研、用融合，支持中医药服务机构开拓国际市场。同时，东城区以体育传媒与信息、体育文化创意和传播、体育科技创意为重点，大力培育线上线下相结合的体育新业态，探索研发智慧体育产品及服务，实施体育场馆数字智能化改造工程，提高体育公共设施运营效率。

5. 碳中和数字能源产业+海淀区

2020 年，海淀区打造城市大脑智慧能源版块，在电力大数据、外部能源数据、行业数据的保驾护航下，大力发展城市运行智慧能源综合支持应用。通过用电总量、全社会售电总量反映城市运营情况，构建污染企业重点检测、科技产业园区用电检测、施工工地用电检测、群租房预警、住宅空置检测等典型应用场景。完善"电力看疫情""电力看复工复产复学""电力看绿色出行""电力看经济" 4 个专题。2021 年 9 月，海淀区在北京市未来科学城成立能源数字产业园，坚持市场化运作的"基金+产业"运营模式，坚持协同发展、产学研用相结合原则，成功孵化能源数据安全计算等有关能源互联网企业，目前信创高科（北京）技术有限公司、中瑞恒（北京）科技有限公司、北京天泽智云新能源科技有限公司签约入驻产业园。海淀区利用 AI、工业软件、数字化关键技术，在涉及能源生产、运输、消费的各个环节优化升级，并且以能源互联网大数据平台为发展载体，提质增效，加快构建城市分布式能源系统。

6. 数字金融业+朝阳区

北京市朝阳区数字金融产业发展势头迅猛，农产品行业、自贸领域、文旅层面的数字化金融扶持平台日趋完善，数字金融链条优化率显著提升。同时，法定数字货币试验区建设步调加快，数字征信发展进程明显加速。朝阳区将继续巩固、培育数字金融领域的特色发展优势，重点推动传统金融体系运营数字化改造升级，带动金融科技企业、金融机构研发数字金融产品，提高数字金融服务能力，并依托北京国际大数据交易所整合生产端数据资产，挖掘数据要素价值，优化数字金融生态，构建区域金融风险管理制度，保障北京金融数字化转型步伐。

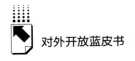

（二）打造全球数字经济标杆城市的路径机制

1. 加强融合基础设施互联互通

第一，有序布局融合基础设施。加强在网络基础设施方面的部署，依据定制化原则加快光传送网络、5G承载网、云专网的覆盖，完成行业内基础设施深度开放共享以及多领域的共建共享。开展云资源布局和云化应用部署，鼓励各区建设以共享型边缘云节点为核心技术的一体化开放平台。第二，创新融合基础设施投资模式。北京市坚持以市场投入为主，倡导社会资本参与投资运用，利用政策引导和扶持，通过PPP、专项基金、专项债等模式，支持和带动企业增加对大数据中心、基础软件、工业互联网、云计算平台、人工智能等的投资力度。第三，加快"企业上云"行动进程。在新材料、装备制造、新能源等重点行业推进改造升级工程，促进制造业企业运用网络化、数字化技术升级生产设备。引导中小微企业业务云服务转型升级，加速推进企业云平台的应用和现代企业数字化管理模式的推广，实现实体经济与数字化技术融合发展。

2. 构建技术融合创新体系

第一，鼓励制造业企业以工业互联网为基础，借用虚拟现实的仿真系统生成三维图像，实时分析和优化制造加工环节，探索新的发展模式。第二，引导企业增强工业大数据和数字孪生技术的匹配程度，将机械设备、生产模型和数据、生产机理等进行全映射的综合集成，实现对实体产品全生命周期的智能决策、智能服务、智能控制。第三，加大制造业中工业互联网和人工智能的覆盖与使用，形成生产厂商之间、机器之间以及生产上下游之间的实时智能交互，及时调整生产决策和要素匹配机制，打造智能制造模式。第四，积极落实创新示范区改革发展相关政策，促进产业创新协同平台、成果转化平台统筹发展，着力打造为中小企业提供专业化服务的测试检验、技术研发的公共服务平台。第五，建立健全科技成果转让市场化定价机制和利益分配机制，强化成果转化供需对接服务，支持跨区域共建一批产学研创新实践和优秀科技成果转化实体。第六，加快构建具有技术领先优势的专业芯片和高级芯片深度学习框架，完善技术创新标准，利用量子通信技术实施新型前沿关键技术攻关。

3. 优化数字经济投资促进渠道

第一，设立知识产权基金和产业并购基金，加大融资政策支持力度，推动互联网龙头企业、各类产业园区建设开放平台，稳步扩大创新创业公司债试点规模。第二，推动以注册制为核心的多层次资本市场健康发展，建立健全数字经济发展范畴下的资本循环体制和投融资体系，激活资本市场融资活力，增强各层级资本市场流动性。第三，加快区块链技术在企业信用方面的应用，完善区块链交易生态场景和服务，依据数据记录提供供应链融资服务。第四，以实体经济为发展主体成立产业大数据运营中心，促进商业数据和公共数据交互利用，升级使用价值。

4. 推动新型消费提质扩容

第一，构建符合新型消费的政策体系，加快新技术、新业态的推广和应用，形成规模发展效应，降低企业生产成本，强化政府在金融财税方面的支持手段，加速融合新型产业和传统产业，破除落后过时的政策限制。第二，增强多渠道传播能力。建立消费体验馆，打造区域性消费体验中心，统筹布局线上和线下体验中心，善于利用虚拟信息技术，突出消费体验平台的消费者体验服务，强化市政媒体的宣传引导力。第三，畅通供需信息传递渠道。由政府、行业协会和企业共同在空白领域建立行业标准规范，打通线上线下信用系统，增补线上线下消费投诉专用渠道，设立公平公正的消费仲裁机构，完善供需信息制度，健全信用信息使用监管制度和合理、可操作的奖惩制度。

四　北京市打造全球数字经济标杆城市政策体系构建

（一）构建高水平数字供应链和产业链

北京市要以新一代信息技术为支撑，以数字化平台为载体，打造全链条联动的数字产业链条，提升产业链条上所有企业生产效率。强化数字产品供

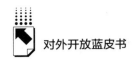
应商资源池建设，提高数字产品的供需平衡保持能力，加强配套服务能力建设，打造国内外双循环背景下的数字供应链网络，全面提升数字产业链供应链的抗风险能力。在数字企业培育方面，要突出技术产品的"高精尖"定位，运用新技术、新模式，在提升企业核心数字技术竞争力、主营业务核心竞争力方面下功夫，打造一批"专精特新"中小微数字企业和细分市场领域的领军企业。

（二）进一步推进产业数字化和新型数字产业化发展

在前期数字化转型的基础上，重点激励企业加强数据贯通能力、网络协同能力、安全防护能力等核心能力培育。向着数字产业企业集群和数字成长型企业培育的方向前进，并注重数字经济技术在品牌塑造、推广等方面的支撑作用，通过品牌生命周期全过程的价值再造挖掘发展动力，着力提高北京企业、产品和服务的市场竞争力和影响力。大力发展智能网联汽车，提升汽车控制芯片的科研水平，助推电子消费品和家电的智能化转型升级，发展一批示范性强的直播电商企业。强化与军工集团、科研院所的精准对接，合作共建一批中国领先的产业示范基地和科技成果转化平台。同时，重点关注数字化服务的第三方企业的发展，在平台化转型、融资增资、改股上市等方面提供定制化服务。

（三）积极参与国际数字贸易规则制定，保障数据跨境流动安全

北京市应在区域内的各类各级别对外开放区域先行先试 USMCA、CPTPP、RCEP 等高水平自贸协定中的数字贸易规则，逐步推动规则、监管、技术等制度创新，为中国在更宽领域、更大范围、更高水平的数字贸易规则探索开展压力测试。在深入影响数字贸易发展的隐私合规、跨境数据流动等领域积极组织参与数字贸易规则谈判。加快北京市跨境数据自由流动试点建设，对数据实施分层级管理，建立数据全生命周期安全保护责任制度。深度应用区块链技术保障数据跨境流动的安全性，升级改造数据中心，推广工业互联网、物联网信息基础设施。此外，与一些国家或者组织开展跨境数

据流动先行先试，强化在跨境数据全流程的合作实践。制定数据跨境流动白名单制度，探索确定不同风险系数数据的出境安全管理规则。建设国际离岸数据管理中心，积极培育数据跨境流动治理示范区。

（四）增大金融税收支持，助力数字经济领域企业创新发展

充分发挥政府投资资金平台的市场参与作用，合理增加杠杆，撬动社会资本深度参与数字经济的全面发展，建设一批重要的承载园区，突出示范引领作用。加快设立新型基础设施、虚拟现实、5G等专项基金，落实各项优惠政策、夯实税收环境优质发展基础，重点关注高新技术企业的税务补助、股权激励，对上市成功的数字经济企业，政府给予合理的奖励。加大金融机构改革力度，针对企业特色设置个性化的创新性金融产品，增加企业融入资本市场的渠道，支持设立战略性新兴产业投资基金和产业引导基金等。将数字经济领域企业"首贷"情况纳入政府财政资金部门存放考核业绩指标，加大对数字产业的投资力度，加强政银企合作，完善数字经济项目市场化推介机制。

（五）健全政策法规和配套衔接机制，建立数据要素治理体系

积极对接国家相关规划和重大项目，加快推进数字经济产业领域地方性立法工作，推动出台北京市数据要素发展应用促进相关文件，区级有关部门要结合各自职责，制定具体的实施细则。成立数字经济高质量发展联席会议，统筹协调全市数字经济发展和重点任务落实，及时解决跨领域、跨区域重大问题，完善组织协调机制，下设经济、社会、政务、技术四个专项工作推进小组，牵头负责相关领域工作的协调推进落实，协同推动数字经济发展的积极性。同时，北京市应健全决策咨询制度，加强与国内外研究机构合作，建设数字经济智库机构。建立多元化多主体参与的数字经济治理新格局，明确监管部门权责边界，完善防范系统风险的触发式监管机制，加强网络安全保护智能化监管设计，建立数据分类分级管理制度，加强市场反垄断执法，激发市场竞争活力。

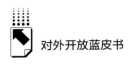
（六）搭建全社会数据流通公共服务平台，营造包容创新的发展环境

着力打造政府和企业两个对象四种关系的数据要素流通体系，深化市域一体化大数据中心建设。在安全可靠的前提下，推动政府部门和公共部门数据畅通交换渠道建设。支持为数字基础设施建设预留空间，对符合条件的超算中心、大数据中心等算力基础设施企业给予电费补贴。试行"容错登记""极简审批"，重点破除政策性、机制性、体制性障碍，加强数字经济领域知识产权保护和维权体系建设。鼓励举办与参与国际会议和论坛，促进数字经济发展产生源头动力，推动产学研平台资源整合，为数字经济发展提供一站式便捷服务。利用培训、教育与科普手段，提升全面数字技术素养，弥补数字鸿沟。倡导成立数字经济产业细分领域协会，定期组织开展项目对接、技术交流和培训。

（七）加大人才支撑力度，制定数字经济人才培养方案

北京市依托市内高校、科研机构及培训机构，制订数字经济人才培养计划及工作方案，积极培育数字与经济领域复合型人才，鼓励市内高校设置数字经济产业领域的新工科，倡导企业开设博士后流动工作站。编制数字经济核心产业人才地图，引进国内外在半导体、信息安全、高级芯片等领域的专业化人才。在配偶安置、住房实物供给、子女入学、科研服务、职称评审、医疗保险等方面给予"代理式""全天候""一站式"的优惠待遇。积极倡导企业建立国际"人才飞地"，强化科研一线专业人才服务基础，畅通基层员工发展上升渠道。针对各级别管理人才开展专题培训，提高数字化管理水平，从而实现数据链、产业链、人才链同频共振。

参考文献

［1］陈晓红、李杨扬、宋丽洁、汪阳洁：《数字经济理论体系与研究展望》，《管理

世界》2022 年第 2 期。

［2］《二十国集团数字经济发展与合作倡议》，G20 杭州峰会网站，2016 年 9 月 20 日，http：//www. g20chn. org/hywj/dncgwj/201609/t20160920_ 3474. html。

［3］姜峰、段云鹏：《数字"一带一路"能否推动中国贸易地位提升——基于进口依存度、技术附加值、全球价值链位置的视角》，《国际商务》（对外经济贸易大学学报）2021 年第 2 期。

［4］许宪春、张美慧：《中国数字经济规模测算研究——基于国际比较的视角》，《中国工业经济》2020 年第 5 期。

［5］赵涛、张智、梁上坤：《数字经济、创业活跃度与高质量发展——来自中国城市的经验证据》，《管理世界》2020 年第 10 期。

［6］ A. Berisha-Shaqiri, M. Berisha-Namani, "Information Technology and the Digital Economy", *Mediterranean Journal of Social Sciences* 6（2015）.

［7］ A. Bharadwaj, P. A. Pavlou, "Digital Business Strategy: Toward a Next Generation of Insights", *MIS Quarterly* 37（2013）.

［8］ R. Bukht, Heeks R. Defining. "Conceptualising and Measuring the Digital Economy", *Development Informatics Working Paper* 68（2017）.

B.6
数字贸易测度方法及北京市试测度研究

周念利　于美月　孟　克*

摘　要：　为更好地落实北京市"两区"工作方案，应进一步提升数字贸易统计研究的深度和广度。报告讨论了数字贸易的定义及国内外代表性机构对数字贸易统计所做的尝试，并基于此开展北京市数字贸易测度工作。具体而言，一是以"中央产品分类体系"（CPC Ver2.1）对数字贸易外延所做界定作为基准，与"扩展的国际收支服务分类法"（EBOPS 2010）进行对照制作接口，通过接口计算出北京市服务贸易中"可数字化"服务贸易规模。二是创新性地提出"已数字化率"这一概念，并依据联合国贸易和发展会议（UNCTAD）界定的 9 个可数字化服务行业与 EBOPS 2010 的行业匹配结果，通过典型企业调研，测算出各行业的"已数字化率"。基于各行业的"已数字化率"与相应的"可数字化"服务贸易规模，计算得到北京市"已数字化"服务贸易规模。报告一方面结合测算结果对北京市数字贸易发展状况进行分析；另一方面对调研测度中遇到的难点问题进行总结，试图从推动完善数字贸易统计体系、提升数字贸易统计水平等方面提出对策建议。

关键词：　数字贸易　已数字化率　规模测算

---

* 周念利，经济学博士，对外经济贸易大学中国世界贸易组织研究院研究员，博士生导师，研究方向为数字贸易；于美月，对外经济贸易大学中国世界贸易组织研究院博士研究生，研究方向为数字贸易；孟克，对外经济贸易大学中国世界贸易组织研究院博士研究生，研究方向为数字贸易。

全球贸易在经历传统贸易（1.0 版）和价值链贸易（2.0 版）后，正在向数字贸易阶段（3.0 版）发展过渡。数字贸易发展为传统贸易治理体系带来了一系列挑战，全球数字贸易治理体系正处于逐渐构建及成型的过程中。

数字贸易的主体是数字化交付的服务贸易。北京市作为我国数字经济发展程度最高的城市，拥有较完善的数字经济产业生态和庞大的市场应用基础，与国内其他地区相比，北京市在开展数字贸易统计的先行探索方面，更具经济和产业基础。另外，北京市正大力推动"两区"建设，与数字贸易相关的建设工作已成为"两区"建设任务清单中的重要内容。构建符合北京市实际的数字贸易统计方案是当前的一项重要任务，确实有必要开展相关探索。

一　数字贸易内涵及外延的界定

尽管近年来世界范围内数字贸易发展迅速，但何谓"数字贸易"各界尚未达成共识，目前国际社会对数字贸易的概念界定有两类代表性观点，分别是"宽口径"定义与"窄口径"定义。

若将"贸易的订购环节是否数字化"作为判断标准，可对数字贸易做出"宽口径"界定，即将"所有能通过数字化订购实现的货物和服务贸易"统称为数字贸易。目前世界贸易组织（WTO）[①]、经济合作与发展组织（OECD）[②] 均倾向于采用"宽口径"定义法[③]，认为数字贸易的标的物既包括货物也包括服务。若依据"贸易的交付环节是否数字化"作为判断标准，可对数字贸易做出"窄口径"界定，将"可数字化交付的贸易活动"称为数字贸易。这种情况下，数字贸易的标的只能是服务，而且是可实现数字化交付的服务，排除了在线订购的货物。作为数字贸易发展的先行者，美国国

① WTO，"Declaration on Global Electronic Commerce"，1998.
② OECD，"Measurig Digital Trade：Towards a Conceptual Framework"，2017.
③ UNESCAP，"Asia-Pacific Development Journal"，2016.

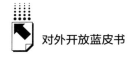

际贸易委员会（USITC）① 和美国商务部经济分析局（USBEA）② 均主张对数字贸易做"窄口径"界定。

报告认为我国对数字贸易定义的"宽窄口径"没有必要强求统一，可根据不同场景对数字贸易做出不同界定。一方面，当涉及数字贸易国际谈判以及全球数字贸易规则构建时，为使得我方既有进攻利益，又有防守利益，基于"宽口径"理解的数字贸易显然更合适。但另一方面，若立足于国内数字贸易发展或开展统计工作，数字化交付服务贸易是需关注的要点，应以"窄口径"理解数字贸易定义。一是因为我国以数字化订购方式开展的货物贸易规模已很可观，而数字化交付服务贸易发展潜能巨大，预计会成为数字贸易发展的主体；二是数字订购的货物贸易分类及统计体系建设已相对成熟，而数字化交付服务贸易的统计体系还很欠缺，亟须探索和完善。本着"认窄识宽"的原则，报告认为出台适合北京市的数字贸易统计方案，需聚焦于"窄口径"的数字贸易定义，即重点强调数字化交付服务贸易规模的测度工作。

二 境内外代表性机构的数字贸易统计实践

国外代表性机构的数字贸易统计实践主要有以下几种。一是 UNCTAD 基于中央产品分类体系筛选出 9 个数字化交付服务部门，与"扩展的国际收支服务分类法"以及国际标准行业分类法（ISIC Rev. 4）两种国际分类标准进行了对照匹配，并测算出各国数字化交付服务贸易规模。二是世界贸易组织、经济合作与发展组织、国际货币基金组织（IMF）于 2020 年 3 月共同发布的《数字贸易测度手册》③，将数字贸易区分为"数字订购贸易""数字交付贸易""数字中介平台"三个部分展开统计测度。三是 USBEA 将

---

① USITC, "Digital Trade in the U. S. and Global Economies Part 1", 2013.

② USBEA, "Trends in U. S. Trade in Information and Communications Technology（ICT）Services and ICT Enabled Services", 2016.

③ OECD, WTO and IMF, "Handbook on Measuring Digital Trade, Version1", 2020.

096

数字化交付服务贸易分为"信息通信技术服务"（ICT 服务）和"其他潜在的信息通信技术支持服务"（PICTE 服务），并尝试从现有的国际收支平衡表中筛选数据，加总计算得到美国可数字化交付的服务贸易规模。

国内代表性机构的数字贸易统计实践主要有以下几种。一是《商务部办公厅 中央网信办秘书局 工业和信息化部办公厅关于组织申报国家数字服务出口基地的通知》将数字贸易分为信息技术服务贸易、数字内容服务贸易以及其他通过互联网交付的离岸服务外包三大类进行测算。二是中国信息通信研究院将 UNCTAD 所提供的数字化交付服务贸易统计框架与"扩展的国际收支服务分类法"的子一级分类进行匹配，得到 8 类服务的细分数据后加总测算我国可数字化交付的服务贸易规模。三是国家工业信息安全发展研究中心计算了各服务细分类别的"数字融合比"，并将其作为权重，对我国分行业的服务贸易统计数据进行加权求和，以此估算我国已数字化交付的服务贸易规模。

基于境内外数字贸易统计实践，报告拟采用 UNCTAD 对数字化交付服务所做的界定及分类，开展北京市数字贸易统计工作，即基于"中央产品分类体系"筛选出 9 个数字化交付服务贸易部门，并与"扩展的国际收支服务分类法"进行匹配，从目前可获得的服务贸易基础统计数据中筛选出相关的服务贸易数据，加总测算得出可数字化交付的服务贸易规模。报告基于"中央产品分类体系"对数字贸易进行界定与测算的原因主要包括以下几个方面。一是"中央产品分类体系"的五分位是目前可获得的产品层面针对服务贸易活动所做的最精细、颗粒度最小的分类体系，只有基于产品层面的分类标准才能将各类数字贸易活动进行最严格和最精准的区分。二是基于"中央产品分类体系"的产品层面的服务贸易分类已在多边以及区域层面的国际服务贸易谈判及规则制定中获得了广泛应用。三是 UNCTAD 已清晰给出"中央产品分类体系"与"扩展的国际收支服务分类法"的对照表，且其他数字贸易大国如美国也在借鉴 UNCTAD 的分类标准来制定本国数字贸易统计制度。

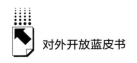

三 北京市服务业及服务贸易发展现状及特征

（一）北京市服务业发展现状及特征

2016~2020年，北京市服务业规模呈现增长态势（见图1），由2016年的64316.0亿元升至2020年的81455.5亿元。其中，2017年服务业规模增速最快，达到12.6%，而2020年受新冠肺炎疫情冲击，服务业发展速度放缓。从行业结构看，"金融业"和"信息传输、软件和信息技术服务业"的占比最高，2016~2020年，这两个行业的收入规模在北京市服务业总收入规模中的平均占比分别达到了35.9%和17.1%。此外，2016~2020年，北京市服务业收入在中国服务业收入中的占比相对稳定，保持在21.0%~25.0%，近五年的占比呈现"M"形走势，其中2017年占比最高，达到24.13%，2018年和2020年则有所下降。

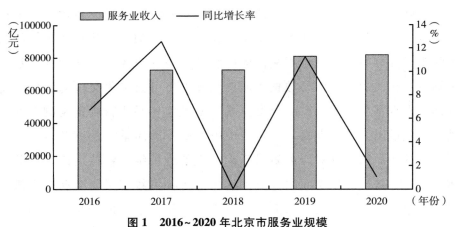

图1 2016~2020年北京市服务业规模

资料来源：《北京统计年鉴》（2017~2021年）。

（二）北京市服务贸易发展现状及特征

2018~2020年，北京市服务贸易规模可观，呈现"先持平后下降"的态势。

2018~2020 年，北京市服务贸易规模分别为 10629.4 亿元、10646.9 亿元和 8402.7 亿元。2020 年，受新冠肺炎疫情影响，北京市服务贸易规模同比下降 21.1%（见图 2）。从服务贸易结构看①，"旅行"和"运输"行业的服务贸易额占比最高，分别为 25.6% 和 21.1%。另外，2018~2020 年，北京市服务贸易规模在全国中的比重一直保持在 18.5% 以上，处于全国领先位置，但呈现下降的趋势——从 2018 年的 20.5% 下降至 2019 年的 19.8%，再降至 2020 年的 18.6%。

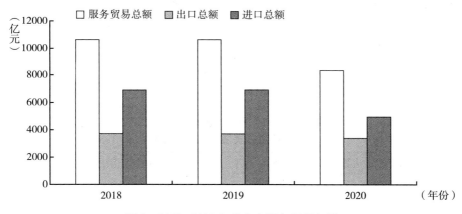

图 2 2018~2020 年北京市服务贸易规模

资料来源：《北京统计年鉴》（2019~2021 年）。

四 北京市"可数字化"服务贸易规模测算

（一）识别北京市"可数字化"服务贸易的方案

测算北京市"可数字化"服务贸易的具体步骤如下。第一步，对"扩展的国际收支服务分类法"中符合 UNCTAD 界定的"可数字交付"的服务类别进行提炼，筛选出 UNCTAD 的 9 个可数字交付服务行业所分别对应的

---

① 根据"扩展的国际收支服务分类法"的分类，服务贸易细分行业包括：其他商业服务；电信、计算机和信息服务；建筑服务；保险和养老金服务；金融服务；运输；维护和维修服务；加工服务；知识产权使用费；旅行；个人、文化和娱乐服务共十一个行业类别。

"扩展的国际收支服务分类法"中的行业代码，此时挑选出的"扩展的国际收支服务分类法"行业代码的颗粒度可细化至二分位或三分位。第二步，考虑到目前北京市仅具有"扩展的国际收支服务分类法"一分位行业代码水平的数据，缺乏二分位或三分位项下更细化的服务贸易数据，因此为解决数据可得性问题，需要对 UNCTAD 的 9 个数字服务贸易分类进行合并处理，如表 1 所示，UNCTAD 的 9 个数字交付服务分类在合并与匹配后可减至 5 类，分别是"电信、计算机和信息服务""其他商业服务""保险和金融服务""知识产权使用费""个人文化和娱乐服务"，后文的统计和测算均按照此分类展开。第三步，将转化后的 5 个行业的服务贸易数据进行加总，从而获得北京市"可数字化"服务贸易的总体规模。

表 1 UNCTAD 数字化交付服务贸易分类与"扩展的国际收支
服务分类法"的匹配结果

UNCTAD 数字化交付服务贸易分类	"扩展的国际收支服务分类法"分类
通信服务 计算机服务 信息服务	电信、计算机和信息服务
销售和营销服务 管理、行政和后台服务 工程、相关技术服务和研发	其他商业服务
保险和金融服务	保险和金融服务
许可服务	知识产权使用费
教育和培训服务	个人文化和娱乐服务

资料来源：报告课题组整合所得。

（二）北京市"可数字化"服务贸易规模的测算结果

就总体规模而言（见表 2），北京市"可数字化"服务贸易发展迅速，是推动服务贸易发展的关键动力。2018~2020 年呈现出逐年增长的趋势。"可数字化"服务贸易规模从 2018 年的 4053.2 亿元跃升至 2020 年的 4417.9 亿元，增长了 9.0%。北京市"可数字化"服务贸易额在服务贸易额中的占比也从

38.1%增长至 52.6%，提升了近 15 个百分点，这意味着"可数字化"服务贸易对服务贸易总体发展的贡献正在逐渐扩大。尤其是 2020 年北京市服务贸易规模总体缩减的背景下，"可数字化"服务贸易规模仍然呈现上升趋势，由 2019 年的 4346.8 亿元升至 2020 年的 4417.9 亿元，说明 2020 年新冠肺炎疫情突袭而至后，数字化交付服务贸易的优势凸显。

表2　2018~2020 年北京市"可数字化"服务贸易规模测算结果

单位：亿元，%

年份	"可数字化"服务贸易额	"可数字化"服务贸易额在服务贸易额中的比重	"可数字化"服务出口额	"可数字化"服务进口额
2018	4053.2	38.1	2288.3	1764.9
2019	4346.8	40.8	2473.0	1873.9
2020	4417.9	52.6	2527.2	1890.7

资料来源：报告课题组测算所得。

从"可数字化"服务贸易结构来看（见表3），2020 年北京市"可数字化"服务贸易规模排在前三位的行业分别是"其他商业服务""电信、计算机和信息服务""保险和金融服务"，占北京市总体"可数字化"服务贸易规模的比重分别是 38.5%、27.3% 和 22.2%，属于 2018~2020 年北京市"可数字化"服务行业中的主要行业，所占市场份额较大。

表3　2018~2020 年北京市"可数字化"服务贸易行业规模情况

单位：亿元

数字化交付服务贸易行业	年份	"可数字化"服务贸易规模	"可数字化"服务出口规模	"可数字化"服务进口规模
电信、计算机和信息服务	2018	1107.7	809.3	298.4
	2019	1188.0	884.9	303.1
	2020	1207.4	891.2	316.2
其他商业服务	2018	1559.7	1066.7	493.0
	2019	1672.7	1074.2	598.5
	2020	1700.1	1176.8	523.3

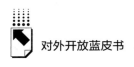

数字化交付服务贸易行业	年份	"可数字化"服务贸易规模	"可数字化"服务出口规模	"可数字化"服务进口规模
保险和金融服务	2018	900.6	356.0	544.6
	2019	965.9	421.0	544.9
	2020	981.6	395.9	585.7
知识产权使用费	2018	336.8	18.5	318.3
	2019	361.3	44.2	317.1
	2020	367.1	20.9	346.2
个人文化和娱乐服务	2018	148.2	37.7	110.5
	2019	159.0	48.7	110.3
	2020	161.6	42.3	119.3

资料来源：报告课题组测算所得。

五 北京市"已数字化"服务贸易规模测算探索

理论上"可数字化"交付的服务在现实生活中还有相当部分尚未实现数字化交付，即"已数字化"服务贸易只是"可数字化"服务贸易的子集。因此在前文测算的"可数字化"服务贸易规模的基础上，需要进一步计算各行业实际上采用数字化交付的服务贸易额——"已数字化"服务贸易规模。

（一）北京市"已数字化"服务贸易规模测算方法

为测算出各服务行业实际上以数字方式交付的贸易规模，报告提出服务贸易"已数字化率"这一概念，服务贸易"已数字化率"指的是以数字形式交付的服务贸易额与该"可数字化"服务行业服务贸易额的比值。由于按照现行统计制度无法直接获取"已数字化"服务贸易数据，也无法直接计算各行业的"已数字化率"，因此需要对相关行业的样本企业进行调研和座谈，获取样本企业数字化交付贸易额占总贸易额的比例，进而估算北京市服务贸易总体"已数字化率"。

测算分行业"已数字化率"的公式如下：

$$R_a^{SER} = \frac{\sum_{i=1}^{n} SER_i^O}{\sum_{i=1}^{n} SER_i^T} \quad (1)$$

其中，R_a^{SER} 代表单个行业的服务贸易"已数字化率"，下标 a 代表"可数字化"服务行业。SER_i^O 表示样本企业采取数字方式进行交付的服务贸易进出口额，SER_i^T 表示样本企业的服务贸易进出口额。进而报告按照服务贸易流向将公式（1）中的服务贸易"已数字化率"区分为"进口已数字化率"和"出口已数字化率"，公式分别如下：

$$R_a^{FIM} = \frac{\sum_{i=1}^{n} FIM_i^O}{\sum_{i=1}^{n} FIM_i^T} \quad (2)$$

$$R_a^{FEX} = \frac{\sum_{i=1}^{n} FEX_i^O}{\sum_{i=1}^{n} FEX_i^T} \quad (3)$$

在测算出各行业的"已数字化率"后，将每一行业的进出口"已数字化率"对应数字化交付服务行业的进口额（S_a^{FIM}）、出口额（S_a^{FEX}）相乘得到各行业的"已数字化"进出口额；然后将每一行业的"已数字化"进出口额相加即得到北京市"已数字化"服务贸易的总体规模。

$$Digital\ Trade = \sum_a^n (R_a^{FIM} \times S_a^{FIM} + R_a^{FEX} \times S_a^{FEX}) \quad (4)$$

（二）北京市"已数字化"服务贸易规模试测算结果

报告选取了 177 家样本企业作为调研对象，覆盖了 UNCTAD 的 9 个数字化交付服务行业。一方面，通过线上平台发布调研问卷后联系企业填写，共发放问卷182份，获得有效问卷162份；另一方面，在线上调研的基础上，选取了更具有代表性的22家重点企业进行线下座谈。① 表4展示了2018~2020年北京市服务贸易"已数字化率"以及"已数字化"服务贸易规模的试测算结果。经测算，2020年服务贸易"已数字化率"为66.5%，进口和出口"已数字化率"分别是63.0%和69.1%，"已数字化"服务贸易额为2937.7亿元，其中"已数字化"服务进口额为1190.6亿元，"已数字化"服务出口额为1747.1亿元。

表4 2018~2020年北京市服务贸易"已数字化率"
和"已数字化"服务贸易规模试测算结果

单位：亿元，%

年份	总体"已数字化率"	进口"已数字化率"	出口"已数字化率"	"已数字化"服务贸易额	"已数字化"服务进口额	"已数字化"服务出口额
2018	72.9	73.0	72.8	2953.2	1287.9	1665.3
2019	72.0	70.5	73.1	3129.3	1320.5	1808.7
2020	66.5	63.0	69.1	2937.7	1190.6	1747.1

资料来源：报告课题组测算所得。

分行业看，一方面，2018~2020年，除了"电信、计算机和信息服务"行业的"已数字化率"可视为100%外，其余按照平均"已数字化率"② 由高至低依次为"知识产权使用费"（65.9%）、"其他商业服务"（59.7%）、"保险和金融服务"（57.9%）以及"个人文化和娱乐服务"（49.2%）；另一方面，2018~2020年"已数字化"服务贸易规模最大的三个行业分别为"电信、计算机和信息服务"、"其他商业服务"以及"保险和金融服务"（见表5、表6）。

① 由于部分线下座谈企业名单是以前期线上调研结果为基础而确定的，因此线上调研企业与线下座谈企业名单有少部分重合（共7家）。
② 平均"已数字化率"=该行业2018~2020年的"已数字化"服务贸易总规模/该行业2018~2020年的"可数字化"服务贸易总规模×100%。

表5　2018~2020年北京市服务贸易分行业"已数字化率"

单位：%

数字化交付服务贸易行业	年份	服务贸易"已数字化率"R_a^{SER}	进口"已数字化率"R_a^{FIM}	出口"已数字化率"R_a^{FEX}
电信、计算机和信息服务	2018	100.0	100.0	100.0
	2019	100.0	100.0	100.0
	2020	100.0	100.0	100.0
其他商业服务	2018	59.2	51.8	62.6
	2019	62.5	63.6	61.8
	2020	57.5	58.5	57.1
保险和金融服务	2018	65.6	82.6	39.5
	2019	57.7	66.9	45.9
	2020	50.4	58.9	37.8
知识产权使用费	2018	68.5	67.7	81.6
	2019	74.3	73.3	81.4
	2020	54.8	53.1	82.3
个人文化和娱乐服务	2018	68.4	62.0	87.0
	2019	44.3	36.0	63.0
	2020	34.8	33.0	40.0

资料来源：报告课题组测算所得。

表6　2018~2020年北京市"已数字化"服务贸易规模测算结果

单位：亿元

数字化交付服务贸易行业	年份	"已数字化"服务贸易规模	"已数字化"服务进口额	"已数字化"服务出口额
电信、计算机和信息服务	2018	1107.7	298.4	809.3
	2019	1188.0	303.1	884.9
	2020	1207.4	316.2	891.2
其他商业服务	2018	923.0	255.6	667.4
	2019	1044.7	380.8	663.9
	2020	978.4	306.3	672.1
保险和金融服务	2018	590.4	449.8	140.6
	2019	557.8	364.5	193.3
	2020	494.7	345.0	149.7

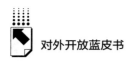
数字化交付服务贸易行业	年份	"已数字化"服务贸易规模	"已数字化"服务进口额	"已数字化"服务出口额
知识产权使用费	2018	230.6	215.5	15.1
	2019	268.4	232.4	36.0
	2020	201.0	183.8	17.2
个人文化和娱乐服务	2018	101.3	68.5	32.8
	2019	70.4	39.7	30.7
	2020	56.3	39.4	16.9

资料来源：报告课题组测算所得。

在调研过程中，课题组始终面临着一些问题，这些问题可能会直接或间接地影响到最终测算结果的准确性。首先，服务贸易基础数据欠缺。一方面，现有服务贸易数据止步于"扩展的国际收支服务分类法"一分位层面，无更为详细的数据，影响了测算精度。另一方面，就开展数字化交付服务贸易调研而言，如何从北京市各行业中挑选代表性企业，如何判断企业在行业中的代表性，也是个难题。其次，企业结构及业务情况复杂。企业的业务范围广泛，如何确定其在 UNCTAD 所界定的可数字化交付的服务行业中的归属成为难题。此外，有些行业业务性质特殊，导致信息公开程度不足，因此报告能够搜集到的有效数据和信息十分有限。最后，服务交付的具体模式无法准确识别。实践中，企业对服务是跨境数字化交付还是面对面交付认识模糊，有时这两种情形是交叉融合的，企业自身也无法界定。服务交付模式的边界不清，给统计带来了较大困扰。

六　北京市数字贸易统计及发展的对策建议

第一，建立健全数字贸易统计制度，打造数字贸易统计监测体系。目前北京市尚无基于产品层面对数字化交付服务贸易活动所做的分类体系，这使得相关统计工作无法精准开展。因此建议北京市充分借鉴 UNCTAD 对数字化交付服务贸易所做的界定及分类，构建基于产品层面的统计体系，这是开展数字贸易统计工作的前提条件。

第二，夯实和完善基于产品层面的服务贸易底层统计工作。目前北京市尚缺乏依托"扩展的国际收支服务分类法"体系二分位或三分位层面所做的服务贸易统计分类，因而测算过程中只能以"扩展的国际收支服务分类法"一分位的分类为接口计算"可数字化"服务贸易规模。事实上基于更加细化的"扩展的国际收支服务分类法"口径的服务贸易统计数据会更为精准，也更为贴合 UNCTAD 的数字化交付服务贸易分类，所以建议市级相关部门应基于既有的服务贸易分类体系，进一步完善充实相关统计数据，将服务贸易统计的颗粒度缩小。

第三，着力发展重点数字服务贸易行业。目前北京市"已数字化"服务贸易规模最大的三个行业分别是"电信、计算机和信息服务"、"其他商业服务"以及"保险和金融服务"，上述行业具有知识技术密集、附加值高等特点，是数字化交付服务贸易的核心行业。因此，应充分挖掘上述服务行业的潜在优势，可引入第三方研究机构，发布数字贸易品牌企业名录。积极布局全市的数字化交付服务贸易市场，着力提升企业服务质量、支持自主创新，维护北京市数字化交付服务贸易行业的竞争优势。

第四，重视北京市数字化交付服务贸易发展的制度环境。（1）构建好负面清单，促进数字化交付服务市场稳步开放。"负面清单"是高水准国际服务的标志——除负面清单规定的部门不开放之外，其他服务都准许开放。基于负面清单做出数字化交付服务开放承诺是国际大势所趋，因此北京市相关部门应当提前着手准备负面清单相关事宜。（2）做好跨境数据治理工作，完善数据管理措施及信息技术安全监管体系。首先，以企业为单位开展白名单认证①直接接入国际互联网，从而兼顾效率与安全。为做好此项工作，北京市相关部门应当考察本市企业采用白名单认证接入国际互联网的可行性，

---

① 白名单形式的管理办法是目前欧盟的监管原则：欧盟根据充分性认定标准，将 12 个目标国家划入白名单，在白名单内的国家之间可自由跨境传输数据。

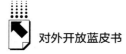

须针对各行业企业进行全面调研，根据数据的敏感性和重要性对相关企业进行分类。其次，聚焦北京市国家服务业扩大开放综合示范区，可效仿上海自贸区临港新片区建设国际互联网专用的数据通道。（3）重视知识产权保护，营造健康的知识产权环境。建议加强对辖区内知识产权相关案件的审理，提升案件审理的专业性和效率；建立多元化知识产权纠纷解决机制，成立国际经贸仲裁机构，并联合国家及市级仲裁委员会等机构对区域内发生的知识产权纠纷以仲裁的方式进行解决；积极引进知识产权人才，构建熟悉知识产权法专业知识的法官队伍。

注：若文中出现分项相加不等于合计情况，皆因四舍五入所致。

B.7
北京平台经济整体发展和监管路径研究

摘 要: 平台经济作为数字经济的重要组成部分,在改善公共治理、提高
社会资源配置效率、贯通国民经济循环等方面发挥着关键作用。
报告首先分析了当前北京平台经济的发展现状,主要从平台经济
整体保持快速发展势头、公共服务平台应用走在全国前列、生产
服务平台发展成效显著、重点打造体系化的生活服务平台四个方
面展开;其次以北京头部平台企业美团为例,总结平台经济面向
消费者和面向商家的发展模式;最后针对目前北京平台经济存在
的发展不规范、权益保障机制不健全、数据保护不得当等问题,
提出相应的监管优化路径。

关键词: 平台经济 平台型企业 平台监管

一 北京平台经济的发展现状

(一)平台经济整体保持快速发展势头

从宏观来看,北京数字经济规模不断扩大,产业数字化和数字产业化推
动了北京数字经济结构的持续优化。规模上,《北京市 2021 年国民经济和社

---

* 邓慧慧,经济学博士,对外经济贸易大学国家对外开放研究院国际经济研究院研究员,博士
生导师,研究方向为数字经济,区域、城市与产业发展;程钰娇,南开大学经济学院博士研
究生,研究方向为产业经济。

会发展统计公报》数据显示，北京数字经济增加值 2021 年达到 16251.9 亿元，相较于 2015 年的 8719.4 亿元，年均增长率为 10.94%。数字经济增加值占 GDP 比例从 2015 的 35.2% 增长到 2021 年的 40.4%，比重位列全国第一。根据《北京数字经济研究报告（2021 年）》统计，2020 年北京数字经济增速高达 9.2%，高于同期 GDP 名义增速 7.1 个百分点。结构上，2020 年北京数字产业化规模为 6808 亿元，在 GDP 中的比重达到 18.9%，相较于 2008 年上升了 7.4 个百分点。而产业数字化规模达到 13371 亿元，在 GDP 中的比重由 2008 年的 8.9% 提升至 2020 年的 37.0%。①

从微观来看，北京成为平台经济企业的集聚地，进一步推动北京加快建设全球数字经济标杆城市。图 1 展示了 2021 年数字经济产业中上市企业、独角兽企业、瞪羚企业以及高新技术企业数量最多的前十位城市，可以看出北京在四类企业的数量排名中均居前列。另外，在人工智能领域，2019 年北京相关企业数量约 1500 家，占全国的 28%，居国内首位。在互联网领域，《北京数字经济研究报告（2021 年）》数据显示，全国市值前 30 名的企业中有 11 家落户北京。另外，《中国互联网企业综合实力指数（2021）》显示，互联网综合实力百强企业中北京占 33%，互联网成长型企业排名前 20 中北京占 40%。平台企业的聚集，营造了研发创新的良好环境，推动了北京平台经济的快速发展。

（二）公共服务平台应用走在全国前列

据统计，2020 年北京公共服务平台企业规模为 3.61 亿元（见图 2），占其全部平台型企业规模的 4.18%。北京公共服务平台应用引领全国主要表现在政务数据共享开放和数字化治理建设两方面。

北京陆续落实全市数据共享和公共服务系统"入云"，截至 2019 年底，政务信息系统入云进度高达 98.2%。② 在保障企业及个人隐私数据安全的前

---

① 《贝壳财经联合信通院发布首份〈北京数字经济研究报告〉》，《新京报》百度百家号，2021 年 8 月 6 日，https://baijiahao.baidu.com/s? id=1707331187682063921&wfr=spider&for=pc。
② 叶堂林、李国梁等：《京津冀发展报告（2022）》，社会科学文献出版社，2022。

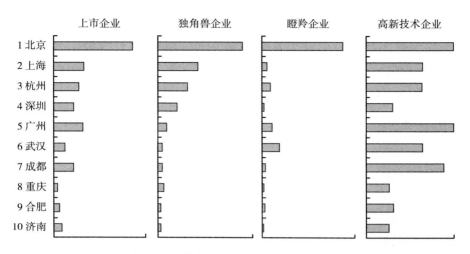

图1   2021年数字经济产业中排名前十位城市的相关企业数量

资料来源：根据《2021中国数字经济产业发展指数报告》数据整理。

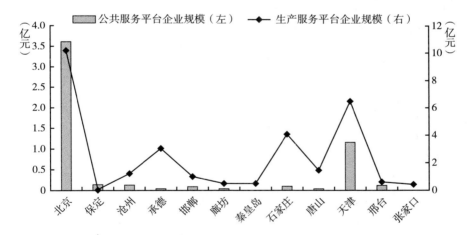

图2   2020年部分城市公共服务平台企业和生产服务平台企业规模

资料来源：根据龙信企业大数据平台数据整理。

提下，北京依托政务数据资源网，进行公共数据无条件开放，开放的数据集涉及1100多个类别。此外，北京市政府通过收集统计金融公共数据，打造金融公共数据共享专区，统一对金融机构开展数据共享；搭建了北京数据交

111

8

易平台，上线了公共政务、普惠金融、人工智能、互联网、文化 5 个数据频道。根据中国社会科学院信息化研究中心、国脉研究院发布的《首届（2019）中国数字政府建设指数报告》的研究结果，北京数字政府发展指数在全国排名第四位，仅次于浙江、上海、广东。北京在数据体系和数字管制方面的指数都居全国前三，表明其拥有较强的数据基础能力和出众的数据治理能力。

（三）生产服务平台提升成效显著

2020 年北京生产服务平台企业规模为 10.19 亿元（见图 2），规模上具有明显的优势。具体以工业互联网为例，北京工业互联网投资规模达979.06 亿元，投资项目有 207 个，居全国首位（见图 3）。一方面，北京成立了工业互联网技术创新与产业发展联盟、信息化和工业化融合服务联盟，组建了各类制造创新中心。北京在人才数量、实验能力、科研方法、信息资源等方面的强大优势，为工业互联网发展奠定了坚实基础。

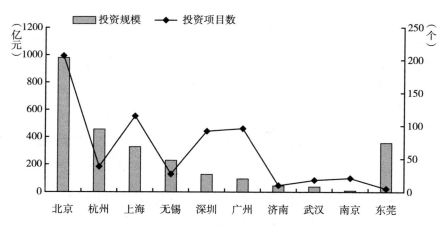

图 3　2020 年中国部分城市工业互联网的投资规模及投资项目数

资料来源：根据鲸准数据整理。

另一方面，北京已初步形成了"双跨+行业+专有技术"的产业互联网平台体系，培育了重点平台 60 余个，重点平台注册用户数、接入设备数量、接入设备总价值居全国之首。在生态环境建设方面，北京市推动产业链上下游联合创建北京工业大数据创新中心等 3 个市级产业创新中心，组建全国首个工业互联网底层技术信创工作组，有 299 个项目获工信部"工业互联网创新发展工程"支持。从核心产业布局来看，北京拥有良好的工业互联网核心产业布局，据测算，截至 2020 年，北京工业互联网核心产业规模达到 775.19 亿元，年均复合增长率超过 24%。

（四）体系化的生活服务平台初步建成

北京餐饮服务企业平台化发展加快，线上点单、线上收银等数字化工具应用逐渐普及。疫情常态化防控时期，大量商户开通了线上服务功能，外卖成为商户的线上渠道之一，其在商户业务中的占比不断提升。调查显示，疫情常态化防控时期超过五成商户外卖收入占比超过 40%，外卖收入占比为 20%~40% 的商家占 26.3%。北京市东城区 329 家餐饮企业通过采用"线上"接单、无接触配送等方式积极实现复产复工。美团调查数据显示，2021 年 1 月至 6 月，北京餐饮店铺提供的外卖等数字化服务快速增长，其中海淀区、房山区、石景山区、昌平区同比增长都在 100% 以上；西城、大兴区同比增长在 90% 以上；丰台区、朝阳区、通州区和平谷区同比增长在 80% 以上。2021 年端午节期间，北京外卖餐饮消费额和消费订单量分别同比增长 86.18% 和 84.58%，较 2019 年同期增长 81.25% 和 58.59%。

北京加速推进平台经济与文化旅游融合，优化文旅产业结构，推动供给侧产品迭代升级和需求侧服务品质提升，实现了文化旅游产品和服务价值创新，拓展了北京文旅品牌形象。一是深入挖掘京味文化内涵，推动 5G、人工智能、VR/AR、物联网、大数据、云计算等现代科技与文化旅游融合发展，通过现代科技手段充分展现首都深厚的历史文化底蕴，保护与传承优秀传统文化。二是加速培育新型文化展演项目和文旅消费业态，打造文化科技融合下的文旅体验新场景，不断提升文化旅游价值，丰富旅游体验，完善旅游服务体系，提升广大居民文旅参与度、体验感和满意度。三是推动北京文旅消费产业集群发展，建设"互联网+文化旅游"新业态，激发文化旅游消

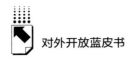

费活力，开启文旅集群发展新篇章。

除此之外，在公共交通领域，北京打造了交通绿色出行一体化服务平台，不仅为旅客提供了便捷的交通服务，而且绿色出行也体现了高质量发展的理念；在医疗领域，北京各大公立医院联合"上云"，打造"京医通"等医疗服务平台，不仅简化了患者的就诊程序，而且"互联网+医疗"应用于医保支付，有效解决了医保支付的难题；在教育领域，北京创建了多个学习资源共享平台，不仅为学习者提供了丰富的课程，而且收录了各类数字资源。

二 北京平台经济的发展模式

《中国互联网企业综合实力指数（2021）》显示，美团已经连续九年名列中国互联网综合实力企业前十。此外，根据《中国平台经济健康指数》的测度数据，美团的健康指数位于第一梯队，并涉及多元的行业和人群，被定义为"多样发展型"平台。因此，报告以美团为例介绍北京平台经济的发展模式。

（一）面向消费者的生活服务

1. 业务运营模式

（1）实现消费者的高度复用

美团以高频业务赋能低频业务的发展模式，实现消费者的重复运用。餐饮外卖是美团的高频业务，综合到店业务属于中频或低频消费，婚庆、摄影、装修等则属于低频业务。高中频业务作为美团最主要的获客来源，具有较高的消费频率，利用回头客为低频业务创造流量，有效降低低频业务的获客成本。低频业务一方面重点在于提高毛利，通过扩大在各类生活服务领域的业务覆盖面积，填补用户在高中频业务之间的时间间歇，最大限度挖掘客户价值，进一步扩大平台服务的深度和广度；另一方面当平台具有一定的品牌认可度后，进一步将低频业务用户转移到高中频业务中，从而形成消费者消费的闭合环路。

美团通过消费者的高度复用，有效提升了消费黏性。从平台规模来看，图4展示了从2014年到2020年上半年中国餐饮外卖市场的各平台占有率，美团的市占率一直保持最高，从 2014 年的 30% 上升至 2020 年上半年的 67.8%。从平台用户特征来看，美团系去重活跃用户规模位于互联网平台中较高水平，从 2020 年 6 月至 2021 年 6 月同比增长 26.4%（见图 5）。同时，美团报告显示，2021 年美团、美团外卖 App 在用户黏性特征上（单用户日均时长、日活用户占月活用户比例）整体表现均优于饿了么。

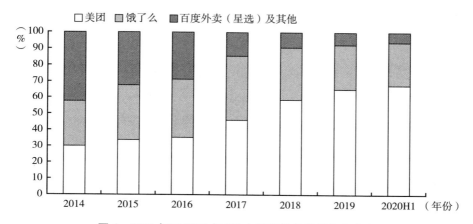

图 4 2014 年至 2020 年 H1 中国餐饮外卖平台市占率

资料来源：根据前瞻产业研究院、Trustdata 数据整理。

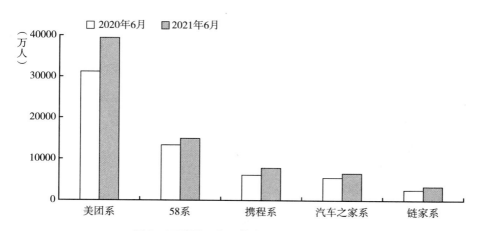

图 5 互联网平台总体去重活跃用户规模

资料来源：根据 QuestMobile 数据整理。

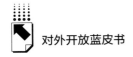

（2）多业态布局零售业务

首先，新零售业务实施多元化布局策略。美团优选定位下沉市场，采取社区电商模式，推出"农鲜直采"计划，以集中采购、以销定采的模式高效匹配生产与需求，为农民创造额外收入；美团闪购采用平台模式，辅以加盟前置仓运营模式，已覆盖 2800 个市县区；即时零售场景下，美团买菜聚焦北上广深一线城市，采用自营前置仓运营模式；美团电商（前身为美团好货）定位传统电商模式（见表 1）。

表 1   美团 2C 受众的零售业务布局

产品	领域	上线时间	业务进展
美团优选	社区团购	2020 年 7 月	第一梯队，2021 年月日均活跃用户 298 万
美团闪购	即时配送	2018 年 7 月	已覆盖 2800 个市县区
美团买菜	生鲜电商	2019 年 3 月	聚焦一线城市
美团电商	电商	2020 年 8 月	已覆盖 18 个品类

资料来源：根据 QuestMobile 数据整理。

社区团购是美团创新业务中的重点，通过区域收缩有效控制亏损。2022年 3 月起，美团优选从部分区域撤出，目前覆盖 26 个省份。通过暂撤亏损较大的区域，坚守华中、华南等优势市场，以守为攻，实现降本增效，将社区电商赛道作为长期深耕赛道。

美团闪购采用轻资产运营模式，依靠平台流量连接零售门店供给和消费者需求。一方面，美团闪购的 UE 模型与美团外卖类似，最大限度复用了美团外卖的资源，包括商户资源、骑手配送网络、用户转化等，从而形成规模效应，更好地满足消费者需求。另一方面，美团闪购推出"闪电仓"为商户端减负，提升供应链效率。美团闪购于 2021 年以加盟方式推出"闪电仓"的前置仓运营模式，由商家建仓，公司辅助进行线上运营，为商户省去房租等线下运营费用，实现 24 小时运营，极大提升了运营效率。

美团买菜与美团优选重构了传统零售价值链，在很大程度上减少了成本。传统零售商如华润万家和永辉等，零售价值链模式为"厂商—区域大仓—城市仓—门店"。美团优选与美团买菜省去了门店环节，减少了店面租金和运营成本。干线和城配的运输成本费用率也随着平台规模效应而降低，进一步减少成本。

其次，美团完善的"零售+科技"生态链带来巨大的成本和服务优势。第一，在下沉市场，公司通过外卖、闪购和买菜等复用骑手配送网络，降低履约成本。第二，平台促使高频主营业务获客成本降低。第三，平台可以相互引流，人才储备充足带来研发产出的高效率。第四，战略上重视前沿科技布局，推出无人机配送和自动配送车等，长期来看有利于优化供应链成本。第五，强大研发实力通过算法实现 30 分钟内快速送达，有效优化消费者购物体验。

2. 配送管理模式

（1）更新骑手调度算法，优化业务流程

美团优化骑手的调度算法，提升配送效率。针对商家出餐慢、骑手在店内等待时间过长或其他突发事件导致订单超时等情况，2021 年美团外卖推出"出餐后派单""系统主动改派""站长改派"等多项算法改进措施。"出餐后派单"算法即商家通过美团免费发放的终端智能硬件产品"出餐宝"上报出餐情况，系统在商家出餐后调度骑手到店取餐，当前全国共有 2400 个门店参与试点。"系统主动改派"算法指当平台检测到骑手在店内等待取餐时间过长或电动车突然故障，导致正在配送的订单有超时风险时，系统主动向骑手发起改派弹窗，由骑手自主决定接受或拒绝改派。此功能已在多个城市试点，试点数据显示接受改派的骑手超时情况最高下降 51.8%。"站长改派"算法指对于系统没有及时识别或者暂时没有能力及时识别到的突发状况，骑手可以上报给站长，进行"站长改派"。在新算法下，美团配送网络的高效特征越发凸显，如图 6 所示，美团骑手团队在配送效率指标方面表现优于饿了么。

（2）探索智能配送链条，减少人力需求

一是美团通过智能机器人实现送餐入户，解决配送链条首末两端衔接问题。智能送餐机器人可实现自主搭乘电梯、排队过闸机、转弯减速、动态避

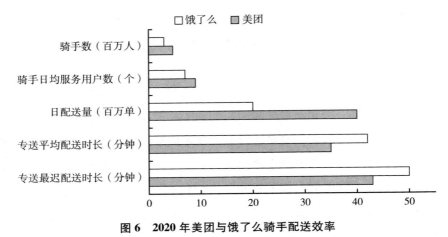

图 6　2020 年美团与饿了么骑手配送效率

资料来源：根据两家公司公告、《2020 饿了么蓝骑士调研报告》数据整理。

障行人、密码安全取件等功能，解决了送餐入户问题，提升用户体验，在酒店、园区等场景应用广泛。例如，美团的室内无人配送机器人"福袋"，可以打通配送流程中"最后 100 米"。二是美团无人配送车已具备商业化基础。美团从 2016 年启动无人配送相关项目研究，2021 年 4 月发布新一代 L4 级无人配送车"魔袋 20"，"魔袋 20"可以在特定场景如园区、校园实现全自动无人驾驶，这标志其在无人配送技术上实现重要跨越。同时根据赛博汽车的数据，在市场同期无人配送车产品中，"魔袋 20"在时速、续航能力等方面较为领先。美团计划在未来三年内落地万台无人配送车，将服务范围从北京拓展至上海、深圳等，实现外卖、买菜、闪购等多场景、全天候、多城市的片区规模化落地。

（二）面向商家的支持性服务

1. 为商家提供系统化解决方案

美团的基础服务是协助商家建立在线业务，实现与消费者实时对接，并向商家提供一系列解决方案，包括精准在线营销工具、高效的即时配送基础设施、云端 ERP 系统、聚合支付系统以及供应链和金融解决方案，使商家得以更加高效地吸引并服务消费者，提升销售业绩。

2. 帮助商家满足消费者需求

美团能够通过线上线下解决方案提升商家经营效率和满足客户需求。一是通过为客户提供独特的数据分析及精准营销工具，吸引并留住消费者，同时，通过交叉销售为同一用户实现不同商家服务的精准转化。二是美团通过多种方式加强商家运营，如通过配送服务提升获客半径和增加坪效，通过云端 ERP 系统简化交易管理并促进消费者到店体验，通过聚合支付系统帮助商家享受最新的支付技术便利性，提升对账效率和准确性。三是美团能够基于平台交易产生数据，为商家提供供应链和金融增值服务，以帮助商家更好地管理采购、库存及运营资金，扩大业务规模。

3. 基于 RMS 和供应链促进餐厅数字化变革

为满足消费者对多元化生活服务日益增长的需求的同时提高商家运营效率，美团加大了对餐厅管理系统（RMS）及供应链解决方案的投资，借此加强与平台上商家的合作关系。美团 RMS 正以 SaaS 模式对餐厅软件业实施革命性改变，推进餐厅的整体业务经营数字化与美团平台进行连接。

在供应链层面，美团推动移动电子商务向餐饮配送服务转型，商家可通过 App 快速进货，并可以实时掌握食材的价格和服务情况。通过整合来自商家的大量订单，美团利用经营杠杆整合采购与配送，同时商家也将享受到效率改善带来的经济成果。

4. "地推铁军"提供组织能力保障

美团搭设了完善的组织管理体系，通过强地推能力维持平台较高的商家入驻率和活跃度。干嘉伟制定了"狂拜访、狂上单"的战术，通过分解和梳理业务逻辑，将目标管理转化为过程管理；并制定了"早启动、晚分享"的例行反馈制度，在公司内部搭建标准化执行体系，实现人才和组织的发展提升（见图 7）。其塑造的"地推铁军"模式为美团带来了商家数量质量的优势和下沉市场的高渗透率，并广泛运用于餐饮外卖、共享单车、社区团购等业务之中，为美团吸引新商家和维持现有商户提供支持。

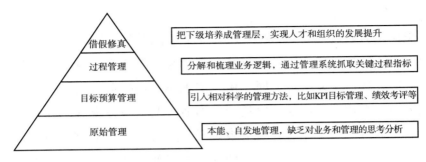

图7 美团地推管理的四个层次

资料来源：根据干嘉伟演讲内容整理。

三 北京平台经济面临的监管规制问题及优化路径

（一）北京平台发展面临的监管规制问题

1. 平台发展不规范问题突出

在平台经济中，数字平台生态化的核心具体表现在通过聚集海量用户资源，快速打通行业上下游，改造并形成新的行业生态系统。因数字平台强大的网络效应和边际成本几近于零的特性，早期平台在时间、技术和资本等方面实现了原始积累，种种资源叠加体现为其平台流量、知名度和影响力的提升，使其快速成长为大型或巨型平台，从资本和规模上全方位碾压中小型平台企业，拥有绝对议价权，对行业创新生态建设造成了巨大影响。此外，平台作为提供服务产品的第三方商业性主体，其公共产品难以覆盖全部政务监管内容，平台作为运营主体既是市场维护者也是市场参与者，由于平台治理水平参差不齐，平台盈利诉求与市场治理不能完全兼顾，存在一定的治理短板。

2. 平台就业人员劳动权益保障体系不健全

平台经济作为数字经济的新业态新模式，打破了传统就业创业方式，使就业不再局限于单调乏味的工种、固定的工作场所、禁锢的等级和人情关系，衍生了以外卖骑手等灵活自由、多劳多得、及时获薪，以及不受限于性别、年龄、户籍、学历、婚姻状况等额外要求的新型就业模式，推动了新型就业市场的繁荣发展。但由于数字平台的"轻资产运营"模式，除核心技术人员外，其大部分工作都由外包代理商承担。以外卖骑手为例，代理商通常以"兼职不提供五险一金"为由，辅以高薪资、工作自由噱头吸引劳动者，在平台智能算法算力、大数据抓取和平台对骑手的"极速""闪送"极限要求下，骑手冒险违规骑行事件常有发生，但当事故发生时，平台公司和代理商则拒不承担劳动保障责任，部分代理商为骑手办理的商业保险更是条件苛刻，导致骑手独自承担工作风险，且理赔无门。

3. 平台数据监管和隐私保护措施不得当

一方面，数字经济时代，平台技术应用已全面深植和覆盖我们日常生活的各类场景，各类应用平台的使用与衣食住行"合二为一"，在未经用户同意的情况下，平台通过植入插件等方式过度收集、非法窃取和窥探用户手机中的有效数据，过度开发以实现精准营销推广和数据倒卖获利。另一方面，部分头部平台企业依托其构建的庞大而全面的行业应用平台网络，几乎抓取汇集了用户的所有信息数据，用于引导平台用户消费，甚至造成用户信息泄露等事件，侵犯了用户的个人隐私。目前数字平台发展较为迅猛，平台数量庞大，政府相关部门无法对平台"隐私泄露"问题一一查处、曝光和惩治，因此相关平台和企业并未重视"隐私泄露"问题，加之部分用户对个人信息的保护意识不强，平台"隐私泄露"问题成为北京平台经济规范化、国际化发展的巨大阻梗。

（二）北京平台经济的监管优化路径

1. 完善平台垄断和价格监管政策制度

创新监管理念和方式，持续建立适应平台经济发展特点的新型监管机制和管理制度，健全平台垄断认定、数据收集使用管理、消费者权益保护等方面的法规体系，为平台经济健康发展提供良好的政策环境。一是数字化平台监管，构建多元共治的数字化平台监管格局，推动监管部门提升区域协同监管能力；加强对数字化平台运营模式和重大资本垄断并购事件的预警，维护公民权益和社会稳定。二是数字平台企业监管，加强对数字平台企业资质牌照的审批和质量价格的监管、平台企业及平台内企业行为的审查监管，切实保护各方主体的合法权益。三是平台数据共享及管理，建立平台数据归集并与政府部门交流的共享机制，畅通政企数据双向流通通道，加大政务公共信用信息共享平台开放力度，加强对平台失信主体的约束和惩戒。

2. 探索构建零工经济新型劳动保障体系

一是研究建立适应零工经济的"第三类劳动者"权益保障机制。借鉴美国、英国、加拿大等国家独立劳动者保障机制，构建分类分级的劳动保障权益指标体系，采取平台与劳动者共同承担相应比例劳动保障义务的模式，满足劳资双方需求。二是差异化多元化实施劳动者社会保险类目。研究调整社会保险金合并征缴的可行性，同时鼓励商业保险机构拓展和丰富商业保险类目，降低零工经济劳动者的商业保险支出。三是创新构建技能培训机制，解决经济新常态下人员招聘问题。鼓励企业以垫付形式承担新员工技能培训费用，采用"工作培训抵押贷款"方式，鼓励银行等金融机构设立新型贷款服务产品，员工凭资方工作培训证明可申请技能培训贷款。

3. 健全用户隐私数据保护体系

一是加大平台自律规范引导力度，优化完善平台数据监管机制。建立平台信息数据获取、脱敏处理、本地化存储和使用管理的标准与规范，引导平台企业在法律要求的框架内，做到自律管理，自主规范收集、处理和使用相关个人信息，加大应用软件获取用户信息的审核力度，避免信息的流出和盗取。二是构建平台企业信用管理系统，充分发挥信用背书作用。全面梳理现有数字平台数据管理和内部管理制度建设，建立平台企业信用信息系统，以政府公信力背书，为平台企业提供便利化办事、高效融资等服务。三是持续完善个人隐私保护措施，提高公民隐私保护意识。持续加强个人隐私保护监管，加大违法行为惩处力度，探索设立有效的监督和奖励机制，充分调动社会资源和力量，行使社会监督职能。

4. 加大网络媒体监管力度

一是研究推动自媒体平台网络监管建设，明晰自媒体话语权和管辖权边界，厘清平台与用户账号法律责任关系，加强对传播谣言、低俗内容、误导舆论、内容侵权等用户账号的封禁管理和平台连带责任追究。二是加大网信办、公安等部门对自媒体整治力度，加强正面舆论引导，积极营造法制化、规范化、制度化的自媒体平台环境。三是鼓励政府、学校和社区加强宣传，提高公民网络公共空间的法律意识、道德意识和批判意识，推动网民规范网络行为，实现自律和自治。

（三）文化往来篇

B.8
北京市文化贸易发展报告（2022）[*]

王海文　方　朔**

摘　要： 北京市文化贸易在产业基础、文化供给能力和质量、贸易商品结构、文化数字化、助力"两区"建设和京津冀一体化等方面都取得了良好的成绩，但同时也面临疫情影响不确定性等挑战以及在政策创新和协调，数字科技场景应用和拓展，世界一流文化企业培育以及区域协同等方面的不足。未来北京文化贸易在服务北京，促进高质量发展、新业态新模式呈现以及文化治理能力提升等方面将有不俗表现。因此要以高水平疫情防控和文化治理积极降低疫情影响，加大政策集成、协同和创新力度，推动文化数字化快速发展和深化，促进产业深度融合和一流企业培育，积极推进战略型人才培养。

关键词： 文化贸易　数字技术　文化治理

---

* 报告为北京市习近平新时代中国特色社会主义思想研究中心项目"到2035年建成社会主义文化强国研究"（项目编号：21LLMLB019）阶段性成果。

** 王海文，经济学博士，北京第二外国语学院教授、首都国际服务贸易与文化贸易研究基地研究员、经济学院副院长，主要研究方向为国际文化贸易、国际服务贸易；方朔，北京第二外国语学院国际文化贸易2020级硕士研究生。

一 引言

2021 年是"十四五"开局之年，北京市牢牢把握首都城市战略定位，大力加强"四个中心"和"两区"建设，积极打造具有首都特色和格局的开放发展新高地，不仅克服了新冠肺炎疫情的影响，而且在对外文化贸易领域取得了积极进展，实现了疫情有效应对和安全、高质量发展的重要成绩以及"十四五"的良好开局，为全国对外文化贸易繁荣发展做出了突出贡献。

报告聚焦 2021 年北京市对外文化贸易发展现状，存在的问题和挑战，发展趋势以及促进对策，以期能够较为全面地反映 2021 年北京市在对外文化贸易领域的状况和成绩，助力北京市对外文化贸易持续繁荣，"四个中心"功能持续强化以及"两区"建设的深入推进，从而实现包括文化在内的社会经济各领域更高水平的开放。

二 北京市文化贸易发展现状

（一）文化贸易产业基础持续夯实

推动对外文化贸易发展，厚实的产业基础是重要的影响因素。"2021 中国省市文化产业发展指数"显示，综合指数方面，北京已经连续六年蝉联第一。① 北京市统计局相关数据显示，2021 年北京市规模以上文化产业实现营业收入 17563.8 亿元，同比增长 23.6%，与疫情发生前相比实现更快速增长（见图 1）；实现利润总额 1429.4 亿元，同比增长 47.5%；吸纳从业人员 64 万人，同比增长 4.8%，基本结束了多年来从业人员数量增长停滞的态势。

文化核心领域收入合计 15848.3 亿元，同比增长 17.8%。其中，文化娱

---

① 《2021 中国省市文化产业发展指数发布 北京近 6 年保持第一》，中国新闻网百度百家号，2022 年 5 月 16 日，https：//baijiahao. baidu. com/s？ id=1732979821203330597&wfr=spider&for=pc。

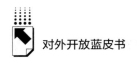
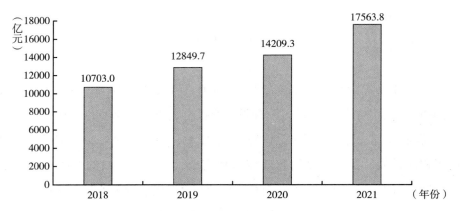

图1 2018～2021年北京规模以上文化产业营业收入统计

资料来源：北京市统计局文化产业2018～2021年相关统计数据。

乐休闲服务和内容创作生产分别同比增长38.5%和30.8%；新闻信息服务、文化传播渠道分别同比增长21.5%、12.5%；创意设计服务和文化投资运营同比增长6.2%和11.1%。文化服务类产品供应量持续快速增加，逐步成为文化产业的主要创收力量（见表1）。

由此可见，北京市对外文化贸易的产业基础持续夯实，特别是核心领域的快速发展为其对外文化贸易潜力增强注入了强劲动力。

表1 2021年北京规模以上文化产业发展情况

项目	收入合计（亿元）		利润总额（亿元）		从业人员平均人数（万人）	
	1～12月	同比增长（%）	1～12月	同比增长（%）	1～12月	同比增长（%）
合计	17563.8	17.5	1429.4	47.5	64.0	4.8
文化核心领域	15848.3	17.8	1343.3	48.2	54.8	6.5
新闻信息服务	5124.9	21.5	54.7	−79.6	14.8	4.6
内容创作生产	3912.8	30.8	1131.8	132.6	17.5	6.6
创意设计服务	3925.3	6.2	84.6	12.7	11.1	0.2
文化传播渠道	2727.4	12.5	97.1	51.4	8.0	11.7
文化投资运营	45.2	11.1	16.3	−36.2	0.3	−0.1

项目	收入合计（亿元）		利润总额（亿元）		从业人员平均人数（万人）	
	1～12月	同比增长（%）	1～12月	同比增长（%）	1～12月	同比增长（%）
文化娱乐休闲服务	112.6	38.5	−41.2	—	3.2	31.5
文化相关领域	1715.6	14.4	86.2	37.7	9.2	−4.1
文化辅助生产和中介服务	761.7	11.4	38.9	49.1	7.6	−4.7
文化装备生产	120.3	8.3	3.7	24.9	0.7	−10.8
文化消费终端生产	833.6	18.4	43.6	30.0	0.9	7.1

资料来源：《规模以上文化产业情况》，北京市统计局网站，2022年2月7日，http：//tjj. beijing. gov. cn/tjsj_ 31433/yjdsj_ 31440/wh/2021/202202/t20220207_ 2605342. html。

（二）文化供给能力和质量不断提升

在供给侧结构性改革和高质量发展的推动下，北京文化产品和服务供给能力与质量不断提升。依据《北京文化产业发展白皮书（2022）》，2021年，北京市规模以上文化产业法人单位5539家，比上年增加368家。2021年全市收入排名前100的文化企业实现营业收入11784.6亿元，占全市比重近七成，较上年提高3.7个百分点。文化独角兽企业42家，实现营业收入占全市比重28.2%。在文化投融资领域，2021年，北京共计新增14家上市文化企业，在全国占比三成，居各省区市第一。不断增长的文化企业数量，特别是文化独角兽企业数量的增长是北京市文化产品和服务供给能力增强的表现。不仅如此，在文化生产与供给中，北京多个指标位列第一，譬如北京的剧院、博物馆、美术馆、展览馆等数量皆居全国各大城市首位，公共文化设施较为齐全。数据显示，截至2021年末，北京市的204家备案博物馆中，年均举办展览600多项、活动上千项，接待观众超过5000万人次，观众满意率达99.54%。[1]北京市对外文化贸易繁荣发展的大文化格局和文化生态体系正在加速构建。

---

① 罗东骏：《北京文化产业消费图鉴》，《新京报》2022年7月27日。

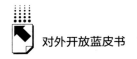

（三）贸易商品结构优化态势明显

在高质量推进对外文化贸易发展过程中，北京市文化贸易结构持续优化态势明显。就全国态势而言，商务部数据显示，2021年，中国对外文化贸易总额同比增长38.7%，首次突破2000亿美元；文化产品进出口总额1558.1亿美元，同比增长43.4%，文化服务进出口总额442.2亿美元，同比增长24.3%。其中，中国文化企业在影视剧、网络文学、网络视听、创意产品等领域出口增长明显，相关文化产品和服务广受欢迎，文化贸易整体结构不断优化。就北京来看，2021年，全市文化产品进出口总额达到61.3亿美元，较上年增长65.7%，其中文化产品出口额19.4亿美元，同比增长151.9%，文化产品进口额为42亿美元，同比增长42.9%。"全市个人、文化和娱乐服务进出口25亿美元，同比增长5.4%，其中出口8.6亿美元，同比增长26.2%。"①文化核心领域的快速增长体现出北京市贸易商品结构优化的良好态势。

（四）文化数字化动能强劲

北京文化贸易数字化发展动能强劲，依托数字技术，文化贸易持续转型升级，逐步形成全产业链的数字化创新格局，进一步开拓了文化贸易市场。2021年，北京市以创新融合的数字经济新业态、新模式释放新活力，全年数字经济实现增加值16251.9亿元，在全市地区生产总值中的比重达到40.4%，成为拉动文化产业发展的核心力量。2021年，全国半数以上的独角兽文化企业落户北京，完美世界、中文在线、故宫博物院等6家单位入选第四批国家文化和科技融合示范基地，数量居全国首位。②统计显示，2021

---

① 《北京文化产业发展白皮书（2022）》，匠工营国微信公众号，2022年7月28日，https：//mp. weixin. qq. com/s？＿＿biz＝MzA3NzYyNDAzNQ＝＝&mid＝2650047933&idx＝2&sn＝538ef9a8826887f645ddd85ec27e045b&chksm＝874f0231b0388b27212c23cddeb4d857637c3499ad2a5fe8 48a8a5235a9d08be16955746418a&scene＝27。

② 《北京文化产业发展白皮书（2022）》，匠工营国微信公众号，2022年7月28日，https：//mp. weixin. qq. com/s？＿＿biz＝MzA3NzYyNDAzNQ＝＝&mid＝2650047933&idx＝2&sn＝538ef9a8826887f645ddd85ec27e045b&chksm＝874f0231b0388b27212c23cddeb4d857637c3499ad2a5fe8 48a8a5235a9d08be16955746418a&scene＝27。

年，全市规模以上核心数字文化企业 1708 家，实现营业收入 11409.8 亿元，同比增长 23.5%，拉动全市文化企业营业收入增长 14.9 个百分点，其中"互联网+文化"领域营业收入占比 87.8%。[①] 2021 年 12 月在北京举办的文化消费高峰论坛显示，全年北京市规模以上"文化+互联网"企业实现营业收入 8952.1 亿元，占全市规模以上文化企业营业收入近 60%。[②] 此外，"云端"消费已经成为文化贸易领域的常态，观众线上互动和体验效果更加显著，商业应用也越来越广泛，"云"演艺、"云"展览、"云"游戏等，正成为文化贸易的新生力量。

（五）文化出口重点企业、项目和基地成绩喜人

文化出口重点企业和项目经国家认定，对促进文化出口具有重要意义。2021 年，全市共有 69 家企业、31 个项目入选 2021~2022 年度国家文化出口重点企业和项目名单，入选数量均居全国第一，在全国中的比重分别为 18.7%、25.6%。2021 年 9 月，商务部会同中央宣传部、文化和旅游部等部门共同认定了第二批 16 家国家文化出口基地，北京市朝阳区、东城区上榜，加上第一批认定的国家文化出口基地——北京天竺综合保税区，北京国家文化出口基地建设数量及成果均成绩喜人。

（六）积极助力"两区"建设和京津冀一体化

自"两区"建设正式启动以来，北京大力推动全市服务贸易和文化贸易发展，各城区配合推进文化产业建设，加大文化贸易扶持力度。2021 年 10 月，国务院为支持"两区"建设，发布《关于同意在北京市暂时调整实施有关行政法规和经国务院批准的部门规章规定的批复》，同意北京市暂时调整实施有关行政法规和部门规章规定，其中在特定区域允许外商投资文艺

---

① 展圣洁：《"互联网+文化"领域营收超万亿》，《新京报》2022 年 7 月 27 日。
② 《北京：文化消费潜力加快释放 "云端"消费成常态》，光明网，2021 年 12 月 30 日，https://m.gmw.cn/baijia/2021-12/30/1302742163.html。

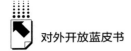
表演团体、允许外商投资音像制品制作业务等，进一步提高了北京文化贸易对外开放水平。

在北京市推进"两区"建设的背景下，北京经济技术开发区以北京市网络游戏新技术中心为平台，加快推进网络游戏公共服务平台建设，创新服务模式，为中心入驻企业提供游戏版号前置审批、研发设备共享、新版游戏体验、创新创业辅导等一站式服务。

北京市政府提出发挥综合保税区内国家对外文化贸易基地（北京）和国家文化出口基地的优势，推动文旅领域相关制度创新，将北京建设成为文化贸易的主口岸。在此基础上，2021年10月，国家对外文化贸易基地（北京）打造的国际文物艺术品保税贸易平台宣布正式启动运行，助力北京构建完整的国际文物艺术品展览、交易产业链。

此外，2021年，京津冀协同发展战略持续推进，文化产业、文化贸易作为重点发展领域，推进效果良好，三地联合展会及项目深度合作对区域一体化进程影响明显。

（七）大力深化"一带一路"倡议

2021年，北京继续推进"一带一路"合作倡议，支持推出原创对外文化产品，与"一带一路"沿线国家深化文化贸易领域合作，加强商务往来，共同探讨文化贸易和文化产业发展的新路径。在2021年12月发布的《北京市推进"一带一路"高质量发展行动计划（2021—2025年）》中，北京表示将精心打造北京中医药品牌项目，支持中医药服务贸易试点、中医药服务出口基地建设。推进国家对外文化贸易基地（北京）、中国（北京）影视译制基地建设，提升"一带一路"文化贸易中心、"一带一路"国家文化展示交易馆功能。[1]

---

[1] 徐美慧：《北京：打造共建"一带一路"高标准建设的试验示范》，《新京报》百度百家号，2021年12月6日，https：//baijiahao. baidu. com/s? id=1718392275151657414&wfr=spider& for=pc。

三　北京市文化贸易存在的不足和挑战

（一）疫情影响不确定性和应对难度增大

新冠肺炎疫情的影响仍在持续，从 2021 年初到 2022 年上半年，北京市多次出现疫情反复现象，给文化企业的复工复产带来了持续挑战。疫情的反复和不确定性增大，不仅加大了文化企业正常有序经营的难度，还使文化市场供需匹配的难度提升，为面向国际市场的文化供给和消费带来巨大障碍。在疫情风险难以消除的情况下，如何切实有效保障文化企业利益，切实联通国际市场，打通因疫情造成的难点、堵点考验政府部门的智慧，尤其是线下业务占比较大以及依赖现场体验和交易的企业，其经营风险更大，更需要积极加以应对，以实现疫情要防住，经济要稳住，发展要安全的目标。

（二）政策创新和协调力度需要进一步加大

在面对复杂内外部环境以及文化生态体系全面构建的关键时期，需要用更加系统、协同的思维和理念促进政策创新与协调。目前北京大力推动"五子"联动[①]，融入新发展格局，取得了积极成效。然而针对包括文化贸易在内的文化经济领域的政策联动协调还不深入，在文化供需对接、政企联动、国际协调等方面需要进一步加大协调创新力度，特别是发挥新科技的作用，充分利用北京全国文化中心的优势和地位，助力文化贸易政策的国际对话和合作，为北京文化贸易拓展面向国际的政策创新协调空间。

（三）数字科技场景应用和拓展亟待深化

在数字经济蓬勃发展以及数字中国战略深入推进的背景下，作为全国科

[①] "五子"联动指的是"国际科技创新中心建设、"两区"建设、全球数字经济标杆城市建设、以供给侧结构性改革创造新需求、疏解北京非首都功能为牛鼻子推动京津冀协同发展"五大举措联动推进，形成叠加效应，形成推动高质量发展的强大动力。

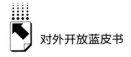

技创新中心和国际交往中心的北京，有条件和能力引领全国数字科技在文化贸易领域的应用，大力推动大数据、区块链、人工智能等在文化产业链、供应链、创新链以及文化贸易统计、决策、治理等方面的应用，加强与国际需求和市场的联通联动。然而总体来看，北京尚未充分发挥优势，在数字科技场景应用的深度、广度和引领性等方面存在很大提升空间。

（四）世界一流文化企业的培育需要加快

北京文化企业，特别是文化独角兽企业增长态势良好，在建设国家文化出口重点企业和项目中也取得了较好成绩。然而提升文化企业国际竞争力、国际美誉度，彰显城企文化魅力，打造享誉世界的知名文化品牌和世界一流企业方面存在不足，这也成为北京文化贸易走向世界的重要制约因素。

（五）区域协同和国际联动需要进一步强化

北京文化贸易已经进入高质量发展的新阶段。在发挥促进区域协同和全国统一文化市场形成中的先锋引领作用方面有很大发挥空间，特别需要加强新业态、新模式、新机制、新通道的示范效应，深入强化文化贸易信息共享、风险分担、监管治理等协同效应，尤其是在国际联动方面要走在全国前列，从而建立起中国对外文化贸易高效的国际市场网络和平台。这些都是北京需要进一步强化和努力的方面。

四　北京市文化贸易发展趋势

（一）文化贸易服务北京发展的力度持续加强

伴随文化经济的高质量发展和对外开放水平的持续提升，北京文化贸易正在迈入与城市发展全面深度融合的新阶段，文化贸易的空间维度彰显，城市文化贸易正深入改变着文化城市的发展，影响着城市的文化空间、文化意蕴和文化魅力。在此阶段，要顺势而为，因势利导，将文化贸易与城市规划、城市更新、城市发展密切连接在一起，与城市民众的生产方式、生活方式、思想理念和感情紧密联系在一起。从这个意义上讲，文化贸易的交叉性、多维性更加突出，未来文化贸易服务北京发展的力度在持续加强，因此将文化贸易提升到更加重要的位置毫不为过。这也是北京文化贸易确能走在全国前列，在世界文脉中形成独特标志的重要原因。

（二）"两区"建设以及其他战略措施效果显现

在推动北京文化贸易繁荣发展过程中，"五子"联动促进北京高质量发展，"两区"建设、"数字中国"战略、全球数字经济标杆城市建设等措施效果正在加速显现，这对北京文化贸易而言是重要的动力支持。未来北京文化贸易创新发展的战略动力将更强。

（三）文化贸易高质量发展动力和潜力强劲

北京在建设"四个中心"过程中拥有发展文化贸易、引领全国风尚的得天独厚的优势。尤其是在贯彻新发展理念、构建新发展格局的过程中，北京文化贸易高质量发展不仅基础扎实，而且在体系构建、系统发力、潜力增强、空间拓展等方面有着持续提升的能力，所具备的政策优势、区位优势、市场优势和技术优势，能为文化市场繁荣提供持续强劲动能，引导企业自发进行业务拓展和创新转型，主动对接市场，挖掘市场潜力。疫情之后，北京文化贸易必将迎来新一轮高速发展期。

（四）文化贸易新业态新模式加速呈现

数字经济的蓬勃发展使文化贸易新业态新模式加速呈现。传统文化企业在疫情中主动求变，通过改变业务结构，实现宣传手段、产品和服务供给形式、交易模式的创新转型，以长期维系企业生存。已经实现一定程度数字化转型的文化企业，在市场竞争激烈、政策导向改变、市场需求调整的考量下，深入进行产品研发、经营模式创新，以提高市场竞争力。未来北京文化企业的目标市场将会持续开拓，越来越多的企业将会放眼全国乃至全球市

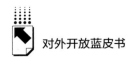

场，此时针对不同人群和市场，如何构建新型贸易网络和价值链将会有各类解决方案，势必催生出更多新业态和新模式。

（五）文化治理能力快速提升

文化贸易蓬勃发展需要有更强、更高水平的文化治理予以保障和支撑，由此为文化贸易提供良好的发展环境、政策扶持。随着数字科技的应用，国家治理体系和治理能力建设的深入推进，文化领域治理能力提升将更加迅速。北京既在文化资源、要素、产业、市场等方面拥有突出的优势，同样在文化治理方面也具备不可多得的基础和条件，这必将为北京文化贸易的繁荣注入新的动力。

五 促进北京市文化贸易发展的对策

（一）以高水平疫情防控和文化治理积极应对疫情影响

目前新冠肺炎疫情仍在蔓延和反复，对包括文化贸易在内的社会经济各方面影响更深更大，应对疫情的复杂性和艰巨性更加突出。北京文化贸易要积极保持当前良好的发展势头，准确把握文化贸易发展趋势，补齐发展的短板和不足，从应对包括全球突发公共卫生事件等重大事件危机的高度提升育新机、开新局的能力。要在构建开放文化生态体系的过程中，将风险和危机应对体系机制的建设作为工作的重中之重来抓，长短期结合，加强数字技术在文化企业风险防范工作中的应用和预警机制的完善，强化利益共同体、风险分担信息共享机制，拓展国际合作，提升文化各行业各领域，特别是龙头企业、骨干企业疫情防控水平和示范效应。要切实贯彻以人民为中心的发展思想，顺势而为，形成坚实的文化治理群众和社区基础，重视对文化领域自由职业者和中小微企业的治理与支持，强化国际联动，形成基础扎实、动力强劲、通道有效、机制完善、开放协同的文化治理格局，全方位改善北京文化贸易发展环境，增强发展动力。

（二）加大政策集成、协同和创新力度

文化贸易涉及行业多、差异性大，既要重视不同文化行业领域政策的针对性、有效性，更要在服务国家和城市社会经济发展、推进重大战略实施过程中综合考量政策目标、政策工具、政策手段、政策效果的有效性、协同性和一致性，实现相关政策的高效集成、协同，更好发挥政府引导和支持文化贸易的作用。北京要充分发挥自身优势，牢牢立足"四个中心"和"两区"建设，聚焦"五子"联动对文化贸易的促进作用，系统总结文化出口基地、文化出口重点企业和项目成功经验，进一步在文化资源、要素以及文化产品和服务供给消费等方面加大政策扶持和创新力度。同时要加强文化贸易领域政策制定、实施等多层次的国际合作，增强国际话语权，使政策制定和实施更加符合新发展格局和新发展理念的要求。

（三）推动文化数字化快速和深化发展

文化数字化是文化贸易繁荣发展的必由之路。北京作为数字技术应用前沿阵地，应更具有前瞻性地推动文化数字化发展。一是提高文化数字化发展速度，加快以全球价值链为基础的文化产品和服务供求数字化转型，激发市场活力，进一步加强市场主体对数字文化产品和服务的适应性，引领市场需求。二是提高数字化应用深度与广度，大力促进大数据、区块链、人工智能和5G等高科技的应用，通过推动北京文化贸易新基建的高水平建设，实现京津冀区域文化贸易协同发展和对外文化贸易水平高质量提升。三是提高文化市场进行数字化转型的主动性，实现北京文化贸易数字化营商环境的优化，强化文化贸易数字化转型应用场景，加快文化领域数字交易平台和对外传播平台建设进程，进一步提升周边地区联通联动水平。

（四）促进产业深度融合和一流企业培育

北京要通过促进产业深度融合，提高文化贸易竞争力，同时要加强一流企业培育，打造更具国际影响力的北京文化品牌。一是促进文化产业与

数字经济的融合，推动文化数字化，提高数字文化市场的供给和需求能力。重视扶持中小微数字文化企业，同时加强对数字文化产品的审核与监管。二是促进文化产业与其他产业的融合，鼓励传统企业挖掘文化价值，大力开展文化创意设计，开拓文化市场。建设商品服务平台，为传统企业提供数字化营销服务，打造独具特色和魅力的文化品牌。三是促进文化产业互相融合，鼓励专利申请，加强知识产权保护，强化对文化产品和服务的设计与生产。向世界一流文化企业看齐，加大对龙头文化企业、头部文化企业的支持，在促进其高质量发展中孕育品牌，全面提升企业的国际竞争力和国际影响力。

（五）积极推进战略型人才培养

人力资源永远是文化贸易发展必不可少的战略要素，北京应积极推进战略型人才培养，加大高素质复合型人才的培养和吸纳力度，提高文化贸易人才的战略储备。进一步加强高等教育对于文化贸易战略型人才的培养，提高高等院校对文化贸易专业的重视程度，积极引进国内外专业师资力量。大力支持本市院校与国外相关机构进行学术交流，广泛开展文化贸易相关课题研究和学术讲座。不断提高文化贸易人才的社会培养能力，充分发挥文化企业的力量，通过实践培养更多符合市场需要的高素质人才。积极推动企业与高等院校的战略合作，增设文化贸易专业的社会实践点，为学生提供更多实习机会。可以增设和扶持社会培训机构，依照企业标准进行实践培训。要进一步吸纳国内外各类文化贸易人才，着力加强人才保障，使战略型人才助力北京文化贸易迈上新的发展台阶。

参考文献

［1］唐宁翔、赵海星：《北京科技创新和文化产业融合发展对策》，《当代经济》2022 年第 6 期。

［2］李洋：《北京文化产业增长主打新业态》，《北京日报》2021 年 12 月 22 日。

［3］李小牧：《以文化贸易提升首都文化经济国际影响力》，《北京观察》2020 年第 9 期。

［4］王渊博、王小明：《新时代首都文化建设：意义、格局和途径》，《内蒙古财经大学学报》2021 年第 4 期。

［5］马潇婧：《跨媒介叙事视域下北京文化资源数字化开发研究》，《四川戏剧》2022 年第 6 期。

［6］刘国民：《北京文化服务业国际竞争力的培育路径》，《中国贸易报》2022 年 1 月 18 日。

B.9
北京文化旅游国际吸引力提升对策研究[*]

王慧英[**]

摘　要： 提升北京文化旅游国际吸引力，不仅有利于提振疫情后北京文化旅游发展，促进经济增长，还有利于展现全国文化中心的城市魅力，增强国际交流与合作。但与国内外典型旅游城市相比，北京入境游客人数、旅游收入远远落后于这些城市。报告在总结北京文化旅游发展趋势及发展经验的基础上，发现北京文化旅游发展在资源开发、核心内容、数字化旅游服务、对外宣传推广方面存在不足，建议通过深度开发文化旅游资源，将海外年轻游客作为新的市场拓展目标，创新国际推广方式，发展数字化文化旅游和服务等方式提升北京文化旅游国际吸引力。

关键词： 文化旅游资源　国际吸引力　数字赋能　宣传推广　城市品质

一　提升北京文化旅游资源国际影响力面临的新形势

（一）新时代北京文化旅游发展面临的机遇与挑战

北京正在推行"四个中心"的城市战略定位，推进文化中心建设是支

---

　* 报告是国家社科基金项目（19BJY059）、对外经济贸易大学北京对外开放研究院资助项目（Z210010103）的阶段性成果。

** 王慧英，经济学博士，公共管理学博士后，对外经济贸易大学政府管理学院教授、博士生导师，主要研究方向为文化旅游管理。

撑北京文化旅游高质量发展、产生重要国际影响力的必然要求和重要途径之
一。为了提升北京文化旅游国际吸引力，2018 年北京市开始构建"旅游海
外推广合作伙伴计划"全球合作体系；2020 年北京提出要"不断提升旅游
产业在首都经济发展中的贡献率。到 2035 年……北京入境游客数量达到
1000 万人次左右，其中国际政务、商务和会议游客占比不低于 50%"。①

我国双循环新发展格局和"一带一路"建设，以及 RCEP 协定的签署生效，
都为北京文化旅游提供了潜在客源市场，也为北京文化旅游发展创造了新机遇。
在此战略机遇期，北京可以进一步开拓国际市场，以全球合作体系为依托，立
足丰富的文化资源，完善和改进国际推广与宣传的措施与途径，对接服务配套
设施和服务质量的国际标准，积极打造标志性项目，提升文化旅游资源吸引力，
并继续扩大国际交流和国际合作，积极与国外旅游企业开展合作交流，促进入
境文化旅游的便利化、扩大知识产权的合作。但是不可忽视的是，除了全球新
冠肺炎疫情防控常态化，复杂的国际环境，多元文化的交流、交锋和碰撞的激
烈与频繁等不利外部因素的影响外，北京还要面对突破文化旅游自身国际影响
力和竞争力不足的障碍，跨越交流门槛，打通文化壁垒等一系列挑战。

（二）提升北京文化旅游国际吸引力对北京城市发展的影响及作用

疫情防控常态化背景下，以文化旅游为核心，加速与数字技术及各产业
间的深度融合是各国抢占世界旅游市场的主要发力点。增强北京文化旅游资
源的吸引力，将北京打造成为世界著名的国际旅游城市，展现中华文化的魅
力，不仅可以增强民族文化自信，在全球获得更广泛的文化认同，还可以提
高北京文化旅游的国际竞争力，构筑文化交流全球网络。此外，文化旅游是
产业关联度强的支柱产业，已成为北京经济增长的新动力，是首都经济社会高
质量发展的支撑。数字技术作为文化旅游业未来发展的主要抓手将会催生出更
具吸引力的新景点、更具消费潜力的新商机及更专业的产业发展新平台。② 北

---

① 《北京市推进全国文化中心建设中长期规划（2019 年—2035 年）》。
② 厉新建：《"十四五"旅游业发展值得关注的十个趋势》，中国社会科学院旅游研究中心微
信公众号，2021 年 1 月 19 日，https：//mp. weixin. qq. com/s/AYLImB3d5DMqyjcJ2w8UlA。

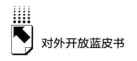

京作为首都，被国家赋予成为"四个中心"的战略使命和国际消费中心的发展目标，提升北京文化旅游国际吸引力，可以增进国际交流与合作，提升城市品质，有助于"四个中心"战略部署的实施和实现。

二　国际旅游城市文化旅游发展新趋势

报告选择首尔、东京、新加坡、巴黎、伦敦、纽约、华盛顿这些代表性的国际旅游城市，在文化旅游发展的目标、发展方式、特色项目等方面进行分析比较，总结这些城市文化旅游发展趋势，以供北京文化旅游发展借鉴。

（一）打造符合自身条件的新景点

时代赋予文化资源新的内容、新的活力和新的形式。国际旅游城市都非常重视紧密结合城市自身的文化优势、资源状况，充分利用文化 IP、数字技术等手段赋予传统旅游内容新活力，开发新的文化旅游业态，培育和打造独具特色的文化产品，以其文化影响力吸引游客。

随着市场消费需求的升级，文化 IP 将成为新景点和文创产品设计的主要源泉。具有形象独特、生命力持久和商业价值的文旅 IP 将实现资源变现和产品增值。如哈利·波特作为世界知名文化 IP，吸引了大量的哈迷们来到伦敦。

（二）深度开发文化旅游资源

对文化旅游资源的深度挖掘是国际文化旅游发展的主要特点。受疫情影响，虚拟线上文化旅游消费市场的规模不断扩大，游客越来越注重文化旅游产品和项目的独特性与创意设计感。为了满足游客需求，推进文化旅游发展，需要充分挖掘文化资源的价值，促进空间、场景与互联网的深度融合发展，使文化旅游发展呈现出个性化、高品质、订制化、高科技的趋势。高效利用文化资源，将文化资源与要素转化为旅游产品，既在硬件上扩大了旅游产品的供给，又在软件上让游客在旅游过程中受到文化的熏陶，提升文化的影响力和感召力。例如，日本政府的"Cool Japan"战略，深度开发旅游、文创、动漫、音乐、设计、饮食等的文化价值和旅游价值，并借此实现向海外传播日本文化的目的。

借助首店、首映、首展、首发、首演等迎合新一代消费群体的需求，带动文化旅游发展（见图1）。通过文化艺术赋予商圈新的消费活力，打造具有更大吸引力和影响力的特色商圈，树立商圈自身独特的品牌形象。将文化产业内容与特定城市发展空间相融合，使文化创意空间成为旅游打卡新地标。在新冠肺炎疫情常态化防控时期，利用数字技术开设线上虚拟展览、虚拟节庆、虚拟旅游等可远程线上参与的文化旅游活动，以沉浸式体验、多功能整合为特点，创造出文化旅游的新业态。美食节、艺术节、体育比赛等各种主题的虚拟项目也成为疫情常态化防控时期的主打内容。

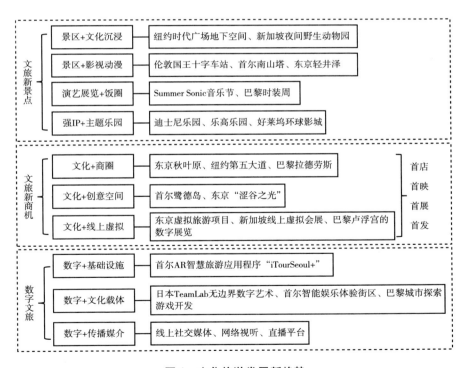

图1 文化旅游发展新趋势

资料来源：作者整理。

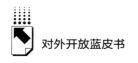

（三）数字赋能文化旅游新形式

目前，受新冠肺炎疫情冲击的影响，线上虚拟游成为实现跨境文化旅游的主要途径，也成为国际游客在有限时间内取得最大旅游收获和满足的最佳选择。线上虚拟旅游将数字技术融入演艺、影视、动漫、景观、文博等特色文化领域，能够打造新的文化IP，搭建新的交流互动平台，利用网络等新媒体进行传播扩散，并在网络服务设施、旅游服务、游客体验、宣传推广等领域进行数字技术应用创新，不断拓宽旅游的体验形式，增强线上沉浸式旅游的互动性和体验感，从而增强文化旅游的线上吸引力（见图1）。此外，线上直播、社交以及网络视听，增加了资讯量，提高了获取信息的便捷性，突破了地域空间限制，扩大了本土文化的全球影响力。

（四）注重对外宣传和推广

各国主要通过打造特色鲜明的旅游品牌，为国家整体对外展示的形象、对外宣传的内容奠定主基调，并推出相应的旅游路线、旅游宣传视频等。积极参与旅游展会、节庆活动等进行旅游内容的促销，吸引消费者的注意力。

时下流行的是通过影视、游戏等文化载体进行宣传推广，让游客主动产生旅游的想法。例如，新加坡以"Passion Made Possible"为主打旅游品牌，在对外宣传中向世界展示"激情部落"的城市形象，通过开发"激情旅游路线"把新加坡的美食、街头艺术、多元文化、极限运动等推向全世界，通过"愿望"与"激情"让游客重燃旅游兴趣。同时，新加坡旅游局也积极与日本的动漫制作委员会、韩国的电视剧制作公司合作，创作以新加坡为背景的动漫影视作品，通过动漫影视作品向观众和游客宣传、推广新加坡旅游。

三 北京文化旅游发展现状

（一）北京文化旅游发展举措

北京是全国文化中心，是全国文化旅游资源、科技人才的集聚地，是全球首个"双奥之城"。北京拥有悠久的历史和丰富的文化旅游资源,拥有著名的长城、大运河线性文化遗产资源和代表京城古都风貌的历史文化古迹,有世界上独具特色的传统文化、皇城文化、红色文化等人文旅游资源。这些文化旅游资源是北京展示城市形象、促进城市对外交往与文明对话的重要载体,也是吸引国际游客的核心优势。

挖掘旅游资源的文化内涵。2021 年,北京继续深度开发文化旅游资源,建设大运河国家文化公园,推出 75 条休闲主题游线路,认定 100 家北京市文化旅游体验基地,推出 30 项精品文博文创项目,推出北京网红打卡地,北京环球影城成为北京文旅新地标。实施"漫步北京"计划,推出大型文旅体验节目。不断提高文化旅游项目策划、创意、设计、制作的科技含量。拓展会展设施发展空间,提升城市国际会展综合服务能力,推动会展服务业与相关领域深度融合。

优化文化旅游空间配置。2021 年,打造京津冀世界级文化旅游圈,借助冬奥会冰雪资源,不断扩大京津冀跨区域特色旅游协作区的全球影响力。持续推进长城、大运河、永定河线性文化带建设。以文化赋能城市更新与发展,促进长安街沿线文化产业集聚,举办中轴线申遗活动。开展面向全球的冬奥会主题文化活动,推动冰雪文艺创作,举办冰雪文化主题活动,推出冰雪旅游精品线路 22 条。

推行文化数字化,利用数字技术推出文化新业态,促进线上文化消费。创新沉浸式体验传统艺术展览和文艺演出,推出故宫博物院宫廷灯具珍品展,北京国际光影艺术季"万物共生"户外光影艺术沉浸式体验展;推进冬奥智慧园区建设,实现全球首次"5G+VR"冰球全景直播。推出追忆革命红色之旅、喝彩冬奥观光之旅、中轴线文化之旅、大运河风光之旅系列云活动直播带领游客云游北京。①

---

① 《"2021 年'中国旅游日'北京市分会场活动"圆满举办》,北京市文化和旅游局网站,2021 年 5 月 19 日,http://whlyj.beijing.gov.cn/zwgk/xwzx/gzdt/202105/t20210519_2393249.html。

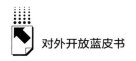

（二）入境旅游受疫情影响严重

近年来，新冠肺炎疫情对入境旅游接待人数和旅游收入产生严重影响。近年来北京接待的入境游客相较 2019 年锐减，2021 年入境游客数比 2020 年下降 28.2%，下降了近 1/3，比新冠肺炎疫情出现前的 2019 年下降 93.5%。国际旅游外汇收入自 2019 年以来一直呈下降趋势，2020 年北京国际旅游外汇总收入仅为 4.8 亿美元，2021 年北京的国际旅游外汇总收入是 4.3 亿美元，较上年下降 10.4%，较 2019 年下降 91.7%（见图 2）。

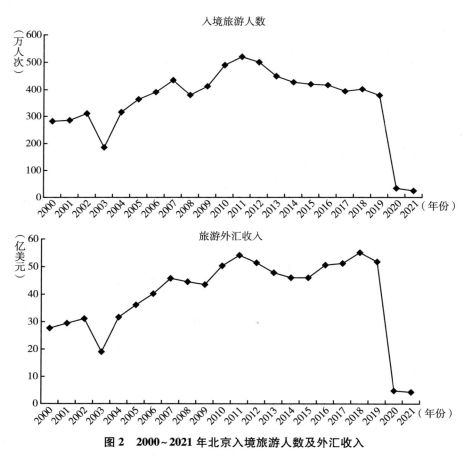

图 2 2000~2021 年北京入境旅游人数及外汇收入

资料来源：《北京统计年鉴》（2001~2022 年）。

（三）入境旅游市场构成及发展水平比较

1. 入境旅游市场构成

2020 年和 2021 年，北京入境游客构成中，亚洲（含港澳台）游客数量最多，美洲、欧洲次之，从入境游客国别看，来自美国的游客人数占比最多，其次为日本、韩国。受新冠肺炎疫情影响，2021 年和 2020 年北京入境游客人数下降到有史以来的最低值。

入境旅游市场的客源构成显示，美国、日本和韩国是北京入境旅游市场的主要客源国。2021 年，北京主要的入境客源国为美国，入境游客接待人数为 3.41 万人次，占国外入境游客接待总人数的 13.9%，比 2020 年下降了 7.9%。

在国外游客数和入境旅游收入方面，北京的排名较深圳、广州、上海靠后（见图 3、表 1）。深圳、广州、上海这些城市在经贸、金融和科技领域具有自己的特色优势和国际地位，有利于这些城市的国际会展业和国际商务游发展，且由于优越的地理位置，这三个城市港澳台游客占比远超过北京。这表明，虽然北京拥有丰富的传统文化旅游资源和广泛的科教、学术以及知识产权等知识资源，但是，北京文化旅游的国际影响力及文化旅游资源的开发利用率较之以上三城市还是存在差距，有待提高。

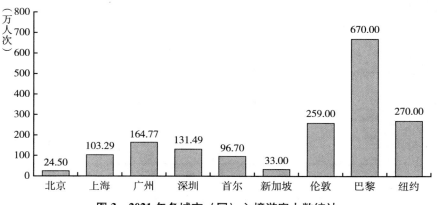

图 3 2021 年各城市（国）入境游客人数统计

资料来源：根据各市统计局的统计公报、旅游局数据整理。

表1　2019~2021年世界主要城市旅游数据统计

数据名称	年份	城市										
		北京	上海	广州	深圳	首尔	东京	新加坡	伦敦	巴黎	纽约	华盛顿
入境游客人数（万人次）	2021	24.5	103.29	164.77	131.49	96.7	—	33	259	670	270	—
	2020	34.1	128.62	209.73	120.06	251.9	252	274.22	370	506.8	240	—
	2019	376.9	897.23	899.43	1216.95	1750.2	1517.6	1911.6	2171.3	2218.5	1350	180
入境收入（亿美元）	2021	4.3	35.85	10.77	10.16	—	—	18.9	26亿英镑	34亿欧元	—	—
	2020	4.8	37.74	14.59	9.43	101.81	2068亿日元	48.3	25.6亿英镑	26.62亿欧元	47	—
	2019	51.92	83.76	65.3	50.03	207.4	12645.04亿日元	276.9亿新元	157.2亿英镑	144.06亿欧元	230.72	22.14
主要客源地		美韩日	日美德	美日韩	日美韩	中日美	中韩美	中印印尼	美法德	美英中	英中加	中英印

资料来源：各省市统计年鉴及各国外城市旅游部门统计报告。

2. 入境旅游收入构成

在入境游客的消费构成方面，交通、购物、住宿是北京入境游客的主要消费领域，文化娱乐和景区游览占比最低（见图4）。与国际旅游城市相比，以新加坡为例，新加坡的旅游收入结构较为合理（见图5）。北京的国际游

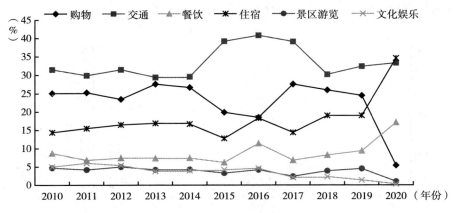

图4　2010~2020年北京入境游客消费构成趋势

资料来源：《北京统计年鉴》（2011~2021年）。

客旅游消费支出在文化娱乐、景区游览方面偏低，出现这一结果的原因：虽然北京文化资源丰富，但在文化旅游资源开发上，还处在比较低端的观光旅游阶段，文化娱乐对国际游客的吸引力不足。旅游景区的主要盈利模式还是靠门票收入，没有全方位提升文化旅游产品的附加值和文化衍生价值。

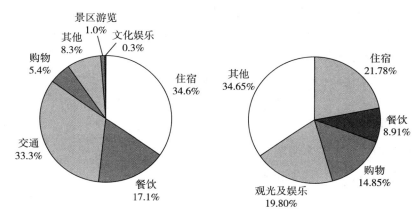

图 5　2020 年北京市（左）与新加坡（右）的入境游客消费结构

资料来源：《北京统计年鉴》（2021 年）、新加坡旅游局年度报告。

（四）北京文化旅游发展存在的问题

不同特色的文化旅游资源和非物质文化遗产给北京带来了丰富且多样的文旅产品。但是，北京文化旅游的发展现状和发展内容与国际典型城市相比，还有一定的差距。

1. 文化旅游缺乏核心内容和有代表性的文化品牌

北京目前缺乏具有广泛国际影响力的、独具城市特色的城市品牌，导致目前北京文化旅游"走出去"的程度不够。东京的动漫、首尔的"韩流"、巴黎的时尚、伦敦的创意产业、纽约的影视艺术、华盛顿的博物馆，这些国际旅游城市均有独特的专属文化旅游核心内容，这些核心内容吸引了世界各地的游客，同时，也传播了独具特色的本国文化。这些城市也通过城市发展主题以展现城市品牌形象。如首尔通过打造城市品牌"I·Seoul·U"向世

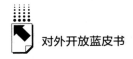

界展示首尔热情、共享、休闲的形象，并展现首尔与其他城市的差异。东京以"Tokyo Tokyo Old meets New"为主题展示日本传统文化与流行文化的交融并存，提升了东京的城市魅力。新加坡以"Passion Made Possible"为主题，通过"愿望"与"激情"重新点燃了世界游客探索新加坡的无限兴趣。巴黎的 VILLE DE PARIS、伦敦的 London Unlimited、纽约的"I ♥ New York"也都向世界展现本国文化旅游的独特魅力。

2. 文化旅游资源开发创新度不足

北京在文化旅游资源开发利用上创新不足，大多为"旅游路线+博物馆"的单一开发模式，多以单个旅游景点为基础进行相应的旅游路线开发，与空间、场景等其他方面结合不够紧密，没有形成资源的有效整合。这会产生文化旅游产品特色不鲜明、供给质量不高、缺乏新意等问题，难以让游客在短暂的旅游过程中感知和体验更多文化内容。

北京数字沉浸式文旅项目较少，且线上虚拟旅游主要面向国内游客，多是针对北京市景区的游览介绍，通过 VR 技术把景区图像 3D 化，再与中文讲解配合实现虚拟线上景区游览。数字技术应用范围仍需扩大，需拓展能满足国外游客需求的可参与的体验内容、创新数字体验方式、提高体验质量，形成以数字文旅为核心的新型文化旅游产品。东京、新加坡举办的线上虚拟旅游，类型多样、内容丰富。疫情常态化防控时期，新加坡举办的线上虚拟会展旅游、节日活动等都面向全球游客，举办可线上参与体验的活动。东京与旅行社合作，邀请导游进行东京美景、美食、文化等方面的线上讲解，不仅提供插花、书法、水彩等内容的在线课程，也可在导游带领下在线上体验日本清酒居酒屋文化、秋叶原游戏动漫文化。在利用数字技术创新文旅内容方面，巴黎开发带有发现城市隐藏文旅内容的游戏程序，吸引游客进行实地的城市探索；首尔积极利用数字技术进行城市更新改造，打造智能娱乐体验街区。

3. 旅游数字服务需进一步推进

北京文化旅游服务的数字化转型主要是服务设施数字升级、智慧旅游地图和"一键游北京"应用程序的开发。由于北京智慧旅游地图是微信小程序，在服务入境游客方面存在一些障碍。此外，在大数据分析入境游客旅游行为、面向全球游客的旅游全过程服务方面还存在不足。

巴黎为入境游客创建唯一编码，通过构建旅游信息数据库更精准地分析游客行为，便于向游客提供更为个性化的文旅体验内容。东京则通过旅游数字地图获取游客旅游行为数据，从而支持运营商的服务发展、分析访问游客的动向。在旅游全过程服务方面，首尔建立了智能旅游整合平台，利用VR、AR、AI、聊天机器人等技术，使游客可在旅行前进行间接体验、旅行中获取实时信息、旅行后进行反馈。

4. 城市对外宣传缺乏吸引力

与其他国际城市相比，北京的城市对外宣传对年轻人缺乏吸引力。当下，年轻游客群体关注的不仅是一个城市的文旅景点数量，而是更多关注该城市给他们带来的独特体验。

新加坡的城市宣传工作主要包括以下内容。一是注重与目标客户群互动，比如在中国与腾讯合作利用腾讯QQ的厘米秀小游戏吸引年轻用户；在印度与Zomato①合作，参与其举办的线上虚拟美食嘉年华，邀请新加坡知名酒吧的DJ②进行线上演出。二是积极利用新媒体平台进行宣传，比如在Instagram上发起"Travel Throw Back"照片分享活动，鼓励人们分享他们在新加坡和东南亚其他地区旅行的照片，以激励人们在可以安全旅行时再次前往新加坡。三是与知名影视动漫制作公司合作拍摄以新加坡为背景的影视动漫作品，例如，与日本著名动漫《名侦探柯南》的制作委员会合作，制作以新加坡为故事背景的《名侦探柯南：绀青之拳》。

四　提升北京文化旅游国际吸引力的建议

（一）深度挖掘文化旅游资源，培育主打文化旅游业态

在北京城市自身的文化特色基础上，提升创新能力，突破传统的、同一

---

① Zomato 是印度知名美食聚合平台、送餐服务商。
② DJ 即 Disc Jockey，是指在夜店、酒吧、Live House、派对及音乐节等场所的打碟工作者。

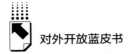

化的开发模式，深挖文化旅游资源的文化内涵和价值，确立和培育有竞争力和独特性的主打文化旅游业态，加快发展北京城市专属的标志性特色文化旅游，创作具有广泛国际影响力、吸引力的文学和影视艺术作品，塑造文化IP，更好满足新时代国际游客对文化资源的新需求。全方位连接国际文化旅游市场，支持原创、鼓励国外优秀内容引进，引导国内相关企业参与国际竞争，引进国际知名企业和国际资本及人才。

（二）开拓国际目标市场，加强国际推广

重视与"一带一路"沿线国家和地区以及建立友好关系的国家和城市之间的文化交流与文化贸易，创新文化交流合作的方式及平台，用国际话语和对方接受的理念交流推广北京文化特色。疫情到来后，年轻人在旅游市场中的活跃度上升，年轻人易于接受外来新鲜事物，北京的美食和音乐是北京文化旅游资源的重要组成和特色，是向这个目标客户群推广的首选，北京可将海外年轻游客作为游客市场的拓展目标。创新旅游产品的开发模式，利用目前年轻人感兴趣的渠道对外宣传北京开放、安全的国际形象，从而吸引更多的国外年轻的文化旅游消费者。

构建立体化的推广平台和多元化的宣传渠道，在各个国家及地区有针对性地进行北京文化旅游推广。建立快速、移动、便捷、互动的推广理念，充分利用国际流行社交媒体、主流的视频网站等新型传播载体，强化新媒体传播作用，立体展示北京文化和城市形象，提升北京对于国外游客的吸引力。

（三）数字融入文旅内容，数字赋能公共服务

加快数字技术和信息技术的开发应用，促进文化旅游数字化、网络化、智能化发展，实现数字消费引领北京文化旅游新发展的目标。利用数字化技术在演艺、音乐、饮食、时尚、影视等传统文化领域进行创新。疫情常态化防控时期，通过实现大型国际赛事、会展、节庆、体育等文化活动的线上线下共同参与，推动在线虚拟旅游的发展。

政府与互联网企业合作，加快城市公共服务的数字化升级，针对国外游

客消费群体，打造信息服务平台，政府需要确定数字化服务和基础设施建设的重点。

（四）提升城市品质，提供专业化的政府服务

在绿色、低碳、环保的理念下，注重北京城市空间品质建设，提升文化旅游品牌的经济附加值。建设具有现代与时尚特点的国际性大都市，营造适宜游客出行的城市空间，从便利化、信息化、国际化、安全保障等方面提高北京城市品质。

出台专项扶持政策，畅通文化交流合作渠道，构建政府主导、企业参与的协同治理体系，完善安全评估和风险防控的监督机制，增强文旅领域法律服务能力，打造云端国内外文旅企业投资合作在线服务平台。根据新冠肺炎疫情防控实际情况，实施更为积极的签证政策，为主要客源国的旅客提供签证便利。

B.10
RCEP 规则下北京文化产业高质量"走出去"研究[*]

周金凯[**]

摘　要： 文化产业高质量"走出去"是新时代北京对外开放的重要一环。为探究北京文化产业高质量"走出去"的路径，基于 RCEP 框架对北京文化产业高质量"走出去"进行 SWOT 分析，研究表明：在优势和机遇方面，北京"两区"的制度创新、文化产业优化升级，RCEP 的高标准经贸规则、统一大市场效应以及华人华侨的文化认同感，为北京文化产业高质量"走出去"带来契机；在劣势和挑战方面，北京文化企业的国际综合竞争力和"走出去"服务平台建设水平仍需提升，文化产业面临 RCEP 带来的外部竞争和比较优势断档的风险。因此，北京文化产业高质量"走出去"既要构建"市场—政府—企业"三位一体的文化产业"走出去"平台，又要对标 RCEP 高标准经贸规则，不断提升文化产业竞争力，还要发挥海外华人华侨在文化产业国际合作中的助推作用。

关键词： RCEP　文化产业　"走出去"　北京"两区"　SWOT 分析

---

* 北京市教委社科计划一般项目"RCEP 框架下北京'两区'建设中的经贸合作机制研究"（SM202211626004）阶段性成果。
** 周金凯，经济学博士，北京青年政治学院讲师，主要研究方向为区域经济一体化，北京"两区"建设及文化产业对外开放。

2022 年 1 月 1 日，全球规模最大的自由贸易区协定——《区域全面经济伙伴关系协定》（RCEP）正式生效。RCEP 产生的统一大市场效应、区域产业链重构和中华文化认同感为我国文化产业"走出去"带来重大契机。北京作为全国文化中心，是我国文化产业创新和发展的高地。《北京市国民经济和社会发展第十四个五年规划和二〇三五年远景目标纲要》提出："推进国家文化出口基地等建设，促进优秀文化产品进入国际市场……积极组织参与国际重大文化交流，提升国际传播能力，讲好中国故事、北京故事"。因此，基于RCEP 框架研究北京文化产业高质量"走出去"的策略具有重要的现实意义。

一　文化产业的界定

从社会角度讲，文化产业是文化产品生产与服务的社会文化系统。从经济维度讲，《2009 年联合国教科文组织文化统计框架》将文化概括为文化产业中通过工业或手工业产生的所有活动、服务和产品。其中，文化服务包括核心文化服务、装备和辅助材料服务及相关文化服务三个方面。文化产业则是按照工业标准，生产、再生产、储存以及分配文化产品和服务的一系列活动。我国关于文化产业的统计分类主要遵循国家统计局印发的《文化及相关产业分类（2018）》。该分类规定的文化及相关产业是指为社会公众提供文化产品和文化相关产品的生产活动的集合，其范围包括两大类。一是以文化为核心内容，为直接满足人们的精神需要而进行的创作、制造、传播、展示等文化产品（包括货物和服务）的生产活动。具体包括新闻信息服务、内容创作生产、创意设计服务、文化传播渠道、文化投资运营和文化娱乐休闲服务等活动。二是文化生产活动所需的文化辅助生产和中介服务、文化装备生产和文化消费终端生产（包括制造和销售）等活动。

二　北京文化产业的发展现状

"十三五"以来，北京市紧密围绕全国文化中心建设任务，通过整合优

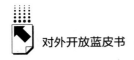

质资源、培育市场主体、提升品牌服务等方式，实施文化产业的"提质培优"战略，即提升文化艺术、新闻出版等传统文化产业的质量，培育文化创意、新媒体、数字出版等文化新业态，逐步提升北京文化产业的国际竞争力和品牌影响力。

（一）北京市规模以上文化产业就业人数呈增长态势

如表1所示，2019~2021年，北京市规模以上文化产业就业人数由59.4万人增长至64万人。受疫情等因素影响，2020年，虽然北京市规模以上文化产业的就业人数较2019年下降0.1万人，但可以预见，未来北京市文化产业的整体就业人数仍呈增长态势。在文化核心领域，2019~2021年的就业人数逐年增长，由2019年的48.8万人增长至2021年54.8万人。其中，新闻信息服务、创意设计服务、内容创作生产和文化传播渠道是吸纳就业人口的主要领域。2021年，内容创作生产部门的就业人数达到17.5万人，居所有文化产业就业部门之首。在文化相关领域，2019~2021年的就业人数呈逐年下降的趋势。2019年北京市规模以上文化相关领域就业人数为10.6万人，2020年下降至9.3万人，2021年继续下降至9.2万人。其中，文化辅助生产和中介服务部门的就业降幅最为显著，由2019年的8.8万人降至2021年的7.6万人。总体来看，2019~2021年，北京规模以上文化产业的就业人口主要分布在新闻信息服务、创意设计服务、内容创作生产、文化传播渠道及文化辅助生产和中介服务等部门。

表1 2019~2021年北京市规模以上文化产业就业情况

单位：万人

年份	2019	2020	2021
合计	59.4	59.3	64
文化核心领域	48.8	50	54.8
新闻信息服务	14.5	14.1	14.8
内容创作生产	14.1	15.6	17.5
创意设计服务	10	10.5	11.1

年份	2019	2020	2021
文化传播渠道	7.5	7.5	8
文化投资运营	0.2	0.2	0.3
文化娱乐休闲服务	2.5	2.2	3.2
文化相关领域	10.6	9.3	9.2
文化辅助生产和中介服务	8.8	7.7	7.6
文化装备生产	0.9	0.8	0.7
文化消费终端生产	1	0.8	0.9

资料来源：北京市统计局数据库。

（二）北京市规模以上文化产业收入逐年增加

如表 2 所示，2019 ~ 2021 年，北京市规模以上文化产业总收入由 12849.7 亿元增长至 17563.8 亿元。在文化核心领域，2019 年的总收入为 11448.2 亿元，2020 年增长至 12986.2 亿元，2021 年继续增长至 15848.3 亿元。其中，新闻信息服务、创意设计服务、内容创作生产和文化传播渠道是北京文化核心领域收入的贡献主力。2021 年，四者的收入分别达到 5124.9 亿元、3912.8 亿元、3925.3 亿元和 2727.4 亿元，占到文化核心领域收入的 99%。在文化相关领域，2019 ~ 2021 年的总收入呈先降后升的趋势。2019 年北京市规模以上文化相关领域收入为 1401.5 亿元，2020 年减少至 1223.1 亿元，2021 年又增长至 1715.6 亿元。其中，文化消费终端生产的收入贡献度变化最为显著，由 2020 年的 490.7 亿元增长至 833.6 亿元。总体来看，2019 ~ 2021 年，新闻信息服务、创意设计服务、内容创作生产等文化核心领域是北京规模以上文化产业收入的主要贡献力量。同时，文化消费终端生产、文化辅助生产和中介服务的收入呈现出较强的增长态势。

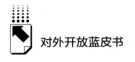

表2　2019~2021年北京市规模以上文化产业收入情况

单位：亿元

年份	2019	2020	2021
合计	12849.7	14209.3	17563.8
文化核心领域	11448.2	12986.2	15848.3
新闻信息服务	3692.7	4149.5	5124.9
内容创作生产	1899.4	2898.8	3912.8
创意设计服务	2852.8	3374.9	3925.3
文化传播渠道	2876.8	2459	2727.4
文化投资运营	19.8	24.1	45.2
文化娱乐休闲服务	106.7	79.9	112.6
文化相关领域	1401.5	1223.1	1715.6
文化辅助生产和中介服务	737.9	624.2	761.7
文化装备生产	121.9	108.2	120.3
文化消费终端生产	541.8	490.7	833.6

资料来源：北京市统计局数据库。

（三）北京市规模以上文化产业利润总额大幅增长

根据北京市统计局数据，2021年北京规模以上文化产业的总利润为1429.4亿元，同比增长47.5%。其中，文化核心领域的总利润为1343.3亿元，同比增长48.2%。然而，文化核心领域不同部门的利润增长情况存在明显差异。例如，新闻信息服务部门作为就业和收入的主要贡献者，2021年利润额仅为54.7亿元，同比下降79.6%。2021年，创意设计服务部门的利润额为84.6亿元，同比增长仅为12.7%。北京文化核心领域的利润主要来自内容创作生产部门。2021年，内容创作生产部门的利润额为1131.8亿元，同比增长132.6%，占到北京规模以上文化产业利润总额的79.2%。2021年，文化传播渠道领域的利润为97.1亿元，同比增长51.4%，仅次于内容创作生产部门的利润贡献度。总体来看，内容创作生产部门是北京规模以上文化产业利润的主要贡献力量。创意设计服务和新闻信息服务等部门虽然是北京规模以上文化产业收入和就业的贡献主力，但在利润贡献度方面则稍显逊色。

（四）北京文化产业高质量"走出去"的动力显著增强

北京作为全国文化中心，不仅是历史文化名城，具有古都文化的特有气息，而且是文化产业对外开放的排头兵，在城市文化资源国际合作和文化贸易等方面具有独特的优势。特别是推进中国（北京）自由贸易试验区和国家服务业扩大开放综合示范区（以下简称"两区"）建设以来，一系列高标准经贸规则的先行先试为北京文化产业高质量"走出去"增添了动力。北京"两区"将发展文化知识产权保险业务、构建国际影视动漫版权贸易平台，做强"一带一路"文化展示交易馆等作为北京文化产业对外开放和更好"走出去"的重要举措，不断满足人们的高品质文化消费需求。同时，打造具有首都特色的文旅产业融合发展示范区，鼓励举办国际性的文化产品与服务展销会、文娱演出，降低外商投资北京文艺表演团体的门槛；重点发展符合北京产业升级方向的高端文化产业，如文化传媒、视听、游戏和动漫版权、文化创意设计等，并不断优化文化产业发展和高质量"走出去"的审批流程。在一系列举措之下，北京文化产业发展的重点和特色日益聚焦，"走出去"的制度保障逐步完善，国际产业竞争力和影响力显著提升。

三 RCEP 框架下北京文化产业高质量"走出去"的 SWOT 分析

（一）北京文化产业具备高质量"走出去"的优势

北京市第十三次党代会报告指出："扎实推进全国文化中心建设。……推进文化产业数字化，培育发展新型文化企业、文化业态。……办好北京文化论坛、北京国际电影节、北京国际设计周等活动。"[①] 由此可见，发展文

---

① 《北京市第十三次党代会报告全文公布》，北京纪检监察网，2022 年 7 月 4 日，http：//www. bjsupervision. gov. cn/ttxw/202207/t20220704_ 78419. html。

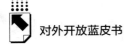

化与数字、科技融合型的高端文化产业将是北京的重点任务。其中，经过多年的发展，新闻信息服务、创意设计服务、内容创作生产和文化传播渠道等文化核心领域已经具备一定的规模和基础，将是引领北京文化产业转型升级的主要动力。北京文化产业的数字化和科技化，将极大提升文化产业的国际竞争力和影响力，进而推动北京文化产业高质量"走出去"。

同时，北京对标 RCEP、CPTPP 等国际高标准经贸规则，制定形成符合北京"两区"定位的"三个示范区"建设方案。"三个示范区"包括国际高标准经贸规则先行合作示范区、数字贸易示范区和国家服务贸易创新发展示范区，是北京"两区"建设制度创新的集中体现。例如，围绕投资、服务贸易、商业人员临时入境、知识产权保护等议题，在"两区"率先引入RCEP 等国际高标准规则的市场准入、国民待遇、最惠国待遇、政策透明度等条款进行压力测试，在北京文化产业发展方面不断进行制度创新，为文化产业高质量"走出去"提供试验田。

（二）北京文化产业高质量"走出去"存在的劣势

北京文化企业的国际化资源整合能力和国际品牌效应仍需进一步提升。文化企业是北京文化产业高质量"走出去"的主力军。当前，北京文化企业在"走出去"方面已取得了一定成效。例如，四达时代作为北京文化产业"走出去"的代表性企业之一，秉承"让中国故事在非洲大地传播，让中国文化的火种在海外点燃"的理念，重点在非洲国家开展数字电视运营。四达时代在服务相关国家数字电视发展的同时，也推动了中国文化的海外传播。然而，北京文化企业在"走出去"方面的资源整合能力和品牌效应仍需进一步提升，存在文化企业综合实力弱、文化产品服务涉足面窄、全球文化产业链延伸短、用国际化理念表达中国文化的方式少等一系列问题，需要在国内外文化全产业链自主可控方面下功夫。

文化产业高质量"走出去"服务平台需要进一步优化。《北京市推进全国文化中心建设中长期规划（2019 年—2035 年）》明确提出，推动组建文化产品和服务出口联盟，鼓励和引导企业投资建设对外文化贸易网络服务平台，共建共享文化数据。高水平的文化产业"走出去"服务平台需要由市场主导、政府引导、构建多元化文化服务模式、发挥企业的市场主体作用，为文化企业"走出去"提供知识产权、企业资源、人力资源、信息资源、合作渠道等领域的系统化服务。北京文化产业领域的服务平台还需进一步优化完善。

（三）RCEP 为北京文化产业高质量"走出去"提供机遇

一方面，RCEP 庞大的市场规模和多样化的经济发展水平是北京文化产业高质量"走出去"的动力。根据世界银行统计数据，2021 年，RCEP 的 15 个成员国人口总数为 22.94 亿，占当年全球人口总数的 29.27%。其中，既包括全球人口第一大国，也包括人口仅有 44.15 万的小国。在 GDP 方面，2021 年，RCEP 的 15 个成员国 GDP 总量为 296060.19 亿美元，占当年全球 GDP 总量的 30.81%。其中，RCEP 成员的人均 GDP 呈明显的梯级分布。例如，2021 年，RCEP 成员国的人均 GDP 从 1187 美元到 72794 美元不等。在 GNI 方面，如表 3 所示，根据世界银行 2019 年收入分组标准，RCEP 的高收入国家包括新加坡、澳大利亚、新西兰、日本、韩国、文莱 6 国；中高收入国家包括中国、马来西亚、泰国和印度尼西亚 4 国；中低收入国家包括越南、菲律宾、老挝、柬埔寨和缅甸 5 国。由此可见，RCEP 庞大的市场规模和多样化的经济发展水平，将为北京发展多元化的新型文化业态并高质量"走出去"提供巨大的动力。此外，RCEP 国家拥有众多的海外华人华侨，是我国对外政治与政策沟通的纽带、对外文化传播的使者、国际交往的桥梁和科技创新的战略资源。

表 3　2021 年 RCEP 成员国人均 GNI 分布情况

单位：美元

国家	人均 GNI	国家收入等级
新加坡	64010	高收入国家
澳大利亚	56760	
新西兰	45340	
日本	42620	
韩国	34980	
文莱	31510	

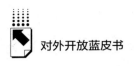

续表

国家	人均 GNI	国家收入等级
中国	11890	
马来西亚	10930	中等偏上收入国家
泰国	7260	
印度尼西亚	4140	
菲律宾	3640	
越南	3560	
老挝	2520	中等偏下收入国家
柬埔寨	1550	
缅甸	1140	

资料来源：世界银行世界发展指标数据库。

另一方面，RCEP 高标准经贸规则是北京文化产业高质量"走出去"的重要参照。其一，RCEP 高标准经贸规则有助于提升北京文化产业高质量"走出去"的意识。RCEP 作为全面、现代、高质量和互惠的自由贸易协定，主要在货物贸易、原产地规则、海关程序和贸易便利化、服务贸易、自然人临时流动、投资、知识产权保护、电子商务等领域实施更加有利于贸易自由化和便利化的高标准经贸规则，在提振各方经济增长信心的同时，将促进区域产业链、供应链和价值链的进一步融合。北京文化产业在参与 RCEP 合作的过程中，若要高质量"走出去"占领国际市场，需要不断进行制度创新和产业升级，适应 RCEP 的高标准规则体系，发展符合首都特色的高端文化产业，提升产业国际竞争力。

其二，RCEP 在货物贸易、服务贸易、贸易自由化和便利化、知识产权保护等方面的高标准经贸规则为北京文化产业高质量"走出去"提供保障。例如，RCEP 的知识产权保护章节是协定内容最多，篇幅最长的章节，涵盖著作权、商标权、地理标志、专利、外观设计、遗传资源、传统知识和民间文艺、反不正当竞争、知识产权执法、合作、透明度、技术援助等广泛领域，既包括传统知识产权主要议题，也体现了知识产权保护发展的新趋势。知识产权保护是北京文化产业高质量"走出去"的重点关注领域。因此，

RCEP 的知识产权保护章节为区域内更好地开展文化产业合作提供有力的保障。此外，RCEP 的服务贸易规则中纳入了市场准入条款、非歧视条款、透明度条款等，并根据成员国的服务贸易发展情况，实施正面清单模式和负面清单模式，为北京文化产业高质量"走出去"提供规则保障。

（四）RCEP 对北京文化产业高质量"走出去"带来挑战

第一，北京面临文化产业比较优势调整衔接的挑战。虽然北京文化产业不断优化升级，且产业国际竞争力逐年提升，但文化产业贸易逆差的总体状况并未发生根本性改变。根据国研网统计数据，2021 年，北京对外主要文化产品出口总额为 7.61 亿美元，进口总额为 21.47 亿美元，贸易逆差总额为 13.86 亿美元。[①] 其中，中低端文化产品在北京对外出口中仍占据一定比重。从中长期来看，随着 RCEP 区域内产业链重构加速，以劳动密集型为主的文化产业将向劳动力成本低的东南亚国家转移，北京此类文化产品的出口竞争优势将逐年减弱。同时，随着北京文化产业向数字化、科技化领域转型升级，高端文化产业发展又将面临来自日本、韩国等 RCEP 发达经济体的激烈竞争。因此，北京文化产业在走向 RCEP 的过程中，应防止传统劳动密集型文化产业与以科技、数字技术为主的高端文化产业在调整过程中不能有序衔接的风险。

第二，RCEP 将加剧北京文化企业"走出去"的外部竞争。目前，全球主要有三大供应链体系——欧洲供应链体系、北美供应链体系和东亚供应链体系，围绕三大供应链体系形成的产业集群各具特色和优势。RCEP 带来的统一大市场效应和虹吸效应将使更多区域外的产业集群向亚太市场转移，加剧我国企业的外部竞争。以美国为例，其文化服务产业在国际市场占据主导地位。随着全球不同自由贸易协定间的叠加重合效应，美国文化服务产业集群可以自由选择适合自身经济利益的地区作为发展重点。若美国的文化服务

---

① 主要文化产品包括图书、报纸期刊、其他印刷品；音像制品；绘画、其他视觉艺术品；摄影、电影、新型媒介；宣纸、毛笔、乐器；文化遗产。

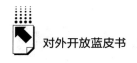

产业集群向有吸引力的 RCEP 转移，将加剧北京文化企业"走出去"的外部竞争。

四 RCEP 框架下北京文化产业高质量
"走出去"的措施

（一）构建"三位一体"的文化产业高质量"走出去"平台

在 RCEP 框架下，充分发挥区域统一大市场效应，构建"市场—政府—企业"三位一体的文化产业高质量"走出去"平台，加强北京与其他成员国在高端文化产业领域的合作，推动北京与文化产业相关的产品、服务、资本、技术、人力资源、管理经验等走向国际市场，参与国外的产业竞争与合作。一方面，以国际市场需求为导向，开发具有国际化标准的文化产品和服务、注重数字文化产业和科技文化融合型产业的国际合作，创新用国际化理念表达中国文化的方式，提升北京文化产业"走出去"过程中的市场销售与售后服务国际化水平。另一方面，政府根据北京文化产业发展的比较优势和竞争优势，明确文化产业的发展方向，并通过完善政策与法治环境，构建知识产权、人力资源、"走出去"企业、项目合作等一体化资源库，推进文化产业"走出去"所需资源的优化配置。同时，发挥企业的市场主体作用，以跨行业文化集团方式"走出去"，对外讲好中国故事。通过组建高度市场化运作的跨行业文化集团，形成业务领域涉及影视、新闻出版、卡通漫画、时尚娱乐、广播电视等行业的全产业链运作模式，实现获取商业利益和传播中国文化的双重目标。以迪士尼为例，它以动漫影片为源头产品，将其融入以旅游和娱乐服务为主的游乐园建设，进而带动与游乐园相关的一系列产品和服务的发展，所获收益又投入到新产品和服务的设计研发中，达到了影视娱乐全产业链的协同发展。

（二）对标 RCEP 高标准经贸规则，提升文化产业竞争力

RCEP 的服务贸易开放与投资实行正面清单与负面清单相结合的承诺模

式，且建立了正面清单向负面清单的转化机制。这一模式将极大提升 RCEP 各成员之间的文化贸易和投资水平。北京作为我国文化产业发展的高地，通过"两区"建设，打造"三个示范区+一个主阵地"，即国际高标准经贸规则先行合作示范区、数字贸易示范区、国家服务贸易创新发展示范区和北京证券交易所，对标 RCEP 的高标准规则进行制度创新，为文化产业高质量"走出去"奠定制度基础。例如，在国家服务贸易创新发展示范区，探索与文化服务贸易相关的负面清单制度，做到负面清单管理精准化、明晰化。进一步，将文化产业置于这一制度下进行压力测试，提升北京文化产业的国际竞争力，为高质量"走出去"奠定基础。同时，充分发挥北京证券交易所在服务科技创新型、高精尖型中小企业发展领域的优势，带动金融、电信、法律、会计等领域的服务机构向北京"两区"集聚，促进北京文化产业与科技、旅游、金融等产业融合发展，提升北京文化企业参与 RCEP 高标准经贸规则的竞争力，帮助中小企业高质量的"走出去"。

（三）发挥海外华人华侨在文化产业高质量"走出去"中的作用

第一，与华商建立企业联盟，打造 RCEP 区域文化产业发展的内外循环系统。华人华侨经过多年的海外深耕，在文化产业领域积累了丰富的商业资源。通过企业联盟，一方面利用华商企业在当地的政策、产业和市场优势，助推北京文化企业"走出去"；另一方面，与不同层级的华商企业合作，保持 RCEP 区域产业链的完整性，确保经贸往来正常进行。第二，增强华人华侨的"中华文化观"，力促具有首都特色的文化产业"走出去"。北京拥有悠久的历史文化，包括饮食文化、中轴线建筑文化、中医文化等。邀请华人华侨参与北京文化论坛，发挥其在 RCEP 成员国文化融合中的宣传和纽带作用，增强"北京范儿"文化的国际吸引力。第三，与知识产权法律方面的华人华侨专业人士合作。现代文化产业具有数字性、技术性和知识性的特点。北京文化产业在"走出去"过程中，构建知识产权保护和纠纷解决机制尤为重要。充分发挥华人华侨在 RCEP 成员国律师行业的优势，帮助北京文化类企业更好更快地了解当地法律法规，提前规避各种未知风险。

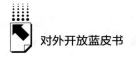
参考文献

［1］ 胡惠林：《论文化产业的本质——重建文化产业的认知维度》，《山东大学学报》（哲学社会科学版）2017 年第 3 期。

［2］ UNESCO，"2009 UNESCO Framework for Cultural Statistics"，*UNESCO Institute for Statistics*（2009）.

［3］《文化及相关产业分类（2018）》，国家统计局网站，2018 年 5 月 9 日，http：//www.stats.gov.cn/tjsj/tjbz/201805/t20180509_ 1598314.html。

（四）国际交往篇

B.11
优化北京市涉外服务体系赋能
国际交往中心建设

刘佳佳　张晓卿*

摘　要： 首都国际交往中心功能建设有助于新型国际秩序的构建，有助于推动人类命运共同体形成，有助于建立共商、共建、共享的全球秩序。报告将主要从国际医疗、国际教育、国际旅游等方面阐述北京市推进国际交往中心功能建设的策略与路径，旨在完善国际交往中心功能体系与政策体系，促进高效、务实政策的形成，进一步推进首都国际交往中心建设。

关键词： 国际交往中心　国际医疗　涉外教育　国际旅游

在中国特色大国外交的新任务要求下，完善北京国际交往中心功能建设具有极其重要的意义。第一，可为国际交流活动提供软硬件环境。承担频繁、高端的外交/外事活动，满足我国与其他国家（地区）、国际组织和各类国际主体的交往需要，提升服务国家外交的能力。第二，促进北京首都功能的持续深化，构建更加合理的城市空间格局，更好地承担首都职能。第三，可促使北京发挥枢纽作用、利用首都优势带动其他城市（特别是津、

---

* 刘佳佳，法学博士，对外经济贸易大学国际关系学院副教授、硕士研究生导师，主要研究方向为国际经济法、全球治理、外交政策；张晓卿，美国西北大学法学硕士，主要研究方向为国际法、国别研究。

冀地区）的协同发展，促进城市群建设，提高区域国际化程度。第四，有
利于各领域的对外开放与交流合作，推动科研和创新的投入与发展，继续提
高中国在高新技术、全球贸易、国际金融等多个领域的参与度。第五，向世
界展示中国的外交理念和包容态度，塑造国家软实力对外形象窗口。综上，
推动北京国际交往中心功能建设，对构建理论框架，进行顶层设计，强化首
都核心功能，促进新型国际关系构建，提升我国国际地位，深度参与全球治
理，在医疗、教育、旅游等多个领域内加深国际交流与合作均具有重要
意义。

一　现状与问题

（一）国际医疗服务体系

1. 国际医疗服务机构数量匮乏

整体而言，目前中国国际医疗服务机构暂无认证医院，缺少大型、综
合、专科的高水平国际化医院。在世界范围内，共有 37 所国际医疗服务医
院，其中，美国纽约有 2 所，英国伦敦有 4 所，德国海德堡有 2 所。相较之
下，北京市国际医疗服务机构仍有继续建设发展的上升空间。当前北京市内
提供国际医疗服务的机构主要以诊所、门诊部和社会办医居多，注册医院的
级别低、规模小（见图1）。① 仅有 7 家试点公立三级甲等综合医院能够提供
国际医疗服务，数量有限且均为综合医院的国际医疗部，同大型国际医院相
比还有较大差距。随着 2021 年《北京市国际医疗服务发展改革创新工作方
案》的实施，北京已确定在 8 家试点医院推进国际医疗服务建设，面向广
大外籍患者提供医疗服务。

2. 国际医疗服务人员匮乏

目前，在京外籍人员就医主要面临着语言沟通、费用保险、就医习惯

---

① 王巍等：《北京市某区国际医疗服务机构经营现状分析》，《中国医疗管理科学》2021 年第
1 期。

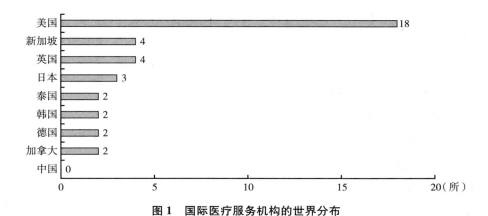

图1　国际医疗服务机构的世界分布

资料来源：作者自制。

等障碍。医疗人力资源紧张是京内医院存在的顽症，涉外医疗服务人员尤为稀缺。此外，多数涉外医疗机构医护人员的外语水平有待提高，一些三甲医院的医护人员英语水平有限，通晓小语种的医护人员更为稀少，致使前来就医的外籍患者往往无法与医疗服务人员进行有效沟通。要打造世界一流的国际医疗机构，为在京居住、工作、学习、旅行的外籍人士提供良好的医疗服务，急需克服以上三大障碍。此外，外籍医师在中国大陆执业过程中还普遍存在医疗文书及病历书写不规范，文书翻译缺乏精确性、专业性等问题。①

3. 中医药服务国际化有待提高

作为中华文明的璀璨瑰宝，中医药历史悠久、博大精深，蕴含中华民族数千年的健康理念和医疗经验。《深化北京市新一轮服务业扩大开放综合试点建设国家服务业扩大开放综合示范区工作方案》（以下简称《工作方案》）中的第七条更是明确提出要支持国家中医药服务出口基地和中医药服务贸易重点机构开拓国际市场。在《北京市人民政府关于促进健康服务业发展的实施意见》中，发展中医药医疗服务更是被明确列为主要任务之

---

① 任洁等：《涉外医疗机构外文书写医疗文书依法监管问题探讨》，《中国卫生监督杂志》2016 年第 5 期。

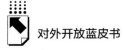

一。作为北京市中医药服贸试点区，目前朝阳区已成功建立起一套中医药服务贸易统计指标体系，开通了具有多语种服务信息的朝阳国际中医健康网，并在支持北京中医药示范机构开展域外服务、打造涉外中医药医疗保健服务基地等方面做出了诸多努力探索和宝贵尝试。然而，京内中医药服务对象目前仍以国内市场为主，这和北京市能够提供涉外医疗服务的中医药机构数量极少、相关从业医师凤毛麟角有关。北京共有1189家中医类医疗机构，其中综合类医院272家，但仅有约29家医院有能力接待外籍就医人员。并且，其中能够提供涉外中医药服务的大多为小型诊所，外籍患者实际访问频次较低。

（二）国际教育服务体系

1. 各区国际教育资源不均衡

随着经济发展和对外交流的增加，北京市教育需求呈现出多元化趋势。疫情前在相关政策的支持、鼓励下，北京市国际学校不论在整体数量还是在办学规模上，都呈现出了上升态势。目前，北京约有130所学校可提供涉外教育服务，除北京德威英国国际学校、北京京西国际学校、北京加拿大国际学校等20所仅招收外籍人员子女的国际学校外（见表1），大部分国际学校均面向国内外招生。

表1　北京市仅招收外籍人员子女的国际学校

在京外籍人员子女学校		
序号	地区	学校
1	朝阳区	北京伊顿国际幼儿园
2		北京蒙台梭利国际学校
3		北京韩国国际学校
4		北京京西国际学校
5		北京 BISS 国际学校
6		北京耀中国际学校
7		北京法国国际学校
8		北京英国学校

续表

在京外籍人员子女学校		
序号	地区	学校
9	朝阳区	北京澳大利亚国际学校
10		北京哈罗英国学校
11		北京加拿大国际学校
12		北京三奕国际幼儿园
13		北京巧智博仁国际幼儿园
14		北京协力国际学校
15		北京大韩学校
16	顺义区	北京中关村国际学校
17		北京瑞金英国学校
18		北京市顺义国际学校
19		北京德威英国国际学校
20	海淀区	海淀北京外国语大学外籍人员子女学校

资料来源：作者自制。

虽然北京国际学校的总体数量可观，但不同行政区的国际教育资源并不均衡（见图2）。北京市国际学校多位于朝阳、海淀、顺义三个区内；仅面向外籍人员子女招生的国际学校主要位于朝阳区和顺义区。近年来顺义区的

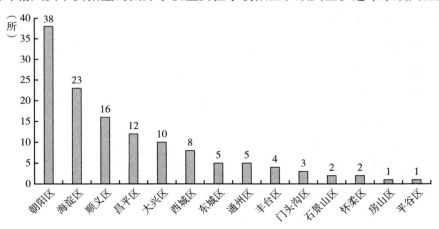

图 2　北京市国际学校行政区域分布

资料来源：作者自制。

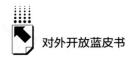
国际教育产业有了长足发展，已成北京市国际学校的聚集地，顺义后沙峪地区已形成颇具规模的首都国际化教育集群。在私立国际学校蓬勃发展的同时，公立教育体系内的国际教育产业也正经历飞速发展期。以人大附中国际班为例，该班2006届毕业生仅为13人，而2020届毕业生规模是2006年的23倍，高达300人。在疫情突袭而至前，人大附中国际部、北师大附属实验中学国际部、人大附中中外合作办学项目、北京市十一学校国际部的学位均处于供不应求状态，平均录取比例为1∶10，招录分数也普遍高于国内普通高考班。

2. 在京运营成本偏高

获取教育用地困难、人力成本高昂是限制在京国际学校发展的两大难题。首先，北京市内教育用地资源稀缺、用地审批手续复杂，土地溢价也在一定程度上抑制了海外国际名校在京落户办学的意愿。与北京国际学校发展空间受限形成鲜明对比的是华南地区、华东地区对于国际教育的需求当前正处于迅猛增长期。尤其是开放程度高、经济活力强的大湾区已成了国际教育投资的新宠，以广州、深圳为代表的大湾区城市，其国际学校建校速度已超越北京。其次，调研结果显示，北京市国际学校的运营成本明显高于其他城市。在京国际学校总运营成本中，雇佣外籍教师的开支可达到总成本的40%，中方雇员的人力成本约占总成本的20%～30%，高昂的人力成本致使很多北京国际学校缺少"改扩建"资金和进一步发展的动能。同时，随着近年来原材料价格上涨，校区改、扩、建成本也在水涨船高。而成都、杭州、重庆、西安、天津等新一线城市则凭借对国际学校的宽松政策和低廉成本成了国际品牌名校落地中国的首选。

3. 高素质外籍教师短缺

疫情到来后严格的出入境管控政策是导致外籍教师短缺的直接原因。整体而言，北京市国际学校师生配比较之普通学校具有优势，国际学校师生比大都集中在5∶1～6∶1，仅有约10%的学校师生比高于10∶1，平均师生比约为5.9∶1，优于普通学校。但在疫情形势下，许多国际学校的外籍教师长期滞留国外，难以回到中国，外教引进困难致使行业竞争加剧，限制了不少国际学校的进一步发展。另外，一些国际学校存在外籍教师流动过快的问题，不少学校的外教保有期仅为二到三年，一些外教在刚熟悉环境后就离开，师资不稳定及教师的频繁变动不利于整体教学水平的提升。

4. 教学质量良莠不齐

田野调研结果显示北京市国际学校教育水平差异较大，一些学校尚未形成成熟的教学体系、授课课程零散杂乱、教学质量堪忧、缺少办学特色、招生标准不一。有些国际学校并未设置硬性的入学要求，既无须提供中考成绩，也无须提供 TOEFL、IELTS 等语言成绩，申请者参加入学考试后即可入校学习。此外，由于之前部分国际学校的迅速扩张，一些专业能力不足的教师仓促上岗，学校整体教学质量受到影响。最后，目前的学籍制度也尚有不完善之处，各区政策亟待统一。

（三）国际旅游服务体系

北京市入境游客数量自 2012 年以来一直处于长期低迷状态。除新冠肺炎疫情等不可抗力因素的影响之外，特别值得注意的是早在疫情突袭而至前，来京的海外游客规模就已呈现萎缩态势，除在 2018 年有过小幅增长外，2016~2019 年北京市入境外籍游客数量整体逐年减少，个别年份的旅客数量下滑趋势尤为明显。其中，2016 年来京外籍游客数量为 354.8 万人次，同比下降 0.8%；2017 年来京外籍游客为 332.0 万人次，同比下降 6.4%；2018 年外籍来京游客规模小有上升，达到 339.8 万人次，同比增长 2.3%；2019 年北京接待外籍游客的数量再次下滑，累计接待境外游客共 320.7 万人次，同比下降 5.6%；2020 年因受疫情影响，入境外籍游客数量骤减，全年的来京外籍游客数量仅为 26.4 万人次，同比下降幅度达到了 91.8%（见图 3）。

作为六朝古都，拥有丰富旅游资源的北京吸引到的海外游客规模远少于巴黎、伦敦、纽约等其他国际知名都市（见图 4）。

来京入境游客规模持续减少是内、外因共同作用的结果，既有全球经济增速放缓、主要客源国经济出现停滞、新冠肺炎疫情全球流行等外在因素的

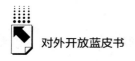

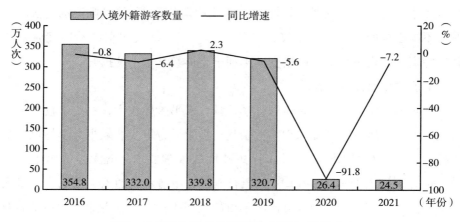

图3　北京市入境外籍游客量（2016～2021年）

资料来源：北京市文化和旅游局《北京旅游统计便览（2021）》。

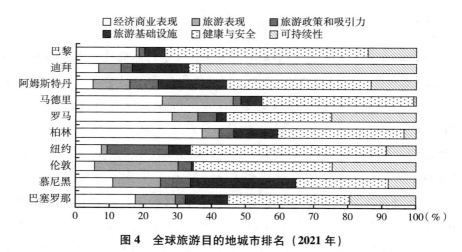

图4　全球旅游目的地城市排名（2021年）

资料来源：欧睿信息咨询有限公司《2021全球前100旅游目的地城市指数》。

影响，也有旅游解说专业性不强、景点设施不完备、服务水平待提高等内在因素的作用。

1. 新冠肺炎疫情对跨境旅游业的负面影响

2020年新冠肺炎疫情席卷全球，疫情的持久和不断反复直接影响了跨境旅游产业。为切实落实防疫政策、保护人民生命健康，我国迅速收紧了出入境管理政策，北京也暂停了入境团队旅游，来京海外游客数量自此急剧减少。虽然自 2022 年以来，我国陆续对加、美、英、法、德、意、澳、日、韩等 125 个国家放宽了入境限制，对入境游客的隔离管控时间也从原来的"14+7"调整为了"5+3"（集中隔离医学观察时间+居家健康监测时间），但新冠肺炎疫情对跨境旅游业造成的巨大影响短期内并未消退。此外，随着海外一些热门旅游地所在国相继解除了旅游禁令，一些潜在游客在选择出游目的地时会考虑到"5+3"隔离管控的时间成本和经济成本，从而选择其他国家（城市）的可代替性旅游产品。2021 年统计数据显示，北京市当年接待入境游客 24.5 万人次，和 2020 年度相比下降了 7.2%，较之 2019 年度下降了 92.4%。

  2.外籍游客主要来源国的旅客规模下降

  北京市文化和旅游局统计表明，来京旅游的外籍游客以欧美和东亚游客为主，特别是美国、日本、韩国占据了来京外籍游客的前三名；来京的欧洲游客则主要来自德国、英国、法国三国。早在新冠肺炎疫情突袭而至前，受到世界经济形势下行、人民币升值以及来京旅游成本上升等诸多因素的影响，欧美及日韩地区来华旅客数量就已出现了不同程度的下降。（1）欧美地区。近年来，中美贸易摩擦、关税问题、科技禁令导致两国关系步入了历史低点，中美关系摩擦的加剧致使两国间的跨境旅游业受到显著影响。自新冠肺炎疫情出现以来，美国国内针对华裔的歧视、袭击、暴力事件明显增多，越来越多的民调显示，美国人对华态度日趋消极。同时，欧美经济长期低迷、社会深层次矛盾逐渐凸显也降低了欧美居民远途出游意愿和境外消费能力。以上因素均影响了欧美游客来华旅游、消费的意愿。（2）东亚地区。由于历史问题和东海争端，中日关系一直在曲折中前进。日本人对华好感度在近年来呈现出了下降态势，2021 年日方所进行的一项调查显示，对中国抱有好感的日本民众仅有 10%左右，与之对应的则是日本游客来京旅游意愿的明显下降。韩国近年来经济增速放缓、就业问题凸显、一系列经济刺激措施收效不佳，通胀压力和物价上涨直接影响了韩国民众的旅游意愿、抑制了其海外消费能力，因而，韩国游客数量在

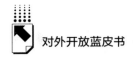

近些年来也出现了下滑迹象。

3. 旅游解说的专业性仍需提高

旅游景点的解说对于外籍游客了解北京市文化具有重要意义,是缩小文化鸿沟的桥梁。但相比世界其他知名旅游城市,北京市旅游景点相关解说词的翻译专业性仍有很大提升空间。例如,北京故宫博物院对许多展品的英文解说词仅停留在对藏品外观的描述上,对其材质、工艺、历史、文化等方面的介绍较少;相比之下,大英博物馆对馆内藏品的介绍明显更加完备。

4. 旅游景区基础设施有待完善

在道路交通上,外籍游客来京选择的交通工具多以出租车、地铁为主,由于北京市市内交通较为拥堵、地铁人流量较大、部分出租车司机存在“宰客”行为,甚至有对外籍游客的歧视性行为,一些来京游客的旅游体验并不理想。在旅游景点的基础设施方面,部分外籍游客反应一些景区内人流量较大、缺少直饮水、洗手间拥挤无厕纸、卫生条件有待提高。某些景区内的英文标识指示也存在老旧损坏、翻译谬误、字迹过小等现象。

二　对策与措施

(一)完善国际医疗服务体系

首先,继续推进国际医疗服务机构的建设,推进落实《北京市国际化医疗服务试点工作方案》,可先在北京大学国际医院、北京安贞医院等试点医院推进,后尝试建设大型、综合国际医疗服务机构。其次,加强国际医疗服务人才队伍建设。外籍患者对全科服务的接受度较高,可在试点国际医院开展全科服务,培养合格的全科医生。同时,优化外籍医师审批注册手续,设立国际医疗、护理人才的专项引进计划。再次,提高中医药国际化水平。推动中医药国际标准化体系建设,加强中医产业的对外交流,提升中医药国际认可度。在北京开办具有品牌效应的国际中医药诊所，并尝试在综合医院的中医药部门开展涉外服务，不断提升中医药涉外服务能力，让中医走出国门，走向世界。最后，完善商业医疗保险体系。鼓励保险公司开展国际商业医疗保险业务，为在京外籍人员就医提供保障。

（二）完善国际教育服务体系

首先，合理规划布局。有关部门可将国际学校全市布局和建设国际交往中心这一目标有机结合起来，科学布局、统筹安排、长远规划。2021年9月30日颁布的《北京市"十四五"时期教育改革和发展规划（2021—2025年）》提出要大力推进国际学校建设，尤其要在国际人才社区等海外人才聚集区内重点兴建1~2所高质量、高水准的国际学校，以更好地满足外籍人才对子女教育方面的需求。其次，降低运营成本。对于在京国际学院普遍面临的运营成本过高问题，北京市有关部门可考虑给予一定的税收减免政策，或通过专项资金支持降低国际学校的在京运营成本，提高发展上限，开拓PPP合作办学新模式，激发北京涉外教育活力，赋予北京国际学校发展动能。再次，确保师资稳定。通过政策倾斜、提高待遇、放宽签证等方式吸引部分优质国际教育人才来京工作。邻国日本曾在其国内经济高速发展期一度面临优质外籍教师短缺问题，通过实施"高端教育人才引进计划"和一系列提高薪酬、放宽签证的政策举措，大批海外教育人才被吸引至日本工作，从而迅速填补了日本学校对优质师资的需求。最后，完善课程设置。相较于普通教育，国际教育在课程设置和教学安排上的灵活度较高。目前，北京市国际学校高中课程以三大体系为主：（1）A-Level课程（承认该课程体系的多为英联邦国家）；（2）国际文凭（IB）；（3）AP课程（美国大学入学前的先修课程）。许多北京国际学校均可提供以上全部三种类型课程，然而由于涉及种类过多，校方无法保证教学质量和开课门类，学生可选择的课程科目十分有限。以A-Level课程为例，英国A-Level课程体系总共囊括70多个科目，其中甚至包含考古学等一些极其小众的学科，但北京国际学校由于受限于选课人数和专业教师不足等问题，

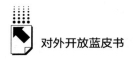

许多学校仅是名义上开设了 A-Level 课程，实则开课门类远远少于 70 门，多数学校仅开设了科学、物理、数学等几门中国学生擅长的传统科目，将原本支持学生多兴趣发展、自由选择的 A-Level 教学体系在京"本地化"成了更利于中国学生考取英式大学的应试模式，不仅违背了 A-Level 课程体系设置初衷，也和素质教育目标相悖。在京国际学校需尽快形成办学特色、完善课程体系，探索教学模式，打造兼具中国特色和世界水准的国际名校。

（三）完善国际旅游服务体系

第一，为支撑国际交往中心建设，北京应进一步完善国际旅游服务体系，尝试设立多语言服务窗口，为来京外国旅客提供城市旅游、天气、医疗急救、餐饮、购物、住宿、出行、法律等线上、线下的咨询服务，打造一体化的在京旅游信息服务平台，全面提升从业人员的专业化服务水平并及时更新服务平台信息。第二，完善旅游解说词翻译版本，提供更多语种的讲解服务，提高翻译的准确性、解说的专业性、讲解内容的丰富性。尤其对于文物古迹的介绍，不应仅局限于对其表面外观的物理性描绘，应对其历史背景、象征意义、做工手艺、文化内涵展开更为细致、深入、多维度讲解，以帮助外籍游客更好地深入了解北京文化、中华文化。第三，进一步完善基础设施建设。同出租车、网约车公司合作，对北京市出租车司机展开职业培训，提高其服务水平和外语能力。并在旅游服务平台上向外籍游客推广线上约车服务，对于恶意敲诈外籍游客的出租车司机应及时予以教育和处罚。不仅如此，还应疏通北京市内交通，完善市内交通规范，制定机动车礼让行人规则，整治市内外卖电动车频繁闯红灯、逆行违规等一系列问题。第四，疫情常态化防控时期北京各大景区内客流量大幅度减少，可充分利用这一特殊时期，及时对景区内硬件设施进行更新、维护，对文物进行修缮，对景区内工作人员进行专业化培训，统一景区公共标识的翻译规则，对字迹模糊、字号较小、表述有误、老化损坏的标识进行更换，对重要标识进行多语种翻译。第五，推动常用软件的外文国际版本开发，以便更好地满足外籍居民在京工作、生活、学习、旅行时的各种需求。例如，提供英文版本健康码、行程码，为外籍人士在京生活、消费、出行提供便利条件。还可利用北京丰沛的教育资源，促进大学和社区结合，开展社区学英语活动，共同提高英语的全市普及度。

三　结语

"为山者，基于一篑之土，以成千丈之峭；凿井者，起于三寸之坎，以就万仞之深。"将首都建设为世界级的交往中心是长期而艰巨的任务，虽道阻且长，然行则将至，若行而不辍，则未来可期。"十三五"时期的北京已取得了历史性成就，"十四五"时期应进一步通过政策创新，完善在京外籍人士在医疗、教育、出行等各方面的社会保障。不断提高国际教育质量和水平，通过改进教学设施、提高教师水平、美化校园环境、鼓励多元文化等措施，进一步满足外籍人士在教育方面的需求；建设国际医院、保险公司，提升中医药行业国际化程度，对接世界一流医疗机构；完善市内交通设施，改进景区硬件条件，提高接待服务水平，打造国际旅游之都、绿色之都、生态之都，营造优良外语环境，丰富国际性多元文化，塑造城市优良的国际形象，不断提升首都文旅品牌的世界影响力。

参考文献

［1］ Ariana Dickey et al. , *Urban Observatories*：*A Comparative Review*, United Nations Human Settlements Programme（UN-Habitat）, 2021.

［2］ Eduardo Moreno（Branch Coordinator）et al. , *World Cities Report 2016*：*Urbanization and Development*, United Nations Human Settlements Programme（UN-Habitat）, 2016.

［3］ Shuwen Zhou et al. , *Smart Cities and Social Governance*：*Guide for Participatory Indicator*, UNDP, 2017.

［4］赖长强：《粤港澳大湾区城市群全面开放的战略路径研究——基于广州、深圳的开放水平测度》，《产业创新研究》2019 年第 6 期。

［5］唐磊：《深圳国际城市形象：域外"专家意见"与"大众感知"》，《深圳大学学报》（人文社会科学版）2020 年第 2 期。

［6］于宏源、练姗姗：《共商共享全球治理：吸引国际组织入驻成为城市发展新路径》，《上海城市管理》2017 年第 1 期。

B.12
北京国际消费中心城市建设背景下
会展经济的机遇与挑战

邓慧慧　李慧榕　支晨*

摘　要： 会展是促进贸易投资的重要平台，有助于北京提振文化消费需求、提升国际交往活跃度。目前，北京会展经济具有良好的发展态势，会展规模稳定增长、基础设施不断完善、品牌资源特色鲜明。随着北京培育建设国际消费中心城市工作目标和重点任务的提出，北京发展会展经济机遇和挑战并存。一方面，国际消费中心城市建设和会展业专项激励政策的出台为会展经济提供政策支持，对外开放深化、数字经济发展和文化消费反弹为会展经济注入新的活力。另一方面，北京发展会展经济存在外部环境复杂多变、行业内部发展不均、专业人才储备不足、盈利模式亟待创新、市场化水平有待提高等方面的问题和挑战。为此，北京应多点发力推动会展经济高质量发展：进一步增强会展服务软实力，整合京津冀区域会展资源，利用发展会展经济契机主动融入全球消费链，注重对口专业人才培养，推动行业数字化、市场化改革，最终提升会展业服务北京国际消费中心城市建设的能力。

关键词： 国际消费中心城市　会展经济　产业数字化

---

* 邓慧慧，经济学博士，对外经济贸易大学国家对外开放研究院国际经济研究院研究员，博士生导师，研究方向为数字经济、区域与城市经济学；李慧榕，中国人民大学应用经济学院博士研究生，研究方向为区域与城市经济；支晨，对外经济贸易大学国家对外开放研究院国际经济研究院博士研究生，研究方向为世界经济与区域经济。

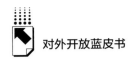

一 北京会展经济发展现状与基础

会展经济以各种形式的会议、展览为核心，在给举办城市带来经济、社会效益的同时，也对该城市人文环境、基础设施、市场条件等诸多方面提出较高要求。与国内其他地区相比，北京在文化、经济、交通、科技和对外开放等方面比较优势突出，具有发展会展经济的良好经济基础和公共资源。当前，北京会展业已经历了一段稳步发展的时期，会议展览收入持续增长、规模逐步提升，会展场馆和配套设施建设取得突破。北京立足特有的文化资源禀赋、政治中心定位和行业先发优势进行错位竞争，依托知名会展场馆形成会展产业聚集区并不断调整行业结构，但整体发展水平与上海相比仍有一定差距。

（一）会展经济势头稳健，展览规模稳定增长

北京市会展经济发展势头稳健，会议展览收入持续增长，如图1以及图2所示。据《北京统计年鉴》数据，2014年以来北京会展收入持续增加，到2019年达到345.4亿元峰值，与2009年的130.86亿元相比增长了163.95%。其中，2019年北京市的会议收入为165.7亿元，与2009年相比增长了132.11%；同年展览收入为174.9亿元，与2009年相比增长了217.28%。① 而北京国际会议展览收入占北京会展业总收入的比重较少，但收入呈上升趋势，与2009年相比，北京国际会议收入和展览收入都有大幅提升，北京市会展行业的国际化程度不断提升。由《北京统计年鉴》数据可知，2019年，北京国际会议实现收入14.2亿元，占北京会议收入额的8.57%，与2009年的3.74亿元相比增长了279.68%；国际展览实现收入51.4亿元，占北京展览收入的29.39%，与2009年水平相比增长了109.48%。尽管受到新冠肺炎疫情影响，2020年会议、展览收入与2019年相比均大幅下降，但随着疫情逐步得到控制，北京会展业正积极恢复。

---

① 会展收入＝会议收入+展览收入+奖励旅游收入。

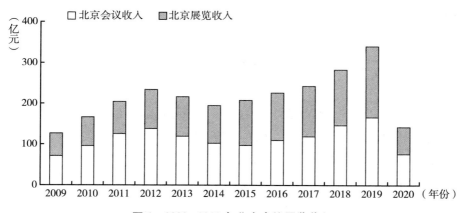

图 1　2009～2020 年北京会议展览收入

资料来源：《北京统计年鉴》（2010～2021 年）。

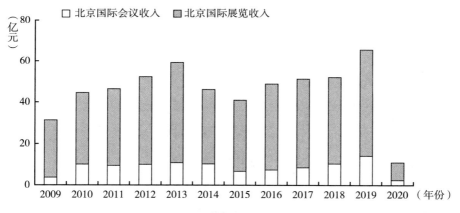

图 2　2009～2020 年北京国际会议展览收入

资料来源：《北京统计年鉴》（2010～2021 年）。

　　北京会展业的规模同样稳定扩大。一方面，北京接待会议规模基本保持稳定，2019 年，北京共接待会议 23.6 万个，其中国际会议 0.3 万个；共接待会议总人数 2093.6 万人次，其中国际会议接待 56.1 万人次，与 2018 年相比略有下降。北京接待会议数量相对稳定，2015 年后缓慢上涨，接待会议总人数保持在了一定量级，国际会议数量和参与人数近五年来比例有所下降。另一方面，北京接待展览的规模增长比较明显，展览业国际化水平增长显著。

2019 年北京共接待展览 865 个, 其中国际展览 265 个, 接待国际展览数量同比增长 79.1%; 共接待展览累计面积 (含室外展览面积) 1083.6 万平方米, 其中国际展览占 32.22%; 共接待展览观众人数 1633.1 万人次, 其中国际展览观众人数占 50.7%, 北京 2019 年接待国际展览观众人数同比增长 418%。由图 3 可知, 10 年来, 北京接待展览的总数稳定, 国际化水平有所提升, 平均展出面积也逐渐高于国内平均水平。而在疫情影响下, 2020 年北京会展业规模明显下降, 尤其是国际会议、展览的数量和接待人数较疫情发生前锐减超 50%。随着疫情形势逐渐好转, 北京会展业迎来复苏, 根据《2021 年度中国展览数据统计报告》所示, 2021 年北京举办展览数量为 124 场, 平均每个展览举办面积为 4.3 万平方米, 规模与 2020 年相比有所增加, 呈现出稳步提升的趋势。

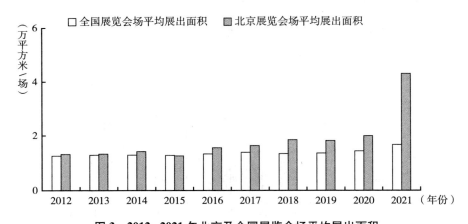

图 3　2012~2021 年北京及全国展览会场平均展出面积

资料来源:《中国展览数据统计报告》(2012~2021 年)。

（二）会展发展基础良好, 展览设施不断完善

北京的社会资源、公共资源和市场资源等在全国处于领先位置, 为会展业提供了发展的沃土。城市展览业发展指数综合衡量了城市展览业发展的竞争力与发展潜力, 与城市整体环境竞争力、行业竞争力、教育竞争力与城市相关部门服务能力有关。由图 4 可知, 北京会展业发展各方面基础良好, 城市展览业发展指数九年累计值仅次于上海。具体而言, 一是北京地理位置优越,

交通基础设施完备，区域经济发展水平较高，有效消费需求相对充足，具有良好的市场需求，是我国会展客源市场三大集聚点之一。二是北京人力资源相对集中，会展业市场主体丰富，中国国际展览中心集团有限公司、北京博万国际会展有限责任公司等行业领先企业的主要业务活动均以北京为中心开展。三是北京具有会展业前向、后向、侧向的完整产业链，关联产业发展基础较好。

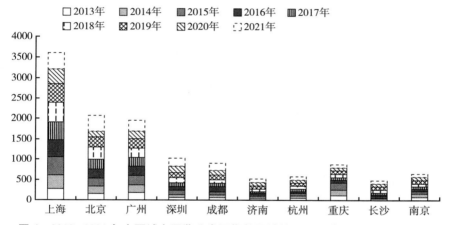

图4　2013～2021年中国城市展览业发展指数累计值（2021年排名前十的城市）

资料来源：《中国展览数据统计报告》（2013～2021年）。

在政府支持下，北京会议展览相关设施得到了突破性发展。图5反映了北京2011年来商务会展建筑竣工面积与价值，尤其是在2016年至2020年北京市修建完成诸多商务会展建筑，为会展业的发展提供了硬件基础。图6为国有及国有控股建筑业企业商务会展用房屋的季度竣工进展情况，体现了政策引导与国家支持对北京会展业基础设施的推动作用。近年来，河北、天津充分利用京津冀一体化进程，通过廊坊国际会展中心、国家会展中心（天津）等重点会展场馆吸引北京优质展览资源落地，北京则更注重高质量发展，以建设国际消费中心城市为契机开展新一轮高水平的会展场馆及配套设施建设，计划通过北京雁栖湖国际会展中心、国家会议中心、大兴国际机场临空经济区、新国展二三期、环球主题公园及度假区、冬奥会场馆等重大项目补齐硬件设施短板，在丰富场馆资源的同时完善周边餐饮、购物、文旅等消费功能，打造"会展+消费"融合的组团式会展综合体。基于北京国际消费中心城市建设，北京会议会展的设施条件将达到更高的水平，为会展发展奠定坚实基础。

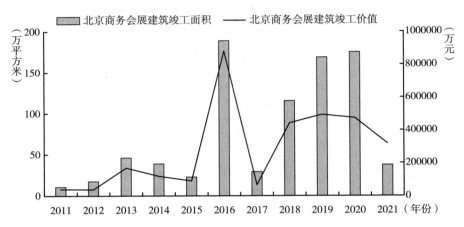

图 5　北京商务会展建筑竣工面积及价值（2011~2021 年）

资料来源：国家统计局相关统计数据。

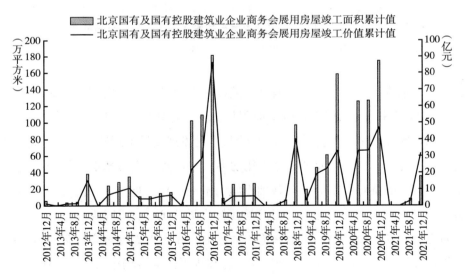

图 6　2012 年 12 月至 2021 年 12 月北京国有及国有控股建筑业企业
商务会展用房屋竣工面积及价值累计值

资料来源：国家统计局相关统计数据。

（三）国际会展优势突出，品牌服务特色输出

北京的悠久历史和首都职能，为北京发展会展产业提供了举办文博展览和高端会议的特有优势，有利于北京打造有别于其他城市的独特"城市名片"。一方面，北京在古代就是政治中心，历史文化资源丰富，博物馆众多，具有海量珍贵的文旅资源。由图7可以看出，文物业举办展览个数逐年增加，其中博物馆办展占主要部分。2016年来，随着《国家宝藏》《我在故宫修文物》等文化类综艺节目、纪录片的播出，北京传统的历史文化资源以大众喜闻乐见的方式强势输出，北京文物展览业也迎来了又一轮发展机遇。另一方面，作为我国的政治中心，北京每年固定承办人大会议、政协会议、外交会议等众多全国性或国际性政治会议，会议服务的平台高、标准高。图8为中央一般公共服务公共财政支出中人大会议和政协会议的部分，可见，全国性政治会议举办具有较大资金支持，由于全国人大会议和政协会议的筹办与召开业务在北京，这些财政资金中很大部分将采购北京会展产业的服务，并成为北京会展业的独特支持资源。

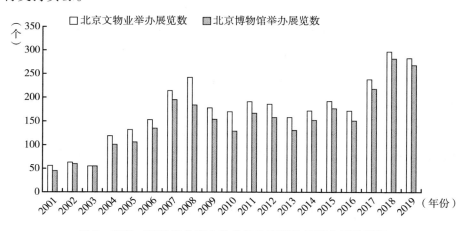

图7　2001~2019年北京文物业和北京博物馆举办展览情况

资料来源：《中国文化文物统计年鉴》（2002~2018年）和《中国文化文物和旅游统计年鉴》（2019~2020年）。

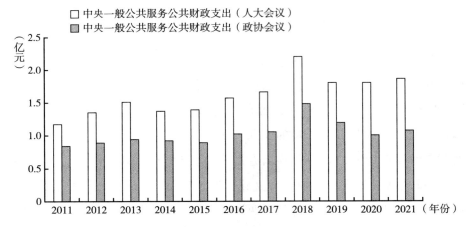

图8 2011~2021年中央一般公共服务公共财政支出（人大、政协会议）

资料来源：财政部2011~2021年中央本级支出决算表。

北京利用先发优势对会展活动进行品牌化建设，国际影响力不断提升。北京会展业与国内其他地区相比起步较早，国际汽车、机床工具等一批专业技术展览会业已成为区域范围内的行业名展。APEC会议、中国国际网球公开赛、中国（北京）国际服务贸易交易会、北京国际电影节、北京冬季奥运会等大型活动的举办提高了北京市会展业的国际知名度，也使北京的会议、展览、赛事承办能力在实践中得到锻炼，同时积累了一定的展商黏性和观众黏性。据国际大会及会议协会（ICCA）统计报告，北京2019年举办国际会议91个，居全世界各大城市第22位，在中国居于首位。此外，ICCA国际会议研究及培训中心（CIMERT）发布的《2021年度全球会议目的地竞争力指数报告》显示，北京凭借在疫情背景下会议市场的快速恢复、不断提高的竞争力和可用智力资本等成为亮点城市之一，2021年全球排名从第7位跃升至第4位，在亚洲居第2位。

（四）初步形成产业集聚，行业结构逐步调整

当前，北京以多个会展场馆为中心，初步形成了几个分散的产业集聚区。随着京津冀区域协调发展战略的进一步落实，北京产业转移加快，行业

结构逐步调整。

北京是全国会展客源市场的主要集聚区之一，但北京会展业分布较为分散，表现为围绕会展场馆布局形成的几个主要会展产业集聚区。一是怀柔区雁栖湖国际会都建设片区。北京雁栖湖国际会展中心位于北京怀柔区雁栖湖生态发展示范区内，是具有完备配套服务的综合型会展场馆，自然风光与人文理念并重，曾成功举办 APEC 会议、"一带一路"国际合作高峰论坛、北京国际电影节等知名会议与展览项目。二是朝阳区。朝阳区聚集了会展产业发展的诸多要素资源，其中包括国家会议中心、中国国际展览中心、全国农展馆、北京国际会议中心等在内的多个优秀会展场馆，拥有北京励展光合展览有限公司、科隆展览（北京）有限公司、克劳斯会展（北京）有限公司等知名会展主办公司，相关服务领域则聚集了北京笔克展览服务有限公司、信诺传播、蓝色光标、海天网联等大量会展服务和公关公司。三是北京中国国际展览中心新馆所在的顺义区。2020 年 9 月《中国（北京）自由贸易试验区总体方案》将新国展所属地区划为国际商务服务片区，新国展地区基于场地优势、首都机场交通优势将打造功能完善的组团式会展综合体，集聚承载国际高端要素。

北京依托京津冀区域合作对会展业行业结构进行调整，降低会展业中重工业展览的规模，提高文创类展览的比重。2016 年京津冀会展产业协同发展大会上，京津冀会展行业协会就跨省联动共同打造会展品牌合作共赢达成共同倡议，京津冀区域协同发展以及区域间产业转移在一定程度上疏解了北京的非首都功能，也在京津冀三地间形成了区域经济分工与协作。行业结构的优化和非首都功能的疏解使北京制造业、整机设备等重工业领域的展会规模有所减小，而文化创意类展览活动比重上升，行业结构趋于优化。

二　国际消费中心城市建设背景下北京会展经济的机遇

基于北京国际消费中心城市建设的利好政策，北京会展业迎来重大机遇，其中国际会议展览业有望成为北京会展产业高端化发展的核心驱动力。

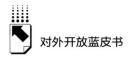

与此同时，互联网和数字经济浪潮发展、对外开放持续扩大以及疫情常态化防控时期消费反弹，给北京会展经济带来了更多发展空间。

（一）各项政策出台支持会展业发展

北京是中国特色大国外交的核心承载地，国际消费中心城市建设及其配套政策给北京发展会展经济提供了重要机遇。2021年7月19日，经国务院批准，北京成为率先开展国际消费中心城市培育建设的5个城市之一。为响应中央部署、紧抓重大历史机遇，2021年8月27日北京市发布《北京培育建设国际消费中心城市实施方案（2021—2025年）》，提出"十大专项行动"为数字、文旅、体育、教育、医疗、会展等诸多消费领域赋能。其中会展方面采取消费扩容提质行动，一方面通过推进场馆建设、完善配套功能对会展设施补短板、锻长板，另一方面通过提高已有展会影响力、培育高精尖领域展会、深化同国际知名机构合作、加快数字化转型等措施实现品牌展会辐射带动效应的提升。

一年来，北京国际消费中心城市建设取得了诸多进展。从2022年7月13日举行的"北京培育建设国际消费中心城市建设一周年"新闻发布会可知，北京在国际知名度、消费繁荣度、商业活跃度、消费舒适度和到达便利度五大维度上成果颇丰：总部经济强势释放"磁吸力"，世界500强企业数量居全国首位；消费市场逐渐恢复，2021年全市总消费同比增长11%；品牌吸引力持续增加，2021年首店（含旗舰店）入驻数量较上年增加近5倍；便民商业服务设施网络不断织密，到2021年底已实现基本便民商业服务功能社区全覆盖；首都国际机场和大兴国际机场"双枢纽"发挥优势，进出港航班和旅客数量较上一年分别增长17.6%和12.2%。建设国际消费中心城市优化了北京商业服务功能，提升了北京的全球竞争力，也为北京会展经济发展提供了良好的活动场所、品牌项目资源以及国际化公共服务等软硬件环境。

政府也相继出台了各类专项扶持政策，为北京会展业营造了良好的发展环境。2004年，商务部出台《设立外商投资会议展览公司暂行规定》，允许外国投资者以多种形式进入我国展览市场，促进了会展业进一步开放。2006年，会展业列入"十一五"规划纲要，同年北京举办了国际展览业协会（UFI）第七十三届年会。2011年《北京市"十二五"时期会展业发展规划》提出将北京建设成为亚洲会展之都，2015年《关于进一步促进展览业改革发展的若干意见》就展览业改革发展做出全面部署，为中国会展业迈向国际化、专业化发展提供了新的机遇。2018年，《关于进一步促进展览业创新发展的实施意见》结合行业发展特点和现状，提出将引导品牌展会集聚作为重点任务之一，为北京市国际会展业的发展提供了更多切实指导和支持。2019年，《关于促进我市商业会展业高质量发展的若干措施（暂行）》从不同方面提出了切实的支持政策，对达到影响力要求、品质要求以及国际化要求的展会给予最高不超过100万元的奖励。2022年，《北京市"十四五"时期会展业发展规划》明确展览业强化品牌战略的任务，要求把握北京培育建设国际消费中心城市这一重要契机，创造性采取"会展+消费"新发展模式促进会展和消费联动发展。

（二）数字经济带来产业数字化机遇

北京建设国际消费中心，大力布局、推广数字消费，利用云展览等新模式培育数字消费新生态，进一步推动数字经济蓬勃发展，为会展经济提供了产业升级的新机遇。随着互联网浪潮和数字经济的兴起，人民群众日益增长的物质文化需求同以"移动""即时""精准"为主要特征的移动信息服务体系相契合，推动了文化旅游、会议展览产业的新增长，文旅会展等第三产业对国民经济的贡献日益凸显。由图9可见，改革开放以来，我国第三产业发展对经济增长的贡献比重总体呈上升趋势；第一产业自1991年后对经济增长的贡献趋小，对GDP的贡献率大致维持在10%以下；第二产业在国民经济中一直占主要地位，对GDP的贡献率大致维持在50%左右，但总体呈下降趋势。自2014年起，第三产业对GDP的贡献率持续稳定超过第二产业，居于主体地位，2021年第三产业对GDP贡献率达54.9%。

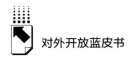
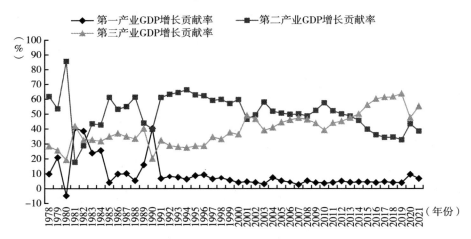

图9 1978~2021年三次产业GDP增长贡献率

资料来源：国家统计局相关统计数据。

（三）对外开放推动会展国际化进程

改革开放以来，我国在各领域持续扩大对外开放，取得了举世瞩目的卓越成绩，为北京发展国际会议展览经济提供了重大利好条件和机遇。当前，面临外部的不确定性压力，我国仍坚持开放共赢，勇于变革创新，推出一系列扩大开放的重大举措，取得举世瞩目的成果。商务部公布的数据显示，"十三五"时期我国贸易大国地位更加巩固，货物贸易进出口额从2015年的3.95万亿美元增加至2020年的4.65万亿美元；利用外资水平不断提高，2016~2020年实际利用外资合计达6989亿美元；对外投资有序发展，2016~2020年，对外直接投资规模合计达7881.1亿美元；服务贸易进出口额从2015年的0.65万亿美元增加至2020年的0.66万亿美元。在"十四五"时期开局之年的2021年，我国外贸规模再创新高，货物贸易进出口额首次突破6万亿美元关口达到6.05万亿美元，同比增长21.4%，服务贸易进出口额达0.82万亿美元，同比增长16.1%，为全球经济复苏注入更多"强心剂"。

北京会展经济在对外开放的过程中逐渐发展、逐步成熟。我国持续扩大的国际经济贸易往来是北京发展国际会议展览经济的现实基础，建设国际消费中心城市主动融入全球消费链、吸引国际品牌集聚丰富了国际性展览的参与者和参展内容，与世界各国频繁、友好的政务外交给中国承办国际性政务会议提供了更广阔的平台，开放繁荣的国际科学文化交流则为我国举办国际性科学研究会议展览带来了更多契机。在各个环节中，外商的引进、外资的注入给北京国际会展业发展带来了强大的助力，同时促进了国内外技术交流、贸易文化繁荣与互利共赢。会展业相关产业众多，关联体系庞杂，随着市场准入政策放开，国外展览会、大型会议等大型事件活动通过资本渗透、项目渗透、信息渗透、合资渗透等方式进入到北京会展市场各个角落，推动了北京会展业发展。

三 北京发展会展经济面临的问题与挑战

尽管北京在资源禀赋、政策扶持、产业创新、扩大开放等方面的优势有助于会展业迅速发展，但北京培育建设国际消费中心城市对会展业扩容提质提出了更高要求。在北京会展业追求高质量发展过程中，疫情冲击和国内经济"三期叠加"等复杂外部环境对其抵御风险能力带来严峻考验，其现阶段产业结构、盈利模式、人才培养和市场化水平均有待改善，这一系列问题和挑战都将对会展业发展质量造成巨大影响。

（一）新冠肺炎疫情全球蔓延，经济遭受严重冲击

国家统计局公布的数据显示，受新冠肺炎疫情影响，我国 2021 年第三产业增加值占比为 53.3%，较上一年下降 1.2%，而第二产业占比相对上升 1.6%，产业结构呈现出"二升三降"的特点。对于极度依靠人流和物流的服务业，新冠肺炎疫情的冲击尤为明显。

疫情多点散发给北京会展经济带来严峻挑战。一方面，疫情限制了人员、物资的大范围自由流动，给以会展、餐饮、旅游为代表的整个服务行业带来了沉重打击和深远影响，迫使会展业转变发展模式，促进产业升级，发

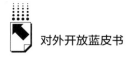

展绿色会展与数字会展，增强发展韧性，推动形成新发展格局。另一方面，疫情使得众多产业发展受阻，资金链不畅，会展业上下游受冲击严重，影响了会展业的产业链生态。《中国展览数据统计报告》（2020~2021 年）显示，在疫情的冲击下，2020 年全国线下展览举办数量和展览总面积分别为 5408 场和 7726.61 万平方米，较 2019 年骤降 50.98% 和 48.05%，随着会展业积极恢复，2021 年展览数量和面积较 2020 年分别增长 1.65% 和 18.92%，但仍未恢复至疫情前的水平。

（二）国内经济"三期叠加"，整体效益增长疲软

在"新常态"背景下，我国服务经济同样面临"三期叠加"的影响，整体效益提升乏力，又受到新冠肺炎疫情的双重冲击，微观层面消费者满意度也有待进一步改善与提升。以会展业为例，由图 10 可见，在 2010~2018 年，会展业总产值逐年上涨并达到峰值，而 2019 年，在宏观经济下行压力持续加大的环境中，中国展览业增速降低，总产值较峰值下降 6.14%，总产值同比增长率下降至 2.91%。

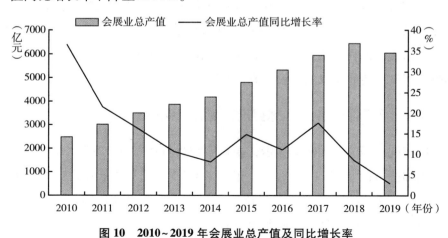

图 10 2010~2019 年会展业总产值及同比增长率

资料来源：《中国会展产业年度报告》（2017~2020 年）、《中国会展行业发展报告》（2010~2016 年）。

（三）行业内部发展不均，产业结构仍待调整

在北京会展业中，展览业作为收入的主要来源占主体地位，但北京会议业的比较优势在国内更为明显，产业结构仍待调整。"重展览轻会议"是当前国内会展业发展的总体特点，北京国际会展业同样如此。一方面，展览是生产活动的延续、商贸消费的一环，对拉动消费、发展经济起到直接的推动作用，而会议的主要作用体现在学习、社交、行业交流与业务促进等方面，直接带来的经济效益较少。另一方面，展览的表现形式更具有感染力和传播力，参与人数众多，而会议的平均规模相对较小，事务性更强。"重展览轻会议"是与当前经济发展水平相适应的必然现象，目前我国会议市场正处于成长阶段，较多会议由于当地缺乏相关资源禀赋而呈现出流动性较强、体量较轻的特点，与之相比，北京作为首都拥有举办大型、高端、国际会议的特有资源和先发优势。随着北京国际消费中心城市建设，北京的综合服务能力和国际影响力不断提升，发展国际会议以及相关服务产业前景广阔，受2020年疫情影响视频会议也迎来了历史性增长，北京可基于中关村人才和科技，借助5G、大数据和人工智能等技术推动会议领域线上线下融合，发展视频会议、数字会议，但目前北京会议产业的独特优势和广阔前景并未受到足够重视。

（四）会展教育实践脱节，行业专业人才不足

我国会展行业发展历史不长，会展专业教育与市场需求未成功匹配，使得行业专业人才不足，北京会展行业同样面临这一问题。与世界其他国家相比，我国会展业发展较晚，在2001年加入WTO后，国内会展行业才开始受到重视，"十一五"时期，会展业被列为重点规划行业，而后逐渐发展起来。国内会展行业的教育基础与国外相比较为薄弱，培养模式并不成熟，相关专业人才储备与就业市场未建立有效输送机制，"专业人才并不专业"、从业人员素质偏低的情况较为普遍，会展行业的专业人才不足与相关专业毕业生转行的现象同时存在。一方面，会展行业虽然常被认为是"朝阳行

业"，但因其门槛较低、发展韧性不强，行业吸引力不足，由图 11 可见，2016 年北京会展从业人员骤然下降，到 2019 年才缓慢上升，然而 2020 年从业人员数量又有所回落。另一方面，会议展览行业门槛低，招展、布展、会务等工作常被认为是劳动密集型的，实操所需的技术含量低；设计、策划等工作涉及多个行业与学科的交叉，学科体系庞杂，需要掌握的能力与素质非常高；而会展管理工作更多需要实践经验。专业学科培养人才与市场所需人才之间未能实现较好匹配，会展专业人才培养模式有待进一步更新和完善。

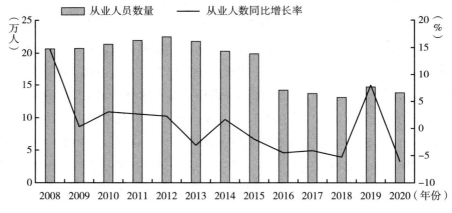

图 11　2008~2020 年北京会展业从业人员情况

资料来源：《北京统计年鉴》（2009~2021 年）。

（五）会展产业模式陈旧，盈利空间有待挖掘

目前，北京市会展业的商业模式创新不足，经营模式较为陈旧，行业发展和革新速度较慢，利润增长空间有限，这限制了北京会展业的长期发展。在传统会展活动中，营销手段以及管理工具是会展业创新的主要着力点，而会展商业模式由于创新难度大而鲜有突破。以会议产业为例，会议产业未受到重视与其模式陈旧、盈利空间有限紧密相关。通常而言，会议能够促进周边休闲旅游、娱乐文体等消费活动，或与地方优势产业发展相结合，帮助城

市或区域提升影响力，带动相关产业发展。企业"以会议带展览""以会议带培训"等转型尝试增加了会议活动附加值，但现有企业的商业模式往往较为传统，未形成专业化协作的格局，困局难以突破。模式陈旧、盈利有限，使得从事会展行业的企业和从业人员对行业发展预期缺乏信心，人才流失进一步导致行业利润增长率下降，从而影响行业整体规模持续稳定增长。

（六）政府主导大型展会，市场作用发挥不足

北京市会展业的市场化水平有待提高，大型展会多数由政府主导，而在会展行业内，市场作用未得到充分发挥。在会展业的实践中，政府看得见的手伸得过长，在主办、指导、补贴等各环节都可以看到政府的力量，展会的商业属性并不明确。在行政手段干预过程中，办展数量与规模、参展商数量与规模、国际化程度、订单成交效果等指标成为展会获得政府资金支持的硬性标准。北京市各部门联合出台的《关于促进我市商业会展业高质量发展的若干措施（暂行）》提出了当主办方满足一定条件时给予单项最低 30 万元、最高 100 万元的奖励政策，本意在于推动北京市商业会展业专业化、品牌化、国际化、信息化发展，但可能具有一定的潜在风险。比如为了获取资金支持，主办方打着政府旗号招商招展，而企业等相关参展机构碍于情面等非市场原因选择参展，使参展目的偏离了市场轨道，市场主体的自由选择权实际受到影响，可能导致企业成本过高、资源错配，同时展览的质量低下、重复率高、形式大于内容，使参展效果和市场效益大打折扣。

四　北京发展会展经济的思路与对策

基于以上对北京会展业现存问题和挑战的分析，北京市应高位统筹，补齐设施短板、提升服务质量、整合现有资源、夯实产业基础、注重人才培养，推动行业数字化与市场化改革，更好发挥国际会议会展在北京培育建设国际消费中心城市过程中的带动效应，形成规模优势和聚集优势。

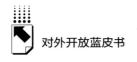

对外开放蓝皮书

（一）完善基础服务设施，提升会展服务质量

提供优质的服务是会展业良性发展和竞争的前提与基础。北京会展场馆硬件建设现已领先全国，拥有奥林匹克、国家会议中心等知名场馆，正扎实推进新国展二三期、国家会议中心二期等项目建设，计划在大兴国际机场临空经济区布局大型会展场馆，总体硬件设施布局日趋完善，但在会展服务等软件方面仍需提升。首先，"多箭齐发"完善会展场馆的基础服务设施。一方面，对陈旧会展场馆设施进行维护和重建，完善数字化服务设施和无障碍服务设施，全面完善展馆综合配套措施，提高服务水平。另一方面，继续推动中国国际展览中心（天竺新馆）扩建项目和新国展二三期、国家会议中心二期建设项目，扩容展览面积，高标准、高水平加强配套服务设施建设，强化信息技术利用，提升服务国际会展能力，同时注意明确各场馆定位，避免重复建设、同类竞争。其次，增强会展服务软实力。在展馆内外实现"一条龙"服务，从展馆内的平台咨询、翻译、餐饮、医疗、海关、运输到展馆外的住宿、通信等方面全面满足国际参展商与参会人员的服务需求，增强服务意识，做好周边配套服务。

（二）深度整合区域资源，提升会展集聚效应

北京会展业可以京津冀一体化为依托适当分散部分小型会展，加强京津冀会展资源的深度整合，实现展馆共享、人才流动，建立资源共享的良性市场伙伴关系，发挥扩散效应，形成会展城市群。首先，通过三地资源优势互补，弥补北京市会展业发展短板，缓解交通拥堵、展馆供不应求等因素对北京市会展业集聚发展的制约，提升会展业集聚效应。其次，完善京津冀在行业内的协同发展机制。一方面，明确或设置负责京津冀会展业协调工作的管理机构，加快推进重点区域规划编制。另一方面，加大京津冀会展软硬件资源整合力度，加强京津冀场馆间的信息沟通和经验分享，深化企业合作，开发差异化、特色化的展会项目。

（三）夯实会展产业基础，构建国际营销体系

会展业相关产业众多，产业链庞杂，前向与新产品、新技术、新市场和新管理密不可分，后向与建筑业、运输业、餐饮业、零售业、广告业、物流业息息相关，同时还与旅游、金融、环保、会计、法律、城市规划与市政建设等诸多行业或部门有所联系，会展业以相关产业发展为基础，对城市及周边产业依赖性极强。因此，首先要打通各个环节，完善扶持政策、扶持资金，促进相关产业的国际化，夯实会展业集聚发展的产业基础。其次，加强会展业与其他服务行业的融合发展，以"一条线"带动"一大片"，充分发挥会展业的巨大联动效应。最后，北京发展会议展览业还需在营销方面下功夫，构建会展产业的网络化营销体系。一方面，可以组建京津冀国际会展营销机构，作为区域会展业向国际进军的窗口，另一方面，继续完善会展产业的国际化互联网营销体系，建立政府间、国际组织、商协会及企业间多样化伙伴关系，融入全球消费链。

（四）培养专业高端人才，增强行业吸引力

会展业的专业人才培养一直是国内会展业发展的痛点，一边是行业内从业人员素质普遍不高，高素质实践型管理人才较少，另一边是院校培养的会展专业人才普遍转行，会展行业对相关专业毕业生的吸引力不够。对此，为推进会展业国际化运作，需加快培养"博、深、精"国际化高素质会展人才，同时鼓励行业创新模式，提高行业盈利水平，提高相关专业毕业生的从业率。首先，会展行业需要的人才涉及各领域、各专业，有些专业服务可以外包给相关专业人员或机构，但具体到会展场馆管理等专业方向，仍需专业人才进行管理与服务，需注重培养这类复合型国际人才。其次，提高现有从业人员的专业素养。一方面，可由会展行业协会牵头，以市场为导向，针对行业热点、痛点问题，安排专项技术培训活动，另一方面，鼓励从业人员进行学历提升，提升专业人才素质。最后，加强会展专业人才培养，与会展专业重点院校形成协作交流机制，为高校学生提供

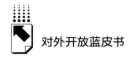

高质量的实习机会，产学结合，企校联培，进行人才定向培养、培训，落实完善人才吸引政策。

（五）增强行业发展韧性，促进会展数字化

针对疫情给行业带来的沉重打击，北京会展业发展急需增强行业发展韧性。为此，北京会展业需在线上发力，开发会展资源和客户业务并进行线上关联，学习"线上广交会"经验，发展数字化、绿色化、智能化的线上会议展览，培养"互联网+"文化、会议与展览的新业态。首先，促进会展数字化发展。一方面利用好北京各领域人才集聚的优势，继续加强云计算、人工智能、大数据、5G等技术手段应用，做好"面对面"到"屏对屏"的承接与结合，改善云展览、云会议的参与体验，形成线上、线下相结合的办展办会新模式，学习并推广"线上+线下"协同办展经验。另一方面，开发全产业链的数字化设备或平台，完善会议与展览的数字平台，丰富线上文化活动，把"云上服贸会"打造成国际知名品牌，拓展参会、参展的范围和空间，拓宽营销渠道。其次，探索大型会展疫情防控的有效办法，将常态化疫情防控落实到每一次大型、小型展会上，总结云直播、云讲坛、云展览经验，形成可复制推广的工作方案，确保展会期间零疫情、零感染。

（六）鼓励会展企业创新，推动会展市场化

政府在会展业发展中起着至关重要的作用，北京市会展业的兴起离不开政府的大力支持，但政府在进行指导的同时也需要认识到，增强市场活力是会展业可持续发展的根基，培育市场力量、利用好行业协会和研究机构资源是会展业行稳致远的必由之路。首先，充分发挥行业协会作用，监管重复办展、无序竞争、恶性欺诈等现象，培养市场力量、增强行业自律、维护市场秩序，尊重市场主体的自由选择权，促进会展行业健康快速有序发展。其次，建立健全行政主导与专业化市场化运行有机结合的常态化服务保障机制，逐步将管理职能通过政府授权等方式转给行业协会等社会机构，鼓励企业转变经营理念，创新经营模式和商业模式，逐步形成适应市场形式的新观

念，致力于发展专业突出、特色明显、运作高效和服务配套的会展模式，促进企业在良性竞争中共同进步、优胜劣汰，形成专业化协作的格局，为参展商和参展人员提供个性化服务。

参考文献

［1］蔡卫民、曾铭、李冬杰：《中国会展城市旅游微博时空分布特征及其影响因素》，《经济地理》2020 年第 8 期。

［2］刘大均、陈君子、贾垚焱：《中国会展客流的空间格局与影响因素》，《经济地理》2019 年第 12 期。

［3］肖晔、赵林、吴殿廷：《中国会展业与会展教育耦合协调度评价及影响因素》，《经济地理》2020 年第 3 期。

［4］耿松涛、杨晶晶、严荣：《自贸区（港）建设背景下海南会展业发展评价及政策选择》，《经济地理》2020 年第 11 期。

［5］熊玉婷：《成都会展业发展中的政府职能分析》，《现代商业》2020 年第 3 期。

［6］王春才：《基于比较优势理论的京津冀会展业协同发展研究》，《商业经济研究》2015 年第 15 期。

［7］郝海媛：《基于增长极理论的京津冀区域会展业发展研究》，《全国流通经济》2020 年第 29 期。

［8］杨玉英、雷春、卢新新、朱俭：《我国会展业的开放进程与发展策略》，《宏观经济管理》2019 年第 3 期。

［9］黄运鑫：《新时代中国会展产业对出口贸易的影响》，《对外经贸实务》2019 年第 7 期。

［10］郭万超、孙博：《国际消费中心城市构成要素及北京建设路径》，《中国国情国力》2022 年第 1 期。

［11］陈可涵：《北京将实施"十大专项行动"培育建设国际消费中心城市——打响会展消费城市名片》，《中国会展》2021 年第 11 期。

B.13
优化北京国际航线网络通达性政策研究

王焜　杨杭军　侯蒙*

摘　要： 加快北京国际航空枢纽建设、优化国际航空通达性,可以充分发挥民航的效率优势,压缩北京与国际重要城市的时空距离,构建良好的外界联通条件,促进贸易便利与要素流动,吸引更多的国际优质资源聚集,继而为北京建设国际交往中心夯实基础。报告首先分析了北京国际航空通达性的现状,明确了目前存在的瓶颈性问题,具体发现北京在"航空资源""中转衔接能力""腹地吸收辐射能力""签证通关便利政策"等方面还存在明显不足,限制了北京国际航空通达性的发展。通过对于国外城市和地区先进经验的介绍分析,并结合北京的具体情况,报告对于提升北京国际航空通达性提出了具体的政策建议。建议在"第五航权开放""双枢纽功能定位""国际航线时刻分配""签证便利化""吸引国际航空公司进驻""加强京津冀地区多式联运建设""提升双枢纽中转能力""提升非航业务能力"等多个方面采取积极措施。

关键词： 北京　国际航线　国际交往中心　国际航空市场

---

* 王焜,博士,对外经济贸易大学副教授,主要研究方向为运输经济及政策分析;杨杭军,博士,对外经济贸易大学教授,国际经济贸易学院副院长,主要研究方向为运输经济及政策分析;侯蒙,博士,中国民航大学讲师,主要研究方向为民航政策分析。

一 北京国际航空通达性现状分析

（一）发展基础

北京首都国际机场是中国三大门户复合枢纽之一、世界超大型机场。中国民航局公布的数据显示，从 1978 年至 2019 年，首都国际机场年旅客吞吐量由 103 万人次增长到 1.01 亿人次，居亚洲第 1 位、全球第 2 位。2019 年 9 月北京大兴国际机场投运标志着北京正式开启双枢纽机场模式，为进一步增强国际航空通达性，打造国际航空枢纽城市奠定重要硬件基础。在新冠肺炎疫情发生之前，北京双机场在 2019 年 12 月总计出港航班数 4453 架次，其中经由首都国际机场出港航班数为 4438 架次，经由北京大兴国际机场出港航班 115 架次；共通航 54 个国家 103 座国际机场。与北京往返密切的国际城市及航班数如表 1 所示。

表 1 北京直航通航数最高的 10 个国家及其境内机场

单位：架次

排名	国家	航班数	通航城市和机场
1	日本	726	东京（HND、NRT）、大阪 KIX、札幌 CTS、名古屋 NGO、冲绳 OKA
2	美国	511	波士顿 BOS、底特律 DTW、纽约（EWR、JFK）、休斯敦 IAH、拉斯维加斯 LAS、洛杉矶 LAX、芝加哥 ORD、西雅图 SEA、旧金山 SFO、圣何塞 SJC
3	韩国	505	济州岛 CJU、首尔（GMP、ICN）、釜山 PUS
4	泰国	389	曼谷 BKK、清迈 CNX、普吉岛 HKT
5	俄罗斯	239	赤塔 HTA、伊尔库茨克 IKT、克拉斯诺亚尔斯克 KJA、圣彼得堡 LED、新西伯利亚 OVB、莫斯科 SVO、叶卡捷琳堡 SVX、乌兰乌德 UUD、符拉迪沃斯托克（海参崴）VVO
6	新加坡	186	新加坡 SIN
7	德国	165	杜塞尔多夫 DUS、法兰克福 FRA、慕尼黑 MUC、柏林 TXL
8	加拿大	144	蒙特利尔 YUL、温哥华 YVR、多伦多 YYZ
9	阿联酋	122	迪拜 DXB
10	英国	116	伦敦 LHR、曼彻斯特 MAN

资料来源：通过"中航信航旅纵横"获得数据并统计整理。

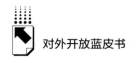

（二）存在的问题

1. 航空资源

与纽约、伦敦、东京等国际交往中心及新加坡、迪拜等主要大型国际航空枢纽城市相比，我国在航空协定自由化方面仍存在较大差距，限制了航空公司拓展北京与国外主要市场的直飞航线。其主要原因在于航空协定签订主要基于双边框架，缺乏多边协商机制和通用规则。鉴于我国和欧洲、北美主要国家在航空市场结构、航空公司规模、政治和法律制度上存在着明显差别，双边航空协定自由化谈判进程缓慢，严重滞后于双边货物、服务贸易的发展。虽然我国已与日本、东盟签订了"天空开放协定"，极大放开了双边国际航空市场，但对航空公司的授权及航班数量都有严格规定，尤其严格限制涉及北京的第五航权开放。到目前为止，北京仅开通了北京—马德里—圣保罗、北京—蒙特利尔—哈瓦那、北京—休斯敦—巴拿马城三条具有政治、外交意义的第五航权航线，但商业价值不大。

另外，首都国际机场的时刻资源已经饱和，无法再开通新的国际航班，而很多占用首都国际机场航班资源的支线航班、航线却还在低效的运营。其中二、三线城市飞首都机场的航空时刻大概占了该机场航空时刻的28%左右，国际航线几乎很难申请到北京落地。北京机场时刻资源的珍贵程度直接导致航空公司在开通北京直飞国际航线时需要充分考虑该国际航线的客流量和市场发展潜力等因素。目前除了北京与全球主要的航空枢纽城市之间有稳定的国际航线商务客流之外，实际上部分重要二线枢纽城市航线依然需要依靠旅游客流作为支撑，这造成客公里收益不高。这些国际航线在当前仍然无法为航空公司带来良好的效益用以支付航线开通及航班时刻持有成本，这也成了制约北京和潜在热点国际城市通航的重要因素。

2. 中转衔接能力

机场的中转枢纽能力是体现其国际航空连通性的重要指标。提升机场中转能力，有利于增加国际航班的上座率、频率和网络覆盖性，进而加强城市的国际航空连通性。北京是中国与世界交流的重要门户，但首都国际机场和大兴国际机场在设计时主要针对的是"点对点旅客"的出行，没有充分考虑中转需求，当下中转休息和转机柜台等设施都只能在候机楼里见缝插针地来安排，且未充分考虑中转旅客的动线规划。因此，尽管北京机场的旅客吞吐量快速增长，在全球机场中排名比较靠前，但与亚特兰大、芝加哥、香港的机场极高的中转率相比却有些相形见绌。国际航空运输协会（IATA）数据显示，2019年，首都国际机场中转旅客占比为10%，而上海浦东和广州白云国际机场中转率也仅有12%左右。相比之下，亚特兰大机场的中转率高达64%，芝加哥机场中转率也达到43%，香港国际机场的中转旅客占比稳定在25%以上。

3. 航空枢纽腹地吸引辐射能力

北京双机场的空铁联运能力有待提升，尽管首都国际机场具有更成熟的国内国际市场，通往北京市内的交通较为便利，但首都国际机场几乎很难与北京南站等高铁站点进行联动，无法发挥良好的空铁联运作用，从而导致无法开辟更广范围内的腹地市场；相对而言，大兴国际机场比较适合发展空铁联运业务以补足其国际航线上客源不足的问题，然而北京大兴国际机场周边的高铁线路基础设施尚未完善，京津城际、京沪高铁、京滨城际、天津至北京大兴国际机场联络线等高铁线路尚未建成，短时间内也较难形成空铁联运网络格局。目前北京双机场的空铁联运无法较好地搭上我国高铁发展快车，北京在双机场空铁联运方面仍需要加强顶层设计，解决具有普遍性和深层次的问题。

4. 签证等通关便利政策

尽管从2017年12月28日开始，北京对部分国家的外籍人士实施144小时过境免签政策，但是近年来这一政策整体效果一般，没有达到预期效果，这从首都国际机场中转率仅有10%，甚至低于国内其他两座枢纽城市（上海、广州）就可以看出。加上北京的区位优势并不理想，国外枢纽机场对北京国际中转客流分流严重，难以成为像迪拜这样的连接欧亚的枢纽城市。

北京的国际航空通达性除存在以上问题外，新冠肺炎疫情的突袭而至也对北京的国际航空通达性造成重大影响。由于国外疫情形势严峻，中国民航局于 2020 年 3 月 29 日颁布实施国际航线"五个一"政策，首都国际机场和大兴国际机场的国际航班持续维持在很低的水平，这进一步阻断了北京的国际枢纽能力作用的发挥。图 1 显示，疫情到来后的国际航班收紧政策导致了北京的国际航班总量发生了断崖式下跌，并且在短期内很难恢复。

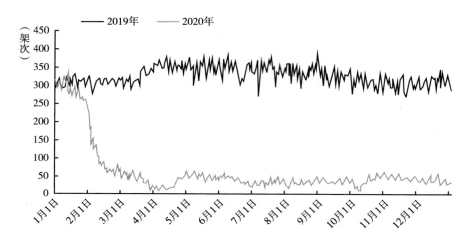

图 1　2019 年和 2020 年北京国际进出港航班量变化情况（1 月 1 日至 12 月 1 日）

资料来源：通过"中航信航旅纵横"获得数据并统计整理。

二　国内外城市和地区先进经验

（一）新加坡

新加坡已经与澳洲、欧洲、美洲等主要地区的国家签订"天空开放协定"，取消所有航权限制，吸引全世界航空公司进驻樟宜国际机场，带动中转旅客数量，并且新加坡樟宜国际机场凭借着优异的购物环境和庞大的国际旅客中转量，成了全球众多中转旅客的旅游目的地。

樟宜国际机场非常注重提升非航服务体验，推出生活实验室、跨国数字钱包等便民措施，使旅客在新加坡购物成为享受，方便旅客也刺激机场商业收入。樟宜国际机场在规划机场运行流程和商业流程时可以做到有机的统一，比如根据每个登机口的航班目的地、旅客的类型，来规划商业资源。同时樟宜国际机场还注重硬件设施升级，提升乘客出行体验，全新休闲体验满足多元需求，樟宜国际机场的自然景观、超值购物和娱乐体验给机场带来源源不断的企业价值和航空旅游的品牌价值，把旅行从目的变成体验。

（二）迪拜

海湾地区陆续与美国等国家签订"天空开放协定"，依靠其独特的地理位置、强大的资本实力和以国家战略打造的机场。迪拜国际机场共有 78 家航空公司开通飞往 103 个国家或地区的 238 座城市的 245 条航线，其国际旅客比例高达 90%，中转率高达 90%。迪拜凭借绝佳的地理位置、便利的通关和签证政策、便捷高效的航班衔接等因素成为世界最重要的航空枢纽之一，同时带动了其旅游业、金融等服务贸易的迅速崛起。

在吸引旅客方面，迪拜国际机场积极与各航空公司结盟，用各种优惠票价吸引旅客在此机场转机，并利用航线价格优惠将转机时间控制在适当范围，促进中转旅客购物行为增加。机场为旅客购物提供良好的体验。从口口相传到广告营销，从品牌引入到设施规划，从价格控制低于市内商城到售后100% 退货的保障，通过这些措施营造一个全方位的良好购物环境，吸引大批旅客。提高机场安检的通过速度和通关的效率，给旅客预留大量的时间和空间购物。

（三）海南

海南全岛建设自贸区是国家重大战略部署，中国民航局提出"把海南打造成面向太平洋、印度洋的航空区域门户枢纽"。根据正式出台的《海南自由贸易港总体方案》，国家将在航权开放及配套的航线航班、空域优化等方面给予海南重要的支持，其中重中之重是"在海南省试点开放第七航权"。方案明确鼓励、支持外航在现有航权安排外，在海南经营客、货运第七航权，已开放的第三、四、五航权航班无班次限制，同时享有除北上广以

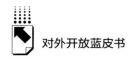

外的客运中途分程权。海南是目前国内唯一主动开放第三、四、五、七航权和中途分程权的省份，达到世界范围内自贸港航权开放的最高水平，这对北京市推动"两区"建设有重要借鉴意义。除此之外，海口美兰国际机场自身也开始在临空经济区内紧急部署航空维修、FBO公务机、融资租赁以及其他商业规划等配套设施，积极建设面向国际的大型航空港。

三　提升北京国际航空通达性的对策建议

（一）推动开放第五航权，促进国际航空市场自由化发展

在政府部门间航空协定谈判层面，由北京市政府协调中国民航局推动我国与孟加拉国、印度以及中亚等部分航线、航班较少的国家和地区的民航主管部门积极沟通，争取适时举行双边会谈，扩大与这些国家和地区之间包括第五航权在内的航权安排，适应与各国之间航空交往的需求；在航权指标配置中，应对国内航空公司开辟新机场的国际航线给予更高程度的倾斜，尤其是为在大兴机场运营的航空公司申请二类国际航线航权时给予基地公司更高的支持力度；借鉴海南自贸区开放经验，针对具有潜力的重要国际航空节点主动开放第三、四航权，在充分论证和调研的基础上有针对性地推动关于第五航权开放的双边谈判。

（二）调整"同一市场"管制原则，推动大兴国际机场成为单独航点

根据航权时刻分配政策，北京首都国际机场和大兴国际机场的国际航权资源配置遵循"同一市场"原则，即将由首都国际机场和大兴国际机场出发至同一境外航点的航线视为同一航线。尽管"同一市场"原则使大兴国际机场获得更快布局航线网络的机会，但也变相削弱了大兴国际机场对国际航线网络构建的自主权，建议与中国民航局协商适度调整"同一市场"管制原则，在重点航权和航线申请上积极推动将大兴国际机场作为单独航点，赋予其额外国际航线资源和运营权力。

（三）推动取消航权时刻分配限制，加大对于国际航线时刻倾斜力度

由北京市政府推动，对"一带一路"沿线国家、北美地区的国际和远程洲际航线的时刻给予财政补贴和政策优惠，同时重点拓展面向东亚、东南亚、中亚、欧洲的国际航线及中转业务。在市场尚未成熟的重点航线，应尊重航空公司在航权范围内的航班调整权利，弱化航权使用效率在航权配置上的影响，北京市政府可以积极协调中国民航局和机场主管部门适时引导航空公司合理利用航权，有利于航空公司更加专注于枢纽建设发展战略，更好地提高航空服务水平。

（四）进一步放宽签证政策，提升签证便利化程度

为了进一步推动首都国际机场及大兴国际机场的口岸通关环境优化，加快推进北京大型国际枢纽中心建设，建议北京市与外交部门协商进一步拓宽144小时过境免签国家和地区范围。通过大数据分析，筛选对我国经济发展贡献率最高的国家，向其提供更多的签证优惠政策，增加单方面免签国家数量。除此之外，还应推行应用电子信息技术减少办理签证过程中不必要的环节，完善便利化签证体系，吸引更多的外籍旅客选择北京的机场进行中转，进一步提升北京的国际中转服务能力。

（五）制定优惠政策吸引国内外航空公司进驻北京机场

通过市财政对具有潜力的重要航线运营初期给予财政补贴，鼓励航空企业尽快扩大国际航班的数量；对于如北京来往东南亚等地的重要航线，鼓励境内航空公司扩大运力投入，在航线、航班安排和审批方面给予优惠；制定土地、租金等优惠政策吸引境内外航空公司在北京机场设立分公司和运营基地；对有意向进入北京航线市场的低成本航空公司给予审批绿色通道待遇，在申请航权时刻、开设专用值机柜台等方面减免相关税收和费用。此外，北京市应积极与中国民航局沟通协调，允许和积极鼓励外资航企在北京获得航权，客货运并举、并重。

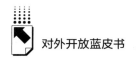

（六）加强京津冀地区多式联运建设

督促主责部门继续深入推进京津冀交通协同发展，鼓励京津冀地区发展与多层次交通体系相配套的航线网络，一是通过京津冀地区发达的高铁网络加强北京双机场与天津、石家庄机场的空间联系；二是构建由区域枢纽至大型枢纽机场的多层级航线网络，优化布局京津冀地区乃至全国范围内的国际航线结构，增强北京双机场的中转衔接功能，推进各机场之间良性互动。

（七）优化北京双机场中转服务能力

建议协调机场管理部门着手建立专门的售票柜台、值机区、中转柜台和候机区、停机位，简化中转流程。除了对机场硬件设施进行升级和改造，还应该优化服务流程，做好服务细节，例如优化和改进引导与指示的标识。同时，鼓励北京双机场与国内外航空公司合作开通"国际专线"，可以有效提高旅客的中转率。这种国际专线比其他国际航线的航班更密集，航班时刻分布更均匀。

（八）提升机场非航服务

在提升机场吸引力方面，新加坡樟宜国际机场是值得借鉴的对象，建议北京市政府与机场主管部门可以组团实地考察，参观学习樟宜国际机场的建设思路。引导和规范机场航空观景设施的规划建设，通过打造具有民航特色的机场航空观景设施，全面提升机场综合体验，增强机场社会影响力，促进航空文化和航空知识的普及，满足人民群众多样化的航空需求。

在机场配套方面，积极推动北京机场临空经济区航空维修、商务会展、物流配送及高新技术产业等配套产业体系建设，与航空公司经营的国际航线形成上下游产业联动。建议推动首都国际机场和大兴国际机场在后期扩展改建中考虑旅客休闲设施要素，如配套建设电影院、博物馆、游戏厅、观光台、游泳池、个人体验区等；督促机场管理部门对机场商业（尤其是餐饮购物）进行"同城同价"规范，消除旅客心理门槛，激活机场商业活力。

专题报告
Special Reports

B.14
京津冀协同发展效果评估研究*

张冀 史晓**

摘 要: 报告首先梳理了京津冀协同发展的现状及问题,然后借助耦合协同度模型测度协同发展程度,发现京津冀协同发展政策的协同度尚处于初级协调阶段,交通一体化政策的协同度最高,金融政策协同度最低,且每两个地区间的协同度状况表现出差异性。京津冀协同发展为家庭带来的经济效果显著,不仅能降低家庭经济风险,而且能缩小家庭经济风险差距。同时发现,京津冀协同发展的辐射力度较小,仅能显著降低核心功能区和部分环京地区的家庭经济风险。以上研究结论为京津冀协同发展补短板提出政策改进依据:强化政策协同,促进金融业协同发展;优化空间布局,提高辐射带动作用;

---

* 报告受对外经济贸易大学北京对外开放研究院课题"京津冀协同发展效果评估及外溢性研究"(课题号:2021YB02)资助。

** 张冀,金融学博士,对外经济贸易大学保险学院金融学教授、博士生导师,主要研究方向为金融风险管理;史晓,河北工业大学经管学院讲师,对外经济贸易大学金融学博士研究生,主要研究方向为金融风险管理。

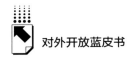

推动产业升级与转移，共建产业集群、依托科技创新和数字
经济，缩小区域经济发展差距；推进基本公共服务共建共享，
缩小家庭成本差距。

关键词： 京津冀协同发展　耦合协同度模型　家庭经济风险　家庭经济风
险差异

　　京津冀协同发展是一项国家重大区域发展战略。推动京津冀协同发
展，是解决北京"大城市病"，应对区域发展不平衡，适应我国经济发展
进入新常态，加快优化区域发展格局，培育新的增长极的现实需要。京津
冀协同发展有利于解决首都面临的矛盾和问题，疏解非首都功能，优化首
都核心功能；有利于带动京津冀发展，优化空间布局和生产力布局，打造
世界级城市群；有利于解决区域不平衡、不协调问题，实现经济高质量发
展；有利于引领经济发展新常态，带动渤海地区和北方腹地的发展。京津
冀协同发展实施 8 年以来，各方面均取得了一定的进展，但仍存在一些问
题。分析京津冀协同发展的现状和问题、评估京津冀协同发展的效果，并
结合新形势和新要求提出相应的政策建议，对于推动京津冀更好协同发展
具有重要意义。

　　经过系统地总结分析，研究发现，京津冀协同发展政策的协同度尚处于
初级协调阶段，且金融政策协同度最低；京津冀协同发展不仅能降低家庭经
济风险，而且能缩小家庭经济风险差距，这主要是通过产业升级转移、交通
一体化和基本公共服务均等化等途径实现的。然而，京津冀协同发展的辐射
力度较小，仅能显著降低核心功能区和部分环京地区的家庭经济风险。为
此，应强化政策协同，促进金融业协同发展；制定差异化政策协调机制，进
一步提高产业转移和升级的质量与效率；以北京城市副中心和雄安新区为支
撑点，加大河北城镇化建设，对接京津冀协同政策。

一 京津冀协同发展现状与问题

（一）京津冀协同发展的进展与现状

1. 北京非首都功能有序疏解

为有效解决"大城市病"，北京市提出"减量发展"，通过功能疏解与人口疏解并重的方式，促进北京非首都功能疏解。首先，疏解转移一般制造业、超出首都需求的批发和零售业、部分教育和行政事业单位等，为发展与首都功能相匹配的金融业、科技服务业等腾出资源空间。其次，北京市人口调控效果显著。2014 年北京常住人口的增长率为 1.74%，到 2016 年增长率仅为 0.11%，2017~2019 年连续三年增长率均为负，尽管 2020 年，北京市常住人口增长率为 1.65%，但也低于 2014 年的增长率。最后，北京城市副中心和雄安新区的建设，以及配套项目的启动，为承接北京非首都功能疏解转移创造了有利条件。

2. 交通一体化水平不断提高

京津冀交通一体化水平显著提高，"四横、四纵、一环"的京津冀网络化综合运输通道格局基本形成，综合交通体系建设成效显著。首先，干线铁路和城际铁路主骨架基本建立，"轨道上的京津冀"区域铁路网布局已初步形成，以北京、天津为核心枢纽，基本建成了贯穿各省区市的全国性高速铁路网，实现了相邻城市间 1.5 小时可通达和以"北京—天津—石家庄"为核心的 1 小时通勤圈。其次，公路交通网络日益完善通畅。京津冀地区全面消除国家高速公路"断头路"，首都地区环线高速公路全面通车，基本完成国家高速公路网建设任务。至 2020 年末，京津冀三省市高速公路总里程达 10307 公里，较 2014 年增长 29.2%。最后，机场群和港口群建设成果达到国际先进水平，天津港初步建成国际一流枢纽港口，天津和河北港口协同程度逐渐增加。此外，"双核两翼多节点"的京津冀机场群布局完成。北京大兴国际机场已经正式启用，与北京首都国际机场、天津滨海国际机场、石家

211

庄正定国际机场形成网络。天津滨海国际机场三期扩建工程加快推进，也将成为京津冀经济发展的新引擎。

3. 产业协同取得一定成效

京津冀积极推进产业升级转移，三地间的产业定位与分工日益明晰。北京有序疏解非首都功能，河北和天津积极承接北京转移的产业，区域内生产力布局结构不断优化，生产要素流动越来越通畅，三地共建与合作发展的重点项目稳步推进。京津冀共建高科技园区，极大地促进了创新链、产业链、资金链、政策链等方面的深度融合。京冀共建曹妃甸协同发展示范区、雄安新区中关村科技园、京津共建滨海—中关村科技园、京津合作示范区、津冀共建涉县天铁循环经济示范区等，精心培育43个重点承接平台，有效推动了区域内产业转移升级。截至2020年底，河北省累计承接京津转入法人单位24771个。此外，京津冀共同举办产业对接推介活动，推动了北京现代汽车沧州工厂、张北云联数据中心等项目的发展，并加快了中国船舶涿州海洋装备科技产业园、中电科涞水产业园等重大产业项目的实施。

4. 环境治理和生态环境建设取得积极进展

京津冀积极实施绿色发展、可持续发展战略，推进水资源保护、大气污染联防联控、绿色廊道和生态屏障建设，生态建设和环境保护取得积极进展。环境治理方面，实施大气污染联防联控，着力打好散煤治理、清洁能源替代等六大攻坚战。2021年，京津冀地区PM2.5综合平均浓度为36.9微克/米³，比2013年下降62.3%，三地PM2.5平均浓度分别下降63.13%、59.38%和62.69%，北京更是从89.5微克/米³下降到33微克/米³，空气质量明显改善。生态环境建设方面，建立京冀、津冀重点流域横向生态补偿机制，密云水库上游潮河、白河和于桥水库上游沙河、黎河出境断面全部达到Ⅱ类水质。此外，2019年，北京、天津、河北的森林覆盖率分别为43.77%、12.07%和26.78%，比2014年增加了22.13%、22.29%和14.40%，生态建设的成效持续增强。

5. 基本公共服务均等化效果显著

京津冀协同战略实施以来，京津冀在教育、医疗卫生、社会保障、文化体育等方面取得了明显进展。在教育方面，"十三五"期间，北京市与津冀各地方签署的教育合作协议 168 个，京津冀教育协同发展的格局基本形成。基础教育领域，截至 2020 年，北京累计与津冀签署基础教育合作协议 13 项，北京多所学校在河北多地建设分校；职业教育领域，北京多个区级教育部门和职业院校与津冀政府部门、学校签署合作协议 41 个，成立了 14 个京津冀职教集团；高等教育领域，京津冀高校组建"京津冀协同创新联盟"等 16 个创新发展联盟。在医疗卫生方面，北京市已累计实施京冀医疗卫生重点合作项目 40 个，京津医疗卫生合作项目 16 个，京津冀地区医疗机构临床检验结果互认医疗机构总数近 500 家，医疗机构医学影像检查资料共享结果机构近 250 家，异地就医门诊直接结算试点医疗机构达到 186 个，三地医疗服务水平越来越接近。在社会保障方面，京津冀三省市积极推进养老服务协同发展，2015 年以来河北养老机构累计收住京津老年人近 7000 名，缓解了北京的养老压力。

6. 创新驱动三地互利共赢

京津冀创新能力大幅提升，三地间科研合作和技术联系日益增加，三地创新能力差距逐渐缩小。京津冀研发经费支出占 GDP 比重（研发经费强度）从 2014 年的 3.48% 上升到 2020 年的 3.99%，京津冀三地的研发经费强度之比由 2014 年的 4.46：3.52：1 变为 2020 年的 3.68：1.97：1，三地研发经费强度差距明显缩小。京津冀科研合作明显增加，知识溢出效应明显，主要表现为京津冀高校与科研机构研发经费投入不断增加。此外，京津冀科技研发及其成果转化平台建设加快，专利合作和技术交易增长迅速。河北与京津高校、科研单位、重点企业共建产业技术创新联盟 95 家、省级以上创新平台 165 家，实现三地高新技术企业整体搬迁的资质互认和大型科研仪器开放共享，2021 年吸纳京津技术合同成交额超过 300 亿元。整体上而言，三地创新环境有明显的改善，提升了京津冀协同创新水平。

（二）京津冀协同发展面临的问题与挑战

1. 京津冀经济发展差异较大

京津冀之间在产业基础、发展方式、资源禀赋方面有较大差异，所以三地经济发展差距较大。京津冀协同发展战略实施以来，尽管京冀GDP差距有缩小的趋势，但京冀GDP的比值从77.22%，增加到99.17%，京津两地间的差距逐渐增加，到2020年，北京GDP是天津的2.56倍，远远大于2014年的1.36倍。人均GDP方面，北京与河北的人均GDP之比从2014年的2.50增加到2020年的3.40，天津与河北的人均GDP之比从2014年的0.95增加到2020年的1.62。总体来看，三地经济差距仍较大。

2. 京津冀政策协同不够

京津冀探索了一套自上而下的制度体系，首先，通过了《京津冀协同发展规划纲要》，制定了顶层方案，继而各省市推行各自的详细规划促进协同发展。最后，在产业协同、创新发展、生态环保等关键领域初步搭建起一套专项创新体制机制。尽管京津冀针对各领域制定了相关政策，三省市制度协同取得较大进展，但京津冀仍存在各主体制定的政策协同度不高的问题，在区域补偿和利益分享、要素市场一体化、各领域实施细节等方面，还需要进一步深化和完善。

3. 京津冀辐射力度不足

京津冀辐射能力不足表现在两个方面。一是京津冀带动北方经济的能力有限，京津冀周边五省区内蒙古、山西、河南、山东、辽宁2020年GDP占全国的比重相较于2014年分别下降了1.05%、0.25%、0.02%、2.04%、1.98%，出现了不同程度下滑。二是北京带动河北地区经济发展的能力有限。2014~2020年，廊坊市的GDP增长率为34.08%，处于最高水平，但石家庄市、承德市、邯郸市增长率仅为廊坊的37.81%、39.32%和44.90%，因此，北京对河北地区的辐射力度不足。

二 京津冀协同发展评估

评估京津冀协同发展的实施效果，发现其中的不足，可以为京津冀协同发展战略的进一步精准优化和实施提供立论依据。京津冀协同发展评估既包括对京津冀政策本身的测度，还包括对家庭部门风险变化的影响，因此，报告将从宏观政策和微观家庭经济风险两个角度评估京津冀协同发展的效果。

（一）京津冀协同发展评估：政策协同测度

区域发展，政策先行，政策之间的协同是京津冀协同发展的关键，决定着发展目标实施的效果。而由于三省市行政壁垒的存在、区域补偿和利益分享不健全，各省市的政策能否真正实现京津冀协同发展的目标还不明确，因此，从宏观政策层面总结三省市的相关政策，能从根本上发现京津冀协同发展存在的问题。

从"北大法宝"中筛选京津冀地区至 2021 年 12 月 31 日的法律法规，对每个省市同类专项规划中关于推进京津冀协同发展的重点任务、实施项目进行条目化处理，共得到 793 项协同举措。其中，北京贡献 264 项，天津贡献 243 项，河北贡献 286 项。根据政策的内容，将政策分为产业政策、交通政策、基本公共服务政策、科技创新政策、环保资源政策和金融政策，其中，金融政策共有 111 项、产业政策 201 项、交通政策 92 项、基本公共服务政策 110 项、科技创新政策 142 项和环保资源政策 137 项。将这几种政策分别按照北京—天津、北京—河北、河北—天津和北京—天津—河北对应的测量维度进行比较后，分别得出京津、京冀、津冀、京津冀政策协同评分，计算结果如表 1 所示。结果显示，京津冀交通政策的协同度最高，金融政策协同度最低，且每两个地区间的协同度状况表现出差异性。其中，京津两地科技创新政策的协同度最高，产业政策协同度最低；京冀两地基本公共服务政策的协同度最高，金融政策协同度最低；津冀两地交通政策协同度最高，产业政策协同度最低。因此，首先，应重点提升京津冀三地的金融政策协同度，尤其是提升京冀两地的金融政策协同度，缩小两地金融政策的差距；其次，继续完善农业发展、新能源新材料、电子信息产业、大数据产业、生物医药产业等政策，重点加强北京和河北地区相关政策的制定；最后，提升基本公共服务政策的协同度有利于缩小三地经济发展差距，在医疗卫生、养老、教育等方面，河北和天津地区应加强相关政策制定。

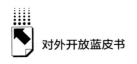

表1 京津冀政策协同情况

	北京—天津		北京—河北		天津—河北		北京—天津—河北	
	协同项数（项）	协同度	协同项数（项）	协同度	协同项数（项）	协同度	协同项数（项）	协同度
交通政策	20	0.541	25	0.658	27	0.730	20	0.500
科技创新政策	37	0.617	38	0.594	34	0.667	32	0.492
环保资源政策	31	0.608	36	0.571	35	0.603	29	0.453
基本公共服务政策	23	0.451	32	0.667	24	0.571	23	0.418
产业政策	40	0.412	49	0.628	39	0.382	36	0.330
金融政策	22	0.537	21	0.362	24	0.429	18	0.290

资料来源：作者计算所得。

（二）京津冀协同发展评估：家庭经济风险

京津冀协同发展的最终目的是通过发展经济，让惠于民，实现共同富裕，因此，对协同发展情况的评估要以居民感受为标准，本部分从家庭经济风险的角度评估京津冀协同发展的效果。

1. 构建家庭经济脆弱性指标

基于家庭资产负债表和现金流量表，报告采用现金流缺口和偿付能力构建家庭经济脆弱性指标来衡量家庭经济风险，具体如下：

$$FM_{it} = Y_{it} - LC_{it} \tag{1}$$

$$CF_{it} = (Y_{it} + LC_{it})/LC_{it} \tag{2}$$

$$HFF_{it} = \begin{cases} 0, FM_{it} \geq 0 \text{ 或 } FM_{it} < 0 \text{ 且 } 1 \leq CF_{it} < 1 + LA_{it}/LC_{it} & \text{无脆弱性} \\ 1, FM_{it} < 0 \text{ 且 } CF_{it} < 1 & \text{有脆弱性} \end{cases} \tag{3}$$

式（1）中 FM_{it} 表示现金流缺口；Y_{it} 表示家庭各种收入，如工资收入、财产性收入、经营性收入和转移性收入，LC_{it} 表示家庭支出（包含当期负债），包括食品支出、日常生活支出、教育支出、医疗支出、交通通信支出、出租房屋支出，房贷（一年房贷）以及信用卡借款；式（2）中 CF_{it} 表示家庭偿付能力；式（3）中 LA_{it} 表示流动性资产，包括活期存款、现金、定期存款、股票、债券以及基金。根据式（1）和式（2）得出式（3），当 $HFF_{it}=0$ 时，家庭无经济脆弱性，包括以下两种情况：第一，家庭收入足够覆盖家庭支出；第二，家庭收入小于支出但流动性资产可以补偿支出，家庭维持现有生活水平至少为 1 年。当 $HFF_{it}=1$ 时，家庭有经济脆弱性，此时，家庭收入和流动性资产之和也不足以补偿家庭支出。

2. 京津冀协同发展降低了三地家庭经济风险

报告以实施京津冀协同发展战略的京津冀地区为处理组。为了满足地理区位条件和经济社会发展水平的相似性要求，报告选择了邻近的河南省、山东省以及山西省作为对照组，将处理组和对照组进行比较，分析京津冀协同发展战略的影响。2013~2017 年，对照组与处理组家庭经济风险基本上呈上升趋势，协同政策实施后，与对照组相比，京津冀地区的家庭经济风险上升幅度较小（见表2）。具体来说，从财务边际角度来看，2013~2017 年，京津冀和对照组财务边际为负的家庭占比持续增加，但 2015 年京津冀地区占比的同比增速（5.51%）远低于对照组（13.55%），2017 年的同比增长率接近，总体来说，京津冀家庭财务边际为负的家庭占比增速较低。从偿付能力角度来看，京津冀和对照组都呈现倒 U 形，2015 年京津冀地区偿付能力同比增长率（29.22%）是对照组的两倍多（13.87%），2017 年两组偿付能力均下降，尤其是京津冀地区。整体而言，2013~2017 年，京津冀地区偿付能力的增速（12.34%）大于对照组的增速（11.76%）。从家庭经济脆弱性角度，京津冀家庭经济脆弱性家庭占比呈倒 U 形，对照组则一直增加，且2017 年，京津冀地区家庭经济脆弱性占比同比增速（10.54%）小于对照组（11.78%）。综上所述，实施协同发展政策之后，京津冀地区的家庭经济风险相较于对照组呈现下降趋势。

表2 京津冀区域内、外家庭经济风险指标的时序变化

家庭经济风险指标	组别	2013 年	2015 年	2017 年	均值
财务边际为负的家庭占比(%)	处理组	43.369	45.757	51.666	46.931
	对照组	48.651	55.245	62.338	55.411

续表

家庭经济风险指标	组别	2013 年	2015 年	2017 年	均值
偿付能力(年)	处理组	3.080	3.980	3.460	3.507
	对照组	2.380	2.710	2.660	2.583
有经济脆弱性的家庭占比(%)	处理组	30.610	30.421	33.627	31.553
	对照组	39.810	43.257	48.352	43.806

资料来源：中国家庭金融调查数据（CHFS）。

产业升级转移、交通一体化和环境治理是京津冀协同发展的重要任务，对比京津冀地区和其他地区上述指标的变化趋势，可初步判断协同发展政策是否能够促进产业升级转移、交通一体化和公共服务均等化。京津冀区域整体的产业结构不断升级，交通网密度提高，公共服务支出持续增加，尤其是协同发展政策实施后，与对照组相比，增加趋势更明显。具体而言，实施协同发展政策后，京津冀地区的第三产业与第二产业占比与对照组相比大幅上升；京津冀地区公路网密度平稳上升，2014 年之后的平均增长率高于对照组；京津冀地区的人均医疗教育投入与对照组相比上升趋势明显；同样，京津冀地区的人均社会保障投入比对照组的增加趋势更大。下文将采用实证方法进行因果分析（见图1、图2、图3、图4）。

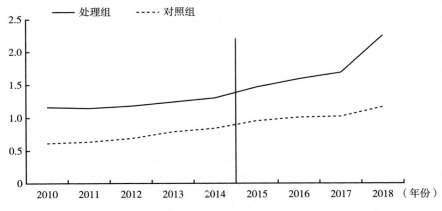

图 1　2010~2018 年京津冀地区产业结构升级的时序变化

资料来源：Wind 数据库，作者计算所得。

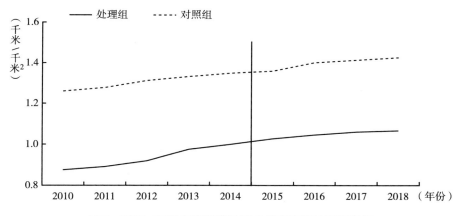

图 2　2010～2018 年京津冀地区公路网密度的时序变化

资料来源：Wind 数据库，作者计算所得。

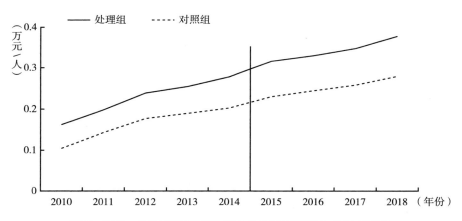

图 3　2010～2018 年京津冀地区人均医疗教育投入的时序变化

资料来源：Wind 数据库，作者计算所得。

采用实证方法，分析京津冀协同发展对降低家庭经济风险的影响机制①，发现京津冀协同发展主要通过产业结构升级、交通一体化、公共服务支出增加的途径提高家庭财务边际水平和偿付能力、降低京津冀地区家庭经济脆弱性。具体而言，京津冀协同发展通过产业转移，将非首都功能产业转

———————

① 影响机制的实证方法均采用 DID 模型。

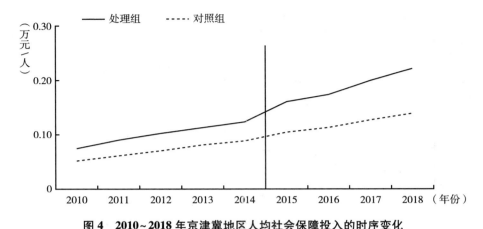

图4 2010~2018年京津冀地区人均社会保障投入的时序变化

资料来源：Wind 数据库，作者计算所得。

移至天津和河北，既有利于北京发挥知识、技术、人才等高端资源集聚的优
势，专注于高新技术产业的发展，又有利于天津和河北通过承接转移产业或
者直接引入新兴产业实现产业升级，尤其是"三轴"作为京津冀主要的产业
发展带和城镇集聚轴，可以发挥产业要素的轴向集聚作用，带动三地经济协
同发展，提高三地家庭的收入水平，从而提高家庭偿付能力。京津冀交通一
体化的建设不仅包含传统道路修建，还包含相对应的新型服务，例如将数字
化、智能化、高速化的 5G、人工智能技术等运用到运输服务和智能交通上，
极大提升了信息流、资金流等数字产业的发展，给京津冀的经济发展注入了
新的重要动力。人均医疗教育和社会保障的增加，提高了地区基本公共服务
水平，整体上降低了家庭的生活成本，提高了家庭的保障程度。因此，三种
途径均能进一步提高家庭财务边际和偿付能力，从而降低家庭经济脆弱性。

3. 京津冀协同发展降低了三地家庭之间的经济风险

京津冀与其他地区相比，在协同发展战略提出后，整体家庭经济风险增
速降低，但京津冀内部家庭经济风险存在较大差异。通过对京津冀内部家庭
经济风险的分析，可以看到，河北家庭经济风险远高于北京、天津家庭，但
京津冀协同发展战略实施后，河北省的家庭经济风险有下降趋势，京津冀内
部家庭经济风险差距降低。

从财务边际角度来看，河北财务边际为负的家庭占比远远大于天津和北京家庭。2013~2017 年，北京和河北财务边际为负的家庭占比一直增加，天津呈 U 形。但 2017 年河北财务边际为负的家庭占比的同比增长率（6.97%）远远低于北京家庭（11.63%）和天津家庭（28.58%），河北财务边际为负的家庭占比增速呈下降趋势。从偿付能力角度来看，河北家庭维持现有生活水平的时间远低于北京和天津家庭。2013~2017 年，北京和天津家庭能维持现有生活水平的时间先上升后下降，2015 年北京和天津偿付能力增幅较大，但到 2017 年又出现大幅度降低。就整个时间段而言，河北家庭偿付能力增速（19.17%）大于北京（15.61%）和天津（2.17%）家庭。从家庭经济脆弱性角度来看，河北脆弱性家庭占比大于北京和天津家庭。2013~2017 年，北京和天津有经济脆弱性的家庭占比先下降后上升，呈 U 形，河北经济脆弱性的家庭占比呈上升趋势。但到 2017 年，河北家庭经济脆弱性占比的同比增长率（2.86%）远远低于北京（10.85%）和天津家庭（30.38%），与北京和天津家庭相比，河北家庭经济脆弱性占比稳定且有所降低。因此，三地家庭经济风险差距呈缩小趋势（见表 3）。

表 3　京津冀区域内家庭经济风险指标的时序变化（2013~2017 年）

家庭经济风险指标	地区	2013 年	2015 年	2017 年	均值
财务边际为负的家庭占比(%)	北京	36.727	39.091	43.636	39.818
	天津	38.095	34.921	44.898	39.305
	河北	53.333	59.833	64.000	59.056
	合计	43.369	45.757	51.666	46.931
偿付能力(年)	北京	3.639	5.855	4.207	4.567
	天津	3.412	3.936	3.486	3.611
	河北	2.311	2.306	2.754	2.457
	合计	3.075	3.983	3.460	3.506
有经济脆弱性的家庭占比(%)	北京	30.333	29.167	32.333	30.611
	天津	25.397	17.914	23.356	22.222
	河北	40.500	46.667	48.000	45.056
	合计	30.610	30.421	33.627	31.553

资料来源：Wind 数据库，作者计算所得。

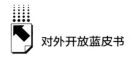

分析京津冀协同发展缩小区域内家庭经济风险差距的影响机制，发现京津冀协同发展主要通过产业升级转移、基本公共服务均等化（医疗、教育、社会保障）、交通一体化来提高家庭财务边际水平和偿付能力、降低家庭经济脆弱性。具体而言，产业结构升级转移给河北和天津地区提供了更多的就业机会，极大地提高了落后地区人们的收入水平，从而提高了家庭财务边际和偿付能力；基本公共服务均等化帮助河北和天津家庭享受到更好的教育资源，长期来看，人力资本的增加会提高家庭收入水平，从而促进家庭对流动性资产的配置，提高落后地区家庭应对风险的能力；医疗服务资源均等化实现了三地医疗结果共享、异地就医住院、门诊异地直接结算，大大减轻了家庭的医疗负担，同时，医疗服务的共享也会进一步改变家庭医疗行为，提高家庭看病的概率，提高家庭成员的健康水平，这不仅会降低家庭医疗支出，还会间接提高家庭劳动供给，增加家庭收入，从而降低落后地区的家庭经济风险，缩小三地家庭经济风险差距。社会保障资源均等化提高了河北和天津地区社会保障与就业资金的投入，提高了河北和天津地区家庭应对风险的能力。交通一体化促进了区域经济的发展，带动了贫困地区的发展，缩小了不同地区的收入差距。

（三）京津冀协同发展的辐射程度

京津冀协同发展的辐射程度取决于该城市的政策定位以及该城市到中心城市的距离。京津冀中的北京、天津、保定、廊坊是中部核心功能区城市，后两者重点承接北京非首都功能疏解，是率先启动京津冀协同发展的区域，有明显的政策优势。此外，京津冀协同发展以北京为中心，重点发挥其引领作用，距离北京较远的地区，辐射力度会降低。通过实证分析，发现京津冀协同发展战略仅降低了保定市和廊坊市的家庭经济风险。同时，协同发展战略显著降低了京津、环京津地区的家庭经济风险。这主要是因为，政策条件有优势的地区以及距离中心城市较近的地区，政府资金支持较大，政府监管相对来说较严格，因此，协同发展战略的落实效果较好。

三　政策建议

京津冀协同发展是创新驱动经济增长的新引擎，能够促进经济高质量发展、激发北方发展活力，为此，报告提出如下政策建议，以期为京津冀协同发展走向纵深提供参考。

（一）强化政策协同，促进金融业协同发展

加强顶层设计是京津冀协同战略实施的关键，因此，京津冀应进一步完善制度领航，强化三地政策制度的协同。第一，地方政府要制定全面、详细且可以落地的政策目标，并明确规定各地方主体责任，为京津冀协同发展输送更多的底层规划方案。中央政府应针对共性底层问题，制定顶层设计方案，并推动顶层资源向市场机制难以深度触及或目前协同矛盾突出的以及单靠地方行政力量无法解决的问题领域倾斜，如跨区域公共服务资源、大气污染的治理、水环境及渤海海洋环境的保护等。第二，京津冀政策协同中金融政策协同最低，所以，应提高金融政策的协同度，促进金融业的协调发展，为产业转移和升级、公共服务供给、交通一体化提供金融资源的支持。由于三地金融发展差距较大，且京津两地金融产品和金融服务竞争大，三地金融合作力度不足。因此，应该加强三地金融政策的制定，扩大金融服务京津冀协同发展的范围，且给津冀两地更多的资金扶持。同时，协调三地政府和金融监管机构的关系，降低由行政壁垒和金融发展差距造成的区域内资金不通畅。整合、协同区域内扶贫金融资源，并向津冀两地倾斜，例如，针对农业生产，建立无息贷款专项基金，从而缩小三地居民收入差距。

（二）优化空间布局，提高辐射带动能力

积极发挥京津冀城市群、中心城市、北京城市副中心和雄安新区的辐射带动作用。首先，以北京城市副中心和雄安新区建设为契机，促进河北新型城镇化建设和城乡配套发展，大幅度提高河北城镇化率，对接京津冀协同发

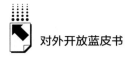

展战略。其次，京津冀协同发展仅能降低中部核心功能区家庭经济风险，对东部滨海发展区、南部功能拓展区、西北部生态涵养区的辐射效应还不足，这主要受限于这些地区农村人口较多，家庭收入水平偏低，因此，应加大公共财政投入力度，发行农村公共设施建设专项国债，切实改善农村基础设施，增加交通网密度和增加公共服务的投入，进而拓展家庭收入来源、降低家庭生活成本，从而提高京津冀协同发展的辐射力度。最后，培育新的增长极，并加快建设城市微中心。积极发挥北京"三城一区"、天津滨海国家自主创新示范区、雄安新区创新驱动发展引领区等区域的作用，同时，培育保定、唐山、邯郸和张家口新的增长极，与北京、天津、石家庄等中心城市形成集群。此外，实行一个总部建设一个微中心的模式，建设多中心或组合型城市，优化空间布局。

（三）推动产业升级与转移，共建产业集群

协调三地政府，有序引进与当地资源有关的产业。河北是京津冀协同发展产业转移的主要输出地，一批京津转移重点项目在河北落地投产，但仍存在盲目引进、资源浪费、不良竞争等问题，因此，需要协调三地政府，建立更完善的产业引进相关机制，建议当地政府结合地区产业基础和当地资源，有目的性和针对性地对接京津的产业，不仅避免恶性竞争还能提高产业转移的质量和效率。例如，唐山地区可承接汽车产业，张家口地区承接体育和生态产业等。进一步促进北京的科研成果在京津冀区域内孵化、生产与转化。为了使北京的创新溢出效应能够接得住、留得下、发展好，一是在雄安新区、滨海新区、北京城市副中心与廊坊北三县等重要空间节点协同布局打造相应的特色创新集群，对接北京大数据、云计算、人工智能等高科技产业；二是发挥河北邻近北京且制造业基础较好的优势，深入推进战略性新兴产业集群发展，加快战略性新兴产业示范基地建设，通过园区共建的方式将中关村的创新模式输入到京津冀各地；三是继续加强科研合作和技术合作，推动三地共建重大科创设施和产业集群，实现相关科技成果的转化。

（四）依托科技创新和数字经济，缩小区域经济发展差距

京津冀协同发展的重要表现是三地经济差距的缩小，因此，天津、河北应该依托科技创新和数字经济，转变产业结构，加快传统产业转型升级，促进自身经济发展。第一，通过科技创新构建高新技术产业占比高的现代产业体系。一是通过对高新技术企业实施税收优惠和后补助政策，促进创新型市场主体的发展，尤其是科技型中小企业可以借助科技创新，发展成为科技领军企业、专精特新"小巨人"企业、科技型中小企业，形成科技创新集群。二是传统行业利用科技创新，比如，应用先进工艺、核心技术、企业组织等，促进传统行业转型，实现传统产业高端化、智能化、绿色化，从而提高市场竞争力。第二，河北省应充分利用数字经济，释放创新红利。比如，河北省制造业与数字经济的融合度较差，因此，应该在设计、制造和管理中，用数字技术取代传统技术，用数字化制造、工艺、控制、检测取代传统制造模式，用数据技术管理取代传统商业模式，实现传统行业的创新发展。

（五）推进基本公共服务共建共享，缩小家庭生活成本差距

基本公共服务均等化是京津冀协同发展的重点任务，对缩小三地家庭生活成本差距有重要的现实意义。报告从供给和破除体制机制束缚两方面提出建议。首先，补上短板，创新多元供给模式。依托雄安新区、北京通州及廊坊北三县等建设实现高品质公共服务供给，重点集聚教育、医疗、养老、文化等要素，承接北京"双一流"高校疏解转移的分校、分院，继续推动京津医院对口帮扶，继续建设养老机构，竭力构建与北京基本公共服务相匹配的一流环境。此外，鼓励社会机构和企业等参与公共服务的投资运营，提升公共服务的供给质量和效率。其次，统筹三地公共服务互惠共享制度和标准待遇。逐步完善义务教育、医疗卫生、劳动就业、社会保险等基本公共服务跨区域流转衔接制度。在教育方面，共同培育互联网教育产业，为三地提供互联互通的数字教育资源；在医疗方面，继续扩大异地就医备案医疗机构数量，扩大医学检验等检查结果互认。最后，打破行政壁垒和体制障碍。建立

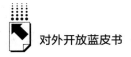
京津冀基本公共服务信息平台，构建数据库，促进区域内的资源共享，实现三地间政策衔接、标准互认，提高京津冀公共服务资源要素的流动性。

参考文献

［1］李国平：《京津冀协同发展：现状、问题及方向》，《前线》2020 年第 1 期。

［2］刘秉镰、孙哲：《京津冀区域协同的路径与雄安新区改革》，《南开学报》（哲学社会科学版）2017 年第 4 期。

［3］刘文华：《协同学及其哲学意义》，《国内哲学动态》1986 年第 7 期。

［4］柳天恩、田学斌：《京津冀协同发展：进展、成效与展望》，《中国流通经济》2019 年第 11 期。

［5］柳天恩：《京津冀协同发展：困境与出路》，《中国流通经济》2015 年第 4 期。

［6］孙久文、王邹：《新时期京津冀协同发展的现状、难点与路径》，《河北学刊》2022 年第 3 期。

［7］孙久文、原倩：《京津冀协同发展战略的比较和演进重点》，《经济社会体制比较》2014 年第 5 期。

［8］孙久文：《京津冀协同发展的目标、任务与实施路径》，《经济社会体制比较》2016 年第 3 期。

［9］孙瑜康、李国平：《京津冀协同创新渐入佳境》，《前线》2021 年第 8 期。

［10］田学斌、陈艺丹：《京津冀基本公共服务均等化的特征分异和趋势》，《经济与管理》2019 年第 6 期。

［11］王郁、赵一航：《区域协同发展政策能否提高公共服务供给效率？——以京津冀地区为例的研究》，《中国人口·资源与环境》2020 年第 8 期。

［12］肖金成、李博雅：《京津冀协同：聚焦三大都市圈》，《前线》2020 年第 8 期。

［13］杨宏山、孙杰：《京津冀教育协同发展的引导机制》，《前线》2020 年第 9 期。

［14］杨茜淋、张士运：《京津冀产业转移政策模拟研究——基于多区域 CGE 模型》，《中国科技论坛》2019 年第 2 期。

［15］杨文、孙蚌珠、王学龙：《中国农村家庭脆弱性的测量与分解》，《经济研究》2012 年第 4 期。

［16］张冀、祝伟、王亚柯：《家庭经济脆弱性与风险规避》，《经济研究》2016 年第 6 期。

［17］赵弘：《京津冀协同发展的核心和关键问题》，《中国流通经济》2014 年第 12 期。

［18］赵弘：《习近平京津冀协同发展思想的内涵和意义》，《前线》2018 年第 3 期。

［19］赵琳琳、张贵祥：《京津冀生态协同发展评测与福利效应》，《中国人口·资源与环境》2020 年第 10 期。

［20］祝尔娟：《北京在推进京津冀协同发展中应发挥核心引领带动作用》，《中国流通经济》2014 年第 12 期。

［21］Miguel Ampudia, Has Van Vlokhoven, and Dawid Żochowski, "Financial Fragility of Euro Area Households", *Journal of Financial Stability* 27 (2016).

［22］B. Douglas Bernheim et al., "The Mismatch between Life Insurance Holdings and Financial Vulnerabilities: Evidence from the Health and Retirement Study", *American Economic Review* 93 (2003).

［23］Min Jiang, and Euijune Kim, "Impact of High-speed Railroad on Regional Income Inequalities in China and Korea", *International Journal of Urban Sciences* 20 (2016).

［24］Yijia Lin, and Martin F. Grace, "Household Life Cycle Protection: Life Insurance Holdings, Financial Vulnerability, and Portfolio Implications", *Journal of Risk and Insurance* 74 (2007).

［25］V. Michelangeli et al., "A Microsimulation Model to Evaluate Italian Households' Financial Vulnerability", *Bank of Italy Occasional Paper* 225 (2014).

B.15
北京打造国际一流商圈研究

张磊楠*

摘　要： 国际一流商圈是商业与文化、国际交往的高度融合，是城市名片和国家名片。北京国际一流商圈建设存在着品牌建设、系统规划、文化融合、特色定位、空间优化、区域辐射、数据驱动和网络融合等方面的问题。下一步，报告建议通过成立政府、商会和企业共同管理的商圈管理委员会，重视商圈品牌建设和宣传；融合历史文化艺术，彰显厚重人文韵味，明确商圈核心定位，借力商圈特色引流；建立"丰""目""田"字形空间布局，政府引导规划实现区域协同；建立数智化商圈信息系统，建立线上线下的联动机制等方式建设国际一流商圈。

关键词： 国际一流商圈　品牌建设　空间优化　数字化销售

近年来，北京市在商圈改造、老字号活化、零售数字化等方面取得了显著成绩，《北京市高品质商圈改造提升行动计划（2022—2025）》将商圈体系分为国际级、城市级、地区级和社区级四级，为北京市商圈建设提供了实施路径和保障措施。报告以王府井、CBD和三里屯为国际一流商圈的重点培育对象，针对性解决存在的问题，提出应对策略，为北京打造国际一流商圈提供顶层设计和对策建议。

---

* 张磊楠，管理学博士，对外经济贸易大学北京对外开放研究院、国际商学院教授，主要研究方向为营销战略、营销渠道、品牌、零售等。

一　北京打造国际一流商圈的背景

"零售钟摆"从线上渠道将会向线下渠道部分回归，国际一流商圈将成为最大受益者，充满挑战的商圈建设迎来了最好的发展时机，北京应该把握机会实现商圈的重塑与蜕变。在中国入世后经济快速发展的二十年，电商横空出世，使北京失去了伴随经济发展建设国际一流商圈的机会。网购满足了消费者对性价比和便利性的追求，已经覆盖了绝大部分的商品品类和消费者，使得商圈面临巨大的经营和生存压力，已披露的 A 股上市零售企业 2021 年业绩大多亏损，商圈建设成为沉重的话题。然而，一方面，市场规律可以预见大多数企业转向线上渠道时，线上流量成本会被抬高，削弱了线上零售的成本优势，推动"零售之轮"把部分产品和消费者转到线下；另一方面，人有眼见为实、现场体验的本能需求，这些需求被忽略的时间不会太久，将会与疫情缓解共振而加速回归。在新的经济发展阶段，商圈承载了建设双循环发展新格局的使命，线上需求转向线下需求是消费多元化、创新化的体现，摆脱线上渠道过度拼价格的循环，为北京打造国际一流商圈提供了难得的历史机遇。

北京的国际一流商圈只能有一个，目前最有潜力的三个分别是王府井、CBD 和三里屯，其中王府井最适合建立有差异化和识别度的国际一流商圈，而 CBD 和三里屯在已有的国际一流商圈竞争中脱颖而出的难度较大。通过国际案例可以看到，美国只有一个国际一流商圈，其本地消费者和外地消费者比例约为 5：5，我们看到北京提到的七个国际级商圈中仅有王府井、CBD 和三里屯有成为国际一流商圈的潜力，而前门大栅栏、环球、首都国际机场、大兴国际机场四个商圈将主要依靠外地消费者，可能成为国际级商圈，但一个本地消费者占比较少的商圈同样无法成为国际一流商圈。虽然我国人口规模和市场空间大，北京的全球影响力日益增强，但受制于我国有影响力国际大牌较少，没有原产地效应加持，加上关税等因素，北京建设具有世界影响力、能够吸引国际消费者的国际一流商圈的难度依然很大，需要政

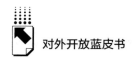

府、商会、商户共同努力，通过系统性规划设计、打造差异化的特色定位、培育创新性的业态模式，逐步提升商圈的国际竞争力和影响力。

二 北京打造国际一流商圈的战略意义

由于消费者受刚需和地理位置的制约，城市级、地区级和社区级商圈建设相对容易，难度最高的是国际一流商圈的建设，需要接受全球消费者的检验和评价。虽然如此，国际一流商圈却对北京国际消费中心城市建设的成败有最直接的决定作用。

（一）国际一流商圈是展示国际消费中心城市的名片

国际一流商圈建设是北京打造国际消费高地，展示国际消费影响力，实现国家战略部署的关键抓手。北京市的城市级、地区级和社区级商圈均可满足北京市的消费需求，但满足不了国际消费需求，因此我们必须要将国际一流商圈作为国际消费中心城市建设的核心任务来推动。国际一流商圈是服务外地消费者的强势品牌，是展示城市魅力和消费品质的闪亮名片。一是受线上购物的冲击，国内消费者在京的购物安排大多会去网购覆盖率低、线下体验好的国际一流商圈。二是国际消费者知晓的商圈品牌很少，一般仅限于国际一流商圈，正如巴黎的香榭丽舍，伦敦的牛津街，纽约的第五大道。可见国际一流商圈是展示北京国际消费中心的名片，是北京建设国际消费中心的"牛鼻子"。

（二）国际一流商圈是引领北京商圈转型升级的标杆

国际一流商圈在品牌聚集、时尚引领、模式变革、消费创新等方面可以提供先进经验，是国际级商圈中的佼佼者，是城市级、地区级和社区级商圈的引领者，是北京商圈转型升级的风向标，可实现北京商圈与世界知名消费中心城市零时差，为双循环经济建设做出贡献。国际一流商圈的建立理念、入驻品牌、专业人才会溢出到其他商圈，为北京商圈发展提供理念、模式和人才等支持。受线上购物和疫情的影响，线下商圈受到巨大冲击，商圈如何才能让消费者回流线下成了商圈生存发展的基础。国际一流商圈以全球视野引入新业态、新模式，为其他商圈提供近距离学习的机会。

（三）国际一流商圈是进行文化传播国际交流的载体

国际一流商圈往往需要借助文化元素提升国际吸引力和影响力，同时也是将传统文化融入商圈品牌，以国际消费促进国际交往，实现文化中心和国际交往中心的首都城市战略定位。以王府井为例，其既有百年金街历史，又有老字号品牌和国潮品牌，还有周边故宫等名胜古迹，可在文化传播中实现国际交流。如果北京没有国际一流商圈，那么国际消费者来到中国也就是看看景点吃吃中餐，无法立体式体验中国文化。

（四）国际一流商圈是助力本土品牌走向世界的主场

国际一流商圈和本土知名品牌是利益共同体，有着相互促进的双赢关系。一是国际一流商圈所拥有的本土知名品牌可以助其享有原产地效应，增强商圈的国际竞争力，如消费者在巴黎购买香水、红酒和时装的意向远比其他商圈要强，主要就是因为巴黎有大量此类产品的知名本土品牌，可以享有原产地效应的加持。二是本土知名品牌可以北京国际一流商圈为平台向全球消费者展示，实现不出国门而已名声在外，大大促进此类本土品牌的出海，甚至会被国际一流商圈主动引入。三是通过国际一流商圈和本土知名品牌的良性互动和双赢关系，促进北京国际消费中心城市建设和国家产品品牌建设。

三　北京国际一流商圈建设中的问题

报告以最有可能建成国际一流商圈的王府井、CBD 和三里屯为例，分析其存在的问题，其中王府井在三个商圈中历史最悠久，传统文化融合最深，但受 CBD 和三里屯等新商圈的冲击，暴露的软硬件问题也最多，以下问题是三个商圈存在的共性问题。

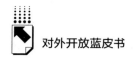

（一）商圈规划和品牌建设中存在的问题

商圈缺乏统一规划和管理。一是商圈虽然有商会，但由于商业体产权较杂乱，商会发挥的作用十分有限。虽然三里屯商圈主体部分归属太古里，但近年也有其他商业体加入该商圈，三个商圈内各商业体分属不同业主，各业主企业性质不同，包括国企、外资、港资、台资、个体等，使得近几年成立的商圈商会无法实现商圈的竞合效应、协同发展、转型升级。二是各业主对商圈及自身的定位理解不同、利益出发点不同，很难形成共建商圈的合力，无法实现向国际一流商圈的蜕变。

商圈缺乏品牌建设和宣传。一是缺乏对商圈名称、标识、特色定位等的设计，目前王府井、CBD 和三里屯均没有整个商圈的品牌规划，这对国际知名度尚差的商圈而言，等于失去了整体推介和走出去的路径。二是几乎没有商圈宣传。在传统媒体和新媒体上，常会看到某一产品品牌或对某一商场的宣传，但几乎没有关于商圈品牌的宣传。网上可以搜到东城区商务局局长宣传王府井的一段视频，并展示了改造升级完的老字号品牌和东安商场，但没有搜到官方对王府井商圈的宣传推广。三是由于缺乏品牌建设和宣传，商圈改造升级的效果大打折扣，消费者对 CBD 商圈的范围存在不同解读，对王府井和三里屯的新拓展区也并不清楚，还停留在原有的刻板印象上。

（二）传统文化和特色定位中存在的问题

商圈与传统文化融合不够。国际一流商圈总是当地文化和艺术融合的产物，不只是一眼望不到头的店铺。三个商圈中王府井与传统文化融合度最高，优势最强，但也存在着无法与周边故宫、隆福寺、中国艺术馆、嘉德艺术中心、首都剧场等文化场馆实现有效联动的问题。三里屯和 CBD 的文化资源相对较少，这是影响其成为国际一流商圈的短板。

商圈的特色定位不清晰。一是王府井各个商场各自为政，没有统一的定位，相互之间也没有补位机制。二是 CBD 主打高端，但商场之间的联动较差，无法形成统一的特色定位。三是三里屯太古里的定位最清晰，即潮牌、时尚，但三里屯 SOHO 的定位不清晰，由于商铺空置率较高，招租压力大，因此未来商铺的特色与商圈是否一致也存在较大不确定性。

（三）空间优化和区域辐射中存在的问题

空间布局有待优化。一是空间区域小，三里屯和 CBD 多以独立商业体的室内空间为主，王府井除商业体外，还有 1.8 公里的步行街，与巴黎的香榭丽舍相当，但相较于上海南京路的 5.5 公里、纽约第五大道的 11.3 公里，差距还很大。二是空间联动性差，受交通主干道的隔离，CBD 与三里屯各行业体间联通性差，客源无法共享。

区域辐射功能有限。一是缺乏后街支撑，三个商圈的主轴线边上的支马路，或者后街往往没有得到开发，使得商圈既失去了吸引客源的毛细血管，也失去了与轴线上知名品牌相补充的品牌展示空间。二是没有与附近文旅资源呼应，如三里屯无法高效分享附近工体客流，王府井对故宫和天安门的客流导引效果也有待提升。

（四）数据驱动和网络融合中存在的问题

客户数据挖掘有待提升。一是客户数据沉淀不足，王府井商圈对客户信息的留存工作做得不够，没有将客户基本信息、购物信息进行收集和分析，不能绘制客户画像进行精准营销。二是商圈客户数据与各商场、各品牌间互联互通与共享不足，商圈品牌没有通过共享客户而彼此引流，增加品牌集聚效应和异业协同效应。

线上线下渠道融合不足。一方面，商圈产品是否是新品、专供，线上线下价格、促销等有何差异，这些情况商圈企业并不完全掌握，缺乏线上线下产品间错位营销的手段。另一方面，商圈产品没有系统的线上推广计划，工作日白天客流量很少，但仍要支付房租和人员工资，没有通过线上渠道打破时空限制。

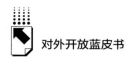

四 北京打造国际一流商圈的对策建议

报告根据王府井、CBD 和三里屯三个商圈的具体情况和存在的问题，提出以下四方面建议。

（一）统一商圈规划，打造商圈品牌

1. 建立政府、商会和企业共同管理的商圈管理委员会

构建基于政府的顶层设计、商会的市场导向和企业的利益诉求三位一体式商圈管理委员会。在国际一流商圈中，最著名的纽约第五大道、巴黎香榭丽舍、伦敦牛津街均采用这种模式。一是政府主要参与顶层设计，牵头商圈调研规划，并发布规划指导意见，为品牌建设和统一规划提供蓝图和政策支持，与城市协同发展，承载国际一流商圈使命。二是商会通过贴近市场，了解企业难点和痛点，充分发掘和尊重市场的声音，让政府决策和商业运作达到最佳效果。三是调动商圈内各企业的积极性，完善商圈重大事项、商会理事选举和年度目标制定等企业参与机制，健全商圈治理结构，既能体现商会集中决策的效率，又能体现企业全体参与的民主和公平。四是承担起一定的招商职能，如"王府中環"落户王府井大街后，对大街整体格局的提升具有非常大的帮助；商会可以牵线搭桥，吸引一些首店资源；为大街上私人业主的项目提供招商支持，提升品牌级别，以免破坏整个商圈的形象。

2. 重视商圈品牌建设和宣传

一是商圈管理委员会按照商圈的特色，对商圈名称、标识等进行设计。二是在传统媒体、新媒体、自媒体、商圈公众号、各品牌公众号等渠道大量宣传，并通过国外媒体宣传商圈，通过直播等方式展示商圈变化。三是在北京市主要景点、博物馆、艺术馆、涉外酒店等地放置商圈介绍活页，或在附近租用灯箱广告，提高商圈国际影响力。四是通过举办活动展示商圈品牌，例如以王府井商圈的名义组织王府井论坛、王府井国际品牌节等。

（二）融合传统文化，借力特色引流

1. 融合历史文化艺术，彰显厚重人文韵味

国际一流商圈展示的是这座城市的历史、文化和气质，与历史文化景观融合在一起，让消费者不但可以购物，还可以体验文化。伦敦牛津街利用其13栋二级保护建筑努力展示百年前的原貌；巴黎香榭丽舍大街利用路灯、花园、加种的梧桐树、候车亭、卖报亭等来竭力展示两百年前的历史。

一是王府井不但要依托王府井步行街的厚重历史，还可以将其与故宫等周边人文景点打通，同时要关注老旧建筑的用电、排烟、排污等基本功能的升级改造，确保王府井可以将传统文化资源用尽用好。机场双枢纽商圈是北京的城市门厅，而王府井需要将自己打造成城市客厅，成为客人最愿意去的地方。二是CBD和三里屯则应在将来的发展中，尽量设置更多书店、博物馆、艺术馆等人文场馆和设施。三是打通文化旅游资源壁垒，如来王府井的多是旅游散客和少量国内旅游团，游客消费能力和偏好多元化，未来应该更多通过抖音、微博等自媒体引流，让消费者不只是在街上走一遍，更知道该商圈的独特价值和购物特色。

2. 明确商圈核心定位，借力商圈特色引流

通过商圈管理委员会明确商圈核心定位，通过核心定位传递商圈核心价值，例如纽约第五大道的核心定位是"最高品质与品位"，巴黎香榭丽舍大街的核心定位是"新潮时尚"。一是三个商圈的核心定位要有差异，三个国际级商圈定位没有差异将会带来严重的资源浪费和无序竞争。二是现有业态组合、品牌档次与商圈定位不一致的问题要逐步解决。

商圈特色要随消费者需求进行动态调整，随着时代变迁，体现商圈特色的举措随时可能变得无效，需要在商圈业态和模式上不断创新。一是首店经济要向首发经济转型，首店是利用消费者好奇心吸引消费者回流商圈的一种工具手段，自2015年兴起至今已有7年历史，一线城市已基本引进了不少知名度高、消费创新性强的品牌的地区首店，鉴于消费者对品牌数量的接受有限，首店新鲜感带来的引流效应递减，首店经济将很快进入

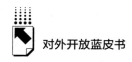

高峰期和瓶颈期，并逐渐将吸引消费的接力棒重新交给首发经济。首发经济借助经历过市场检验和认可的成熟品牌，以新品吸引消费者，商业上成功的概率很高，且具有很强的持续性，应该是目前以"首店收割机"为特色的三里屯等商圈需要关注的。二是狠抓线下专供品。除了新品可以吸引消费者外，想让消费者从线上回流，还有一个重要方法就是线下专供。这种模式和国际一流商圈非常匹配，国际一流商圈有更多讨价还价的筹码，可以争取到更多线下专供产品，线下专供也可以强化国际一流商圈的独特性。三是通过快闪店试水新产品和新品牌。以快闪店的独特创意和新品首发吸引年轻人，通过快闪店检验新品牌的接受度，提升消费者对商圈的忠诚度。四是商圈要将品牌的新品率和线下专供率与租金等挂钩，新品和专供能为商圈引流，可以为商圈打造特色和竞争力，理应积极引导和大力支持。

（三）建立后街布局，实现区域协同

1. 建立"丰""目""田"字形空间布局

北京街区布局方方正正，不适合借鉴巴黎的香榭丽舍大街有十多条呈辐射状的特色商业街的空间布局，但非常适合伦敦牛津街和纽约第五大道的后街布局。一是采用"丰"字形王府井布局设计，南北延长主轴王府井大街，将主街逐步延长至两倍及以上，增加王府井商圈容量和辐射范围。同时王府井应该积极开发与主街相连的后街，建立不同产品类别的特色街区，如钟表一条街，箱包一条街，化妆品一条街，当地小吃一条街等，作为主街的延伸，实现"拐弯儿"就是一番新天地的购物乐趣，让消费者更多体验王府井室外街景的特色。二是采用"目"字形 CBD 商圈设计，匹配其区域较大，室内商圈为主的特色。三是采用"田"字形三里屯商圈设计，将三里屯太古里作为"田"字的一格，逐步开发其他方格，整体组成"田"字形空间布局，将区域商圈逐步连成一大片，有力提升商圈活跃度。

2. 政府引导规划实现区域协同

一是国际一流商圈建设和发展周期非常长，应该有十年甚至二十年的规

划，然后逐步实施，从空间布局上进行优化。王府井、CBD 和三里屯都是寸土寸金的黄金地带，不适合运动式的商圈大改造，最适合长期规划步步为营的商业化改造方式。二是商圈自身建设要和周边资源积极联动，如王府井和故宫相距 1 公里，步行不到 20 分钟，如何通过过渡区域的设计，将两者打通，以人文历史为主脉络，实现文化和商业的交融，比很多 5A 景区强行设立的商业区要自然而容易被接受。

（四）搭建数据平台，整合线上线下

1. 建立数智化商圈信息系统

一是依托数智化商圈信息系统，按照竞合理念，先做大蛋糕然后去分蛋糕的思想，实现商圈、商场、商户间客户资源共享，通过相互引流，将横向营销发挥到极致，实现商圈的良性发展。二是通过制度和理念，将大商圈概念植入商圈企业的 DNA，必须要从思想和行动上做到商圈和商家利益的高度统一，充分发挥商圈管理委员会的职能，切实做到客户信息保密、脱敏和规范使用。三是让逛街更加智能化，商场除了要采用逛街导航等微信小程序，并与商家介绍、新品推介和促销信息联通外，商圈应该推出跨越不同商场的商圈智能化辅助程序。

2. 建立线上线下的联动机制

一是通过线上直播等活动放大新品和专供产品的价值。相关品牌能提供新品和专供的支持，如果不能在商圈得到较好的市场反馈，那么这种模式就无法持续，鉴于目前商圈客流量不景气的情况，商圈应该加大新品和专供的线上宣传力度，帮助品牌宣传新品，增加线下客流量，实现双赢。二是通过线上首店的业绩和市场反应，以成功率和接受度为指标谨慎引入首店，丰富线下品牌店，吸引更多年轻人。三是实现品牌线上旗舰店与国际一流商圈旗舰店的映射对应关系，当身处北京的消费者从线上旗舰店看到心仪产品时，如果国际一流商圈的线下旗舰店有产品，应该鼓励客户到王府井、CBD 或者三里屯的线下店体验，商圈旗舰店要乐于成为展厅和体验店，利于逐步增加客户对线下商圈的依赖度和黏性，对商圈繁荣度有长期持续的促进作用。

四是要时刻跟随线上爆品的发展趋势，能够跟得上线上的热点，让消费者感觉到线上线下零时差。五是建立商圈、商户、消费者的线上社区，搭建交流圈，通过线上商圈信息，及时得到消费者需求动向，反馈消费者售后需求，处理消费者投诉抱怨等。

B.16
"两区"建设背景下北京吸引
跨国公司500强总部研究

蓝庆新　栾晓丽*

摘　要：　在北京"两区"建设背景下，发展总部经济有助于北京"高精尖"经济结构的建立，有助于牢牢把握首都城市战略定位，推进北京"四个中心"功能建设和推动首都经济高质量发展。因此报告从跨国公司全球布局和转移趋势来分析跨国公司总部布局影响因素的变化，通过分析北京吸引跨国公司的条件优势和国内外典型城市的成功经验，进一步对比分析世界500强企业在北京各区域投资状况，从而为首都发展总部经济，更好地吸引跨国公司总部来京提出政策建议。

关键词：　"两区"建设　跨国公司　总部经济

一　跨国公司全球投资现状及转移趋势

跨国公司作为国际经济活动最重要的载体，其投资行为变化对全球经济发展及全球产业链变动、价值链的重构都将产生重要而深远的影响。在北京"两区"建设背景下，发展总部经济有助于北京"高精尖"经济结构的建立，是北京经济高质量发展的重要基础，推进北京"两区"建设和"四个

---

* 蓝庆新，经济学博士，对外经济贸易大学北京对外开放研究院研究员，国际经济贸易学院副院长，博士生导师，主要研究方向为"一带一路"、开放经济理论与政策；栾晓丽，对外经济贸易大学国际经济贸易学院博士研究生，主要研究方向为国际贸易。

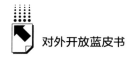
"中心"定位建设，需要积极关注大型跨国公司投资行为出现的新趋势和新变化，做出科学积极应对。

（一）全球投资现状

联合国在 2022 年 1 月发布的《全球投资趋势监测报告》显示，2021 年全球外国直接投资（FDI）流量强劲反弹，从 2020 年的 9290 亿美元增长至约 1.65 万亿美元，超过了新冠肺炎疫情前的水平。其中，发达经济体的增幅最大，受跨境并购（M&A）激增影响，美国的流入量增加超过一倍；发展中经济体的对外直接投资增长速度为 30%，相较 2020 年也有所反弹。不同经济体外资流入差异明显，美国是最大的外资吸收国，其外国直接投资增长了 114%，达到 3230 亿美元，其中跨境并购的价值几乎增加了两倍，达到 2850 亿美元。欧盟的外国直接投资增长了 8%，流量仍低于疫情前的水平。

在投资行业和投资手段方面，投资者对于基础设施领域的信心比较大，在全球大多数地区都出现了快速增长，国际项目融资交易数量增长了 53%，相比之下，投资者对于工业和全球价值链的信心仍然不足，虽然跨国投资中绿地投资价值增长了 7%，但投资数量有所下降，只有信息和通信（数字）部门已经完全恢复，其他工业部门的绿地投资活动平均仍比疫情前的水平低 30%。跨境并购的复苏在服务业中最为明显，其中信息和通信行业的并购交易数量增加了 50% 以上，占总数的 1/4。

2022 年全球外国直接投资的前景依然乐观，但重现 2021 年的大反弹式增长的可能性较低。与 2021 年相比，2022 年全球外国投资将保持温和态势，且基础设施行业的国际项目融资将继续提供增长动力。

（二）中国投资现状

2021 年，中国外资结构不断优化，引资规模创历史新高，中国打造的对外开放新高地成效显著，圆满完成稳外资工作目标。根据国家统计局统计，我国在 2021 年新设立了 4.8 万家外资企业，并且实际引资规模创历史新高，实现了两位数增长率，利用外资金额为 11493.6 亿元，同比增长 14.9%。高技术产业引资增长 17.1%，占比提升至 30.2%，对外投资的项目数量和投资金额都在稳定增长，这与中国经济高质量发展密不可分。

商务部最新数据显示，2022 年前 5 个月，全国实际使用外资金额 5642 亿元，同比增长 17.3%，折合 877.7 亿美元，同比增长 22.6%；截至 5 月底，我国登记在册外商投资企业 66.6 万户，比上年底增长 0.3%。年初我国疫情的多点暴发使国内外企业都受到了一定冲击，面对疫情带来的供应链问题，党中央、国务院办公厅推出一系列稳外贸稳外资政策措施，各地区各部门积极贯彻落实，中国主要经济指标的持续向好，经济高质量发展进程的加快，都对优质外商产生更大的吸引力，北京将借助首都的强大优势，更好地吸引跨国公司总部进京设厂。

（三）跨国公司转移趋势

2008 年全球金融危机爆发以来，全球兴起的"世界工厂"战略拉开了世界第五轮大规模全球工业中心迁移浪潮的历史帷幕，出现全球高端制造业的回流效应和全球中低端劳动密集型制造业向东南亚等新兴区域加速迁移发展的态势。2018 年底美国政府开始对华企业挑起新一轮贸易摩擦，特朗普政府也开始出台各种税收政策来威逼利诱各国在华企业，意在进一步引导各国制造业加速回流国内。加之 2020 年新冠肺炎疫情的突袭而至，各国开始封锁，全球产业链面临巨大挑战，当时各界担心外资是否会大规模撤离中国，但经历了两年多的疫情防控，全球看到了中国经济在疫情常态化防控时期的坚韧，中国在 2020 年成为唯一一个经济正向增长的国家，2021 年稳中提质，给世界各国投资者强有力的信心。

研究表明，2019 年，超过 3/4 的在华美国公司认为，它们不会考虑把采购业务和制造业迁移出中国。2021 年，近六成的欧盟企业表示有在中国扩大现有业务的计划，创下近几年来新高。许多大型日本投资公司都认为，中国大陆仍然将是日本海外直接投资项目的优先目的地。过去一年多来，外界舆论对于所谓的"中国供应链转移"问题的持续关注度正在显著减弱。

近期的跨国公司研究结果也进一步证明了这一点。事实上，不少大型跨国公司都指出，中国市场还是它们长期看好的海外投资主要市场之一。

二 世界500强企业在京基本布局及考量因素

（一）500强跨国企业在华布局情况

2022 年 8 月，《财富》世界 500 强排行榜发布，中国大陆（含香港）企业数量达到 136 家，第三年居榜首。加上台湾地区企业，中国共有 145 家企业上榜，美国有 124 家企业上榜。2022 年《财富》世界 500 强排行榜企业的营业收入总和约为 37.8 万亿美元，比上年大幅上涨 19.2%（该榜单有史以来最大的涨幅），相当于当年全球 GDP 的 2/5，接近中国和美国 GDP 之和。同时，总部位于大中华区（包括台湾）的《财富》世界 500 强公司的总收入首次超过了美国上榜公司的收入，占榜单总收入的 31%。

2022 年初国内疫情散点式出现，亚马逊、三星等跨国公司调整在华业务布局，但这并不能引起产业链转移的担忧，只是市场经济中的正常现象。例如 2022 年上半年上海美次方投资有限公司在中国成立，这是欧莱雅进入中国市场 25 年来首次在华成立投资公司。2022 年 6 月，第三届跨国公司领导人峰会在青岛举办，有 476 家跨国公司参加，其中世界 500 强企业 186 家，参与企业数量比上届增加了近 20%，共签订重点外资项目 99 个，总投资 156 亿美元，比上届增长 31.4%。青岛峰会的成功举办也为跨国公司在华投资增加了信心。我国不断提升的科技创新能力、完善的产业链集合能力、完备的基础设施配套能力、巨大的市场空间以及不断优化的国际营商环境成为跨国地区总部在我国投资布局的巨大优势。

（二）500强跨国公司在京布局情况

北京市"两区"建设和国际中心建设均将吸引跨国公司地区总部作为重点项目，数据显示，至 2022 年 6 月，在京跨国公司地区总部已达 207 家，外资企业总量接近 5 万家，其中有近 80 家世界 500 强企业在京设立跨国公司地区总部。

北京围绕"两区"建设，进一步发挥区域国际化资源优势，深化对外开放，提升软硬件环境，吸引更多优质企业落户，此外，北京是服务业扩大开放综合试点城市。近期公布的2022年《财富》世界500强企业排名，北京进入榜单的公司超过50家，占全球500强企业总量超过10%，连续十年处在榜单第一的位置。跨国公司地区总部和国际金融机构在北京的集聚和发展，各类高端要素加速聚集在北京，其国际创新资源吸附力逐步增强，北京市得以成为跨国公司地区总部的重要聚集地。

从北京各区跨国公司分布来看，跨国公司主要在朝阳区、海淀区、东城区和西城区四区分布。截至2021年底，朝阳区吸引跨国公司总部占北京总体的近七成，总共138家，其中有近70家为500强跨国公司。相较之下，在西城区、东城区和海淀区入驻的世界500强跨国公司总部比例较低。产业类型以制造业为主，例如大众、宝马和现代等汽车制造业主要在朝阳区设立地区总部；微软等高科技产业选择在海淀区设立总部；软件和信息服务业在朝阳区、东城区和海淀区均有布局；金融投资类产业主要集中在西城区和朝阳区。

（三）跨国公司总部投资布局的考量因素

以前跨国公司在选择东道国时，会重点考虑成本优势和适应速度，企业选在其他国家设立跨国公司的动力一方面是看中东道国的成本效益，另一方面是按照"及时生产"原理，针对本地客户进行多产地营销。所以，它们需要全面考虑所在国的产业规模、发展潜力以及营商条件等。在世界产业迁移趋势影响下，受到中美经济摩擦、新冠肺炎疫情的叠加冲击，各国跨国公司总部对投资布局开始重新思考，供应链韧性和稳定度、产业链的完备性和集群性将成为重要考量因素。

疫情令全球产业链循环受阻，供应链较长、较复杂的行业受到的影响尤其明显，部分行业甚至出现"断链"危机，各国加快了对本国产业链布局重构。以前跨国公司在考虑供应链和产业链构建时受成本因素、国别因素、地缘政治等各项因素的影响，现在产业链的集群性和供应链的韧性、安全性

成为跨国公司在全球布局的重要考量因素。

新冠肺炎疫情冲击下，中国经济率先恢复，成为唯一一个在2020年实现经济正增长的大国，2021年我国经济更是稳中提质，中国经济的韧性和前景由此可见。中国形成了全球最丰富最复杂的产业链条，并且近年来产业链价值不断攀升，因此，外资企业纷纷看好中国市场潜力。

三 北京吸引跨国公司总部入驻的条件优势

（一）首都经济社会发展基础优势

跨国公司的总部往往高度聚集在首都，并偏好于建立在政局相对安定、经济社会发展良好、基础设施健全的大都市。而按照近期公布的2022年《财富》世界500强企业榜单，北京入围榜单企业数量有50多家，占世界500强比重的11%，占中国大陆入围企业比重近四成，北京入围《财富》世界500强公司规模连续10年蝉联全球城市榜首。北京是我国目前唯一一个既有关于服务业扩大开放的政策试点，又有自贸试验片区的城市。因此，首都经济社会发展给予跨国公司在北京设立地区总部的信心。

（二）新发展格局和北京数字经济发展优势

当前，新发展格局是以习近平同志为核心的党中央针对中国当前发展环境、阶段和任务提出的重大战略决策。加之全球数字经济发展浪潮的兴起，北京也在大力推进数字产业化和产业数字化，着力打造全球数字经济标杆城市。报告显示，近3年北京数字经济核心产业新设企业年均增加1万家，全市数字经济核心产业规模以上企业达8000多家。2021年北京数字经济增加值达16251.9亿元，居全国榜首，在GDP中的比重约为40.4%。

近几年北京相继出台了一系列助力数字经济发展的政策，这些政策大力推动数字经济发展，成效显著。在数字经济高质量发展的带动下，北京成为全球数字经济产业投资的新地，也将形成维持行业发展、推动行业提升的强大动能，更好地吸引跨国公司总部在京布局。

（三）北京积极对接高标准经贸规则优势

近年来，随着各国贸易规范朝着区内"标准化"和区外"强排他"的走向发展，发达国家主导的高标准经贸规则逐渐成为国际贸易新壁垒，这将会带动全球产业链和区块链的重大变化，进而对全球跨国公司在北京投资决策和经营战略产生影响。

2022年5月，北京市第十五届人代会通过了《北京市人民代表大会常务委员会关于促进国家服务业扩大开放综合示范区建设的决定》（以下简称《决定》），强调开展国际高水平自由贸易协定规则对接先行先试。国务院批复提出，到2025年，北京将基本健全以贸易便利、投资便利为重点的服务业扩大开放政策制度体系；到2030年，基本建成与国际高标准经贸规则相衔接的服务业开放体系。因此，根据《决定》的要求，我国综合示范区建设中必须落实国务院的建设要求，逐步改善营商条件，提升行业竞争力，有效预防企业经营风险，并率先建立与全球最高标准经济规则相衔接的现代服务业开放制度。向全球跨国公司显示北京达到国际高标准规则的决心，从而更好地发展总部经济，吸引跨国公司总部在京布局。

（四）"一带一路"建设成果的示范作用优势

"一带一路"建设已近10年，这些年来五大愿景（政策沟通、设施联通、贸易畅通、资金融通、民心相通）在中国及"一带一路"沿线国家不断开花结果，全世界人民也都看到了这项倡议的正确性和可持续性，在促进合作国家双向发展的同时，提高了我国的国际地位，同时也在向跨国公司释放信号，吸引它们来中国投资。《中国外资统计公报2021》数据显示，2020年，"一带一路"沿线国家在华新设投资企业4254家，占我国新设外商投资企业数的11%；实际投入外资金额81.2亿美元，占我国实际使用外资金额的5.4%。"一带一路"建设极大提高了沿线国家在华投资的积极性。

北京作为首都和国内外交往的枢纽城市，其辐射功能和示范作用十分明显，为北京市更好地充分发挥首都人力资源、信息技术、政策资源优势，创

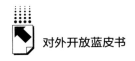
造了机遇。在北京"两区"建设的政策带动下，更好地建设国际交往中心的总部经济，能吸引更多跨国公司总部来京投资。

（五）北京"两区"建设和"四个中心"定位的政策优势

为加快构建以国内大循环为主体，国内国际双循环相互促进的新发展格局，北京推动"两区"即国家服务业扩大开放综合示范区和中国（北京）自由贸易试验区建设。充分利用"两区"的优惠政策，支持总部集团在中国（北京）自由贸易试验区围绕国际贸易、数字经济等领域先行先试，使来京投资总部享受更优的政策服务措施，例如更加开放的市场准入政策、更加便利的资金进出政策、力度更大的税收优惠政策和更优的营商环境等。这会对北京发展总部经济，吸引跨国公司总部在京投资产生巨大推动作用，同时也促进了北京"两区"建设。

北京"四个中心"即全国政治中心、文化中心、国际交往中心、科技创新中心的城市功能定位，对北京引进跨国公司总部有积极促进作用。政治中心定位为跨国公司投资提供了优越的政务空间、营造了优良的政务环境、提供了优质的政务服务。国际交往中心功能建设使北京适应我国日益走近世界舞台中央的新形势新要求，强化中国特色大国外交核心承载地功能，优化国际交往环境，到2025年，初步建成国际交往活跃、国际化服务完善、国际影响力凸显的国际交往之都，从而更好地吸引跨国公司总部的投资。

四 北京与国内外典型城市引入跨国公司总部 经验对标及对北京的启示

（一）国际典型城市对标分析及启示（纽约、东京）

1.纽约

（1）基本情况

纽约是具有标志性的国际城市，制造业总部云集，约有两万多家制造公司。一方面是纽约整体营商环境十分优秀，国际高端人才聚集，具有开放包容的适宜全球企业发展的政策措施，同时相应的配套措施也非常完善，城市在不同领域有完善的功能划分，其中公关机构、法律咨询机构和IT等技术服务机构有5000多家，不同行业的研究机构也有上千家，在银行、法律、保险、咨询、新闻、研究所、会计等领域数量庞大的机构设置以及优质的服务使纽约成为名副其实的高端国际城市。

（2）启示

借鉴纽约的发展经验，北京发展总部经济也要重视在不同区域对于城市进行功能性划分，要在银行、法律、保险、咨询、新闻、研究所、会计等领域实现同时发展，构建好针对不同行业完善的配套设施和上下游服务体系，吸引全球跨国公司总部来京设立。同时，发展总部经济建设规划要法治化，要更加注重人文关怀和环保意识，并且文化要更有包容性，创造一个创新力十足、服务完善、充满包容和活力的国际城市，从而使世界看到北京的优势，吸引它们的投资目光。

2. 东京

（1）基本情况

日本东京目前是全亚洲第一发展大城市，在东京聚集了全世界各大公司总部，跨国公司所属产业群主要有现代服务业、零售业和金融通信业等。同样，这里也汇集了大量的跨国公司配套服务机构。东京能够实现总部经济与都市圈联动发展离不开其完备的基础设施、高素质人才以及良好的市场规模。同时，东京市政府也出台了配套的立法措施来促进整个总部经济的发展和聚集，将超过一半的税收用于发展服务业、新兴产业等优势产业，政策信息也积极对接高水平经贸规则，推动国内产业发展的同时聚集全球跨国公司总部，总部聚集到一定程度后能够反向吸引人才、资金、技术的大量涌入，在政府积极促进政策的带动下实现总部经济和区域内都市圈的联动发展。

（2）启示

东京最大的特色是政府的职能强，国民经济的合理分配和配套政策的合理落实反映城市经济发展和产业结构走向。日本政府制定政策鼓励企业扩大

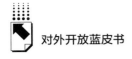

再生产占有市场，以便追求产业寡头甚至垄断，实现质量和速度的双向发展，赚取更多利益。因此，企业的发展需要政府和市场的共同努力，政府发挥政策引导作用，吸引跨国公司总部来此设立。同时，东京拥有完善的基础设施和文化环境，完善的铁路交通为跨国公司进驻提供了有利条件；东京发达的文化教育产业为跨国公司总部提供了优秀的人才和浓厚的文化氛围。这些都值得北京借鉴。

（二）国内典型城市对标分析及启示（上海、深圳）

1. 上海

（1）基本情况

上海是中国最大的经济、贸易、金融、航运、港口城市，也是跨国公司地区总部机构最集中的城市。截至 2021 年 1 月，上海市的跨国公司区域总部正式突破 770 家，《财富》世界 500 强企业在沪落户地区总部 112 家，可见上海已经成了跨国公司落户中国的首选地之一。

2022 年虽面临新冠肺炎疫情，但上海开放的力度更大，开放的广度和深度进一步拓展。2020 年上海市的国际金融中心地位已经超过香港和东京，成为全球第三大金融中心城市，上海拥有世界一流的证券、黄金、期货交易所，拥有完善的金融体系。继上海落实外商投资法率先出台全国首部地方外商投资条例之后，在 2020 年底，上海开始施行《上海市鼓励设立和发展外资研发中心的规定》，创造更好的政策鼓励措施和营商环境来吸引国外研发中心来沪设立发展。

（2）启示

近几年，在经济发展和配套政策的带动下，上海都市圈与跨国公司的联动发展卓有成效，这首先离不开上海自身良好的资源条件，例如区位优势，处于长三角经济圈发展中心，经济实力雄厚，基础设施配套完善，高端人才聚集，社会资源良好等。其次，上海市政府对接发达国家高标准经贸规则，出台吸引跨国公司的利好政策，同时大力发展金融业和服务业，吸引跨国公司入驻；同时，产业链整合能力强，辐射效应明显；自贸试验区集聚效应突出，行业特征日益显著。因此，北京在发展总部经济时要借鉴上海发展总部经济的经验，发展基建的同时政府和专业机构做到政策要符合时局。同时，产业结构应相应调整，使产业集聚平衡；扩大高水平制度开放，在"两区"先试先行，吸引多样化跨国公司总部。

2. 深圳

（1）基本情况

长期以来，深圳都是外商投资的热门城市，目前累计近300家世界500强企业来深投资，包括先进制造、计算机软件、通信、物流、医药等多个行业，跨国公司来深设立总部存在较大潜力。2020年，深圳将在继续有效执行好广东省"外资十条"政策的同时，配套市级的相关政策，实现当年实际直接利用外资总额近20亿元以上的示范带动的效果；同时还发布了《深圳市2020年稳外资促发展若干措施》，明确提出了五大主攻方向和21条措施，力求有效稳定国内外商投资的存量、带动增量。深圳市商务局数据显示，2021年深圳市设立外商投资企业近6000个，同比增长30%以上，世界500强企业在深投资也近300家。2022年8月，深圳出台《关于〈深圳市鼓励跨国公司设立总部企业办法〉的实施细则》，出具更加明确详细的奖励政策来吸引全球跨国公司总部和高端人才来深入驻，促进深圳总部经济的发展。

（2）启示

深圳采取的一系列吸引跨国公司总部的政策值得北京借鉴，例如出台更加详细具体的分档奖励措施，不仅要对来京进行绿地投资或者合资的跨国公司总部给予奖励，对于已经在京设立总部的跨国公司，在它们完成每年达标任务时，也要给予一定的优惠和奖励措施，这样能够稳固跨国公司总部在京的持续时间，实现总部经济的长效发展，使更多跨国公司愿意将北京作为它们的总部所在。

五 紧抓"两区"建设机遇，引入跨国公司总部的政策建议

立足"两区"建设、"四个中心"定位，不断优化北京营商环境，加大对

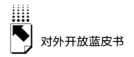

外开放力度，吸引跨国公司总部来京设立，实现产业集群效应，同时促进国内企业与跨国公司的合作与创新，加大政策支持力度，实现双方的联动式发展，吸引众多跨国公司总部到北京投资建立跨国公司地区总部，形成跨国公司产业总部集群辐射效应，共同推动区域跨国公司总部与区域国内大型企业总部联合式的高效协同发展，努力逐步改变现有跨国公司区域总部所存在的复杂营商环境问题与体制瓶颈，为北京国际交流中心功能建设提供有力支撑。

（一）实行更高水平的开放政策，优化外商投资环境

2020 年外商投资法的实施向全世界释放了中国对外开放进一步扩大的信号，这是我国对外开放举措的一大进步，向全球表明我们提高国内投资环境安全性、稳定性和透明度的决心，吸引跨国公司来中国投资。2021 年底，北京市商务局印发《北京市关于进一步加强稳外资工作的若干措施》，共 25 条，持续营造开放、便利的投资环境，保护外商合法权益。2022 年 3 月，商务部印发《市场准入负面清单（2022 年版）》，近年来全国版和自贸区版的负面清单不断缩减，开放水平不断提高。北京要在对外开放政策施行中发挥先行先试的标兵作用，推动降低外资准入的门槛，要把最新负面清单落实好，并且根据中国（北京）自贸试验区的特点和优势，因地制宜，先行先试。

（二）加大制度创新，对接全球高标准经贸规则

为更好吸引跨国公司总部，北京市要围绕"两区"建设，加大制度创新，主动对接全球高标准经贸规则，2022 年 5 月，已通过的《北京市人民代表大会常务委员会关于促进国家服务业扩大开放综合示范区建设的决定》表明，到 2030 年，北京基本建成与国际高标准经贸规则相衔接的服务业开放体系，各区政府要紧抓时机，会同北京市相关部门联合研究并出台外资项目财政、金融等配套政策，为跨国企业提供包括部分租金减免、标准厂房补助等优惠政策支持。支持中国出口信用保险公司等金融机构为外资企业提供出口险和内贸险支持，帮助外企稳定国内供应链和国内销售市场，研究制定来京投资外企保费、资信费等相关优惠政策。

（三）建设中外联合产业园，形成上下游产业联动的集约集群发展格局

目前，北京市在大兴区建立的中日国际合作产业园，是北京市"十四五"规划的重点项目，该产业园面向中日双边人才和优质产业，力图创造一个开放、创新、透明的投资营商环境，从而促进产业园内科技技术、投资基金和创新项目的充分涌入，从而推动北京总部经济的发展，畅通国内国外双循环体系建设。中德国际合作产业园目前也进入发展实施阶段，成为德国先进制造业的聚集地、中德隐形冠军发展的战略高地和中德交往与开放创新的重要窗口。

产业园区是以产业集聚为核心的创新创业平台，北京要继续重点建设中外联合产业园区，围绕产业发展、科技创新、人才流动、信息互通等推动全方位深度合作。同时提升北京市国际化承载力，建成产城一体化集聚模式，从而进一步吸引跨国公司总部，形成相互促进的良性循环，打造北京对接全球的国际门户。

（四）优化外资招商平台建设，形成一体化、高品质的总部经济服务体系

在中日、中德合作产业园建设基础上，面向英国、以色列、韩国、新加坡等发达国家，打造国际科技协同创新与产业合作发展示范区，以房山区、海淀园、朝阳园等国家级开发区为承载主体，围绕全市重点发展的十大高精尖产业，综合园区产业发展基础和当前利用外资规模，认定一批国际合作产业园。市财政以补助或奖励方式，专项用于合作产业园的招商引资、创新创业公共服务平台、开放载体建设等。对年度实际使用外资增量排名前5位的国家级开发区，市级层面统筹奖励新增建设用地指标。

（五）打造招商活动国际品牌，利用中介机构、外事资源招商引资

依托北京市在美国、德国等地的创新中心和联络机构，为外资企业提供

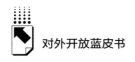

双向市场对接和推广服务，引荐符合产业功能定位的项目来京孵化。积极与中德科学促进中心、日中经济协会等官方或民间机构进行对接，帮助外资企业孵化器或平台在北京设立办事处，吸引外资创新企业在京投资。

依托北京对外交往宝贵资源，积极"筑巢引凤"，规划建设国际组织集聚区，深化国际医疗试点，营造国际化人文环境，提升对国际高端要素资源吸引力，重点引进国际知名企业总部、研发中心等机构。

（六）优化政策衔接，推动总部经济政策措施及时落地、精准施行

根据对标情况和引入目标跨国公司清单，精准施策，确定北京引入 500 强跨国公司地区总部和总部型机构的路径，研究北京"两区"建设中对跨国公司和总部经济发展政策细化和落地方案，针对不同类型跨国公司总部特点设计相应引入政策；提出吸引跨国公司总部来京集聚的相应政策，完善好跨国公司总部来京投资的配套设施，加大跨国公司总部来京设立的奖励力度，出台吸引高端人才和创新人才的政策措施，逐步完善总部经济发展的营商环境，实现国内企业与跨国公司一同高质量发展。

（七）发挥国际人才优势，通过人才吸引资本和技术

吸引跨国公司在中国设立区域总部离不开高质量人才的助力，一个城市拥有强大的人才队伍和高素质人才是吸引企业投资和实现经济发展的关键因素与筹码。虽然北京已经成为高质量人才的聚集地，但是高素质管理人才和复合型人才仍有比较大的缺口。而且伴随着我国经济跨越式发展，基础劳动力成本也在逐年上升，以往低廉的劳动力优势不断弱化，在此情况下更需要我们发挥人才优势，吸引跨国公司来京投资，通过人才吸引资本和技术，加强中外合作推动科技创新。产学研结合，充分利用学校与企业、科研单位等多种不同的教育环境和资源，达到培养应用型复合型人才的目的；大量引进培养国际化高端创新人才、产业领军人才及团队，加大对青年科研人员资助和激励力度，巩固提升技能人才优势，壮大各领域专门人才队伍。

案 例 研 究

Case Study

B.17
北京证券交易所：构建高水平
金融开放新格局

江 萍　袁铂宗　郑晓佳*

摘　要： 推动更高水平金融开放，既是当前金融业自身发展的需要，也是
深化金融供给侧改革、实现经济高质量发展的要求。北京证券交
易所（以下简称"北交所"）以服务专精特新类企业为目的，
并通过其独特路径实现构建高水平金融开放新格局。北交所的建
立将持续吸引国外创投基金投资中国高精特新企业、促进合格境
外投资者参与资本市场交易，增强中国资本市场的国际化程度。
北交所组成了多层次资本市场的基本框架，并为破解企业创新困
境提供了基于高水平金融开放的改革方案，为进一步实现高水平
金融开放新格局做了准备。北交所最终的成功落地离不开高水平

---

* 江萍，金融学博士，对外经济贸易大学国际经济贸易学院金融学教授，主要研究方向为资本
市场、公司治理、IPO、风险投资与私募股权、金融科技、"一带一路"投融资；袁铂宗，对
外经济贸易大学博士研究生，主要研究方向为跨国企业与公司金融；郑晓佳，管理学博士，
对外经济贸易大学国际经济贸易学院讲师，主要研究方向为数字经济。

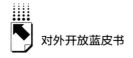

金融开放的政策机制联动，其成功实践了高水平金融开放的中央—地方层面的具体政策联动路径。北交所由于其独特的服务对象和金融机制设计上的后发优势将成为资本市场改革的又一重要里程碑。

关键词： 北交所 高水平金融开放 企业创新

一 北交所成立的背景和现状

（一）成立背景

长期以来，新三板的中小企业与中国主板市场缺乏有效流转，中小企业融资难融资贵一直是中国资本市场的顽疾。2021 年 9 月 2 日，习近平主席在中国服贸会的讲话中宣布"我们将继续支持中小企业创新发展，深化新三板改革，设立北京证券交易所，打造服务创新型中小企业主阵地"。① 北交所的横空出世，对中国资本市场进一步深化改革，主要具备三大意义。一是对标国际上发达国家的多层次资本市场，实现多层次资本市场助力企业直接融资，为金融对外开放的国际化补足短板。二是打通现有股权转让市场和主板市场之间的转换渠道，形成服务于中小企业成长的完备融资市场。三是借助北交所的成立，得以尽快培育一批"专精特新"的中小企业，形成全社会助力创新创业，服务于高质量发展的良性资本市场格局。经过北京市各级部门和证券监管机构的努力，北交所于 2021 年 11 月 15 日正式开市。

（二）发展成果

北交所从成立至今已取得显著成效，中小企业在北交所交易已形成初步

---

① 《习近平在 2021 年中国国际服务贸易交易会全球服务贸易峰会上的致辞（全文）》，新华社百度百家号，2021 年 9 月 2 日，https://baijiahao.baidu.com/s? id = 1709792078487188307&wfr = spider&for = pc。

规模。截至 2022 年 7 月，共有 24 家企业在北交所完成发行申购，合计融资 40.04 亿元，平均每家 1.67 亿元，网上发行平均有效申购户数为 21.18 万户，平均申购倍数达 393.81 倍，平均配售比例达 0.53%。据《中国证券报》报道，2022 年以来，公募基金、证券公司积极参与北交所公开发行战略配售，9 家企业获公募基金战略投资。其中，公募旗下参与北交所主题基金战略配售的企业数量超过 4 家。截至 2022 年 6 月底，已经有超过 500 万户的北交所市场合格投资者，开市后累计新增 100 万户。超过 500 家公募基金参与北交所投资，投资规模日益增大。共有 136 家，覆盖 9 个门类行业、31 个大类行业的企业等待进入北交所，排队在审。这 136 家公司最近一年营收和利润都保持在 30% 以上增速，净利润中位数为 4444.02 万元。

二　北交所促进高水平金融对外开放的路径

（一）吸引国外创投基金投资中国高精特新企业

从已获得风险投资的北交所企业来看，其背后的融资资金来源实现了多元化，不仅有国内资本积极参与专精特新类企业直接融资活动，外资也被撬动积极投身于为中小企业提供直接融资服务。相较沪深交易所，北交所上市所要求的财务门槛和市值标准有所放宽，这让更多的中小企业拥有了上市融资的机会，从而也加快了初创企业的 IPO 进程。对于外资金融机构来说，这将大大提高其投资公司上市的概率。此外，按照北交所当前发展计划，未来其承载上市企业数量将会超过 1000 家，这对于外资股权投资机构来说显然是巨大的机会。在这一大背景下，以红杉为代表的外资股权基金纷纷准备为专精特新类企业注资，有利于缓解这类企业所面临的现金流压力。红杉中国创始及执行合伙人沈南鹏在 2021 年的世界互联网大会乌镇峰会上表示，北交所的成立进一步彰显了中小企业在国家创新体系中的重要地位，而且其将成为中国软件企业规模化上市的一大重要的承接平台。

2021 年 11 月 4 日，新三板公司和创科技发布定增公告，此次发行的认

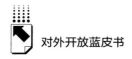

购方包括红杉资本旗下公司。本次参与和创科技定增，也是红杉资本时隔 5 年再度"回归"新三板。这标志着外资背景的股权投资机构正式参与到北交所建设之中。根据美国证监会的统计，红杉中国近日完成新一期的募资，投资总规模约 90 亿美元，继续扩大在中国的股权投资规模，也体现了中国金融业不断扩大高水平开放对外国资本的吸引力。除了已经在新三板挂牌的公司外，未上市的专精特新企业作为北交所主要服务对象，直接成为外资金融机构所锚定的潜在服务群体，其融资紧张的问题也将得到一定缓解。显然以交易所的成立撬动外资金融资本助力中国企业产业升级的基本路径雏形已经形成。

（二）促进合格境外投资者参与资本市场交易

北交所的设立为境外投资者参与中国中小企业资本市场提供了重要渠道。从制度层面，境外投资者可通过四种渠道参与北交所资本市场交易活动。一是合格境外投资者（QFII 和 RQFII），遵循《合格境外机构投资者和人民币合格境外机构投资者境内证券期货投资管理办法》投资北交所。截至 2021 年 6 月 30 日，包括汇丰银行、德意志银行在内的 3 家 QFII 和 2 家 RQFII 已经参与了北交所投资。二是具有外国国籍的战略投资者可按照商务部出台的《外国投资者对上市公司战略投资管理办法》，直接对北交所上市公司进行战略投资。三是获得中国境内永久居留资格的境外自然人和在境内工作且其归属国证券监管机构和中国证监会建立监管合作机制的外籍公民可直接参与北交所交易。四是北交所已上市公司的外籍核心员工可作为股权激励对象，直接在交易所交易股票。境外投资者可根据自身条件通过以上四种渠道参与北交所交易活动。未来，北交所将重点从增强市场功能、优化市场生态、扩大市场开放三方面发力，服务更多境外投资者参与北交所交易。

（三）对标国际金融标准构建多层次资本市场

北交所的出现，补齐了中国资本市场的短板，打通了从股权交易市场到主板市场的合理通道。与美国的"粉单市场—纳斯达克—主板市场"的企业一条龙融资需求服务模式类似，北交所的出现使得中国得以建立起"新三板—北交—主板"的一条龙企业融资服务路径，将服务中小企业的股权交易市场与主板交易所的路径打通，使得中小企业得以在全流程生命周期得到金融服务的支持。同时，从地理位置上来看，位于南方的上交所和深交所能够辐射长三角和珠三角的临近企业。北交所的成立则在地理位置上补足了北方缺少证券交易所金融基础设施的短板，对缓解北方地区企业融资约束将起到重要作用。北交所的开市运行，意味着中国多层次资本市场体系日趋完善，构成中国证券市场"三足鼎立"的局面。北交所与沪深交易所互联互通，错位发展，为不同阶段、不同类型的企业提供融资服务，各自服务相对应的企业，为实体经济的发展发挥应有的作用、贡献应有的力量，为进一步实现更高水平金融领域对外开放奠定了资本市场的制度基础。

（四）提供破解专精特新类企业创新难题的高水平金融开放方案

2021 年《财富》世界 500 强榜单中，中国上榜公司数量居于首位，达到 135 家，而美国为 122 家。中国在 500 强企业的绝对数量上已超越美国，这说明当下的中国经济并不缺少大型企业。但中国的大型企业普遍大而不强，在全球价值链体系中大多处于中下游位置，所生产的产品核心零部件往往来源于发达国家的中小企业，这些掌握核心技术的中小企业掌握了中国制造组成的关键环节。同时，在中国，中小企业一直是国民经济的重要组成部分。多年来，中小企业贡献了 50% 以上的税收、60% 以上的 GDP、70% 以上的技术创新、80% 以上的城镇劳动就业和 90% 以上的企业数量，但中国的中小企业往往从事着低附加值、低技术的劳动力密集型产业，体现出多而不强的特点。为破解中小企业产业升级困局，习近平总书记强调，推进科技创新，要在各领域积极培育高精尖特企业，打造更多"隐形冠军"，形成科技创新体集群。

但中小企业由于其企业特质决定了其创新投资行为面临着比大企业更为严峻的融资约束，更难以从资本市场获取到资金支持。受制于中国资本市场的发展阶段，中国企业的间接融资占比高达 80%，而发达国家直接融资占

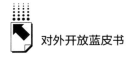

比则接近 80%，这使得中国创新型小企业获取信贷支持的难度远高于发达国家。就当下中国资本市场的发展现状来看，北交所出现以前的中国资本市场，国内的风险投资基金"一窝蜂"地追逐各类风口，互联网、共享经济、在线教育，而"专精特新"引起国家战略层面高度重视的中小企业平均估值只有互联网巨头市值的 1/10，同时大量中小企业也无法通过直接融资上市增资，这就导致具有战略意义的中小企业反而难以得到制度性支持。

自中国加入世界贸易组织以来，对外开放战略一直是国家级层面的战略指导，但随着中国经济的快速发展，中国经济实力跃上一个新台阶，中国经济面临着提质增效的新任务和新挑战。积极利用外资一直是对外开放的重要举措，也是改革开放的宝贵经验。在改革开放之初，承接国外产业链转移，充分发挥比较优势，参与国际化分工是东部沿海地区得以快速吸纳就业人口，实现经济快速增长的重要助推剂。但目前中国经济面临着新旧动能转换的关键时期，旧的劳动力密集型产业比较优势在逐渐衰减，同时新的技术密集型、资本密集型产业比较优势在逐渐形成。马克思主义的政治经济学理论强调，上层建筑与经济基础相适应是经济增长的长期动力，这就要求我们要创新外部资源的利用模式，构建适合当下中国经济基础的上层建筑，打造更高水平对外开放平台，释放改革动能，助力中国企业转型升级，提质增效。

习近平总书记强调新发展格局的本质特征是实现高水平自立自强，新发展格局的本质实现也就离不开企业创新环境的营造和企业创新动能的激发。以高水平对外开放为契机，促进企业创新活力的迸发，最终实现高水平的自强自立是金融领域开放发力的根本目标。而北交所正是以高水平金融开放为契机，助力新发展格局建构重要的制度创新。北交所开创了外资在新发展格局中服务于专精特新类中小企业的新角色。区别于传统企业利用外资的生产技术溢出，以提高中国企业的全要素生产率的旧模式，北交所则试图利用外资先进的金融管理经验和资金优势来直接培育本土创新型企业，以助力专精特新类企业实现高水平自强自立。北交所提供了新发展格局下利用外资服务专精特新类企业实现高质量发展的新方案。

（五）金融领域高水平对外开放的政策联动路径

北交所之所以是高水平金融开放的又一创新模式，离不开多部门金融机构的协同联动。要实现利用外资助力中国企业转型升级，就要开放市场，让外资和中资互利共赢，实现强强互补，才能使得外资金融资本成为助力中国企业发展的产业资本。

宏观国家层面对外开放的整体设计。2021 年，国家发展改革委和商务部发布的《外商投资准入特别管理措施》，为国外金融机构参与北交所一级市场交易提供了基础制度支持。准入清单对于股权投资的影响主要有三个方面。一是取消证券投资基金管理公司外资股比限制。二是放宽外资在制造业、农业的准入标准。三是实现了自贸试验区负面清单制造业条目清零，这使得外资企业在自贸区范围内拥有了更大程度的自由经营权。同时，2017～2020 年，国家层面连续四年修订全国和自贸试验区负面清单的条目，外资准入特别管理措施分别由 93 项减至 33 项，诸多领域放开了对外资的投资限制，负面清单的宏观制度设计为外资股权投资机构提供了更广阔的股权投资标的选择。

证券监管层面对金融开放的制度性设计。2019 年，中国证监会发布了《合格境外机构投资者和人民币合格境外机构投资者境内证券期货投资管理办法（征求意见稿）》，明确将把在全国中小企业股份转让系统（即新三板市场）挂牌的股票纳入合格境外机构投资者及人民币合格境外机构投资者的投资范围。制度层面确定了境外投资者进入新三板交易的交易规则。也为合格境外投资者参与新三板和北交所的股权流转体系提供了先决条件。

交易所微观层面对金融开放的制度设计。2021 年 11 月 12 日，北交所发布《北京证券交易所合格境外机构投资者和人民币合格境外机构投资者证券交易实施细则》（以下简称《细则》），规定了境外机构投资者参与北交所交易的基本流程，涵盖了发行上市、融资并购、公司监管、证券交易、会员管理以及投资者适当性等方面，形成了北交所自律规则体系。《细则》为外资具体参与北交所交易提供了行为规范和交易所场内监管制度体系。

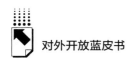

三　存在的问题

（一）专精特新类企业的寻租空间问题

北交所的设立实际上是利用市场机制对战略性行业进行政府支持的典型行为。从市场均衡的角度来看，这一行为本质对于其他行业是一种竞争扭曲，这一扭曲将破坏市场中其他企业的公平竞争地位。但战略性行业所具有的外部性，又要求政府对这一领域和行业进行支持，才能使得资源配置达到全局最优。因此，对哪些企业给予关键性支持就变成了实现最优资源配置的根本性问题，寻找符合中国需要的专精特新类企业并予以重点支持和制度倾斜是政策落地的重点。

（二）北交所交易流动性不足问题

截至 2022 年 6 月底，北交所上市企业共有 100 家，距离北交所规划 1000 家上市企业的数量还有较大差距。同时已有上市企业普遍面临流动性不足问题，2022 年上半年新三板新申请挂牌企业数同比暴增 331%，企业融资需求旺盛，但市场流动性不足。自北交所开市以来，新股频繁破发、单日总成交额跌破 3 亿元、打新热情下降。截至 2022 年 7 月 8 日，北交所开市以来已有 158 个交易日，只有 69 个交易日的总成交额大于 10 亿元。其中，仅开市首日的总成交额突破 50 亿元。上市公司的增加并未带来市场增量资金的提高，市场的流动性下降，将严重制约未来北交所企业的融资潜力。

（三）以北交所为窗口实现金融领域高水平对外开放的机制联动问题

以北交所为窗口实现金融领域高水平开放，在当下中国，是需要多部门联动配合协作的系统性问题。自 2017 年起，国家发展改革委、商务部印发的《外商投资准入特别管理措施》（即负面清单）为外资进入股权融资行业提供了基础的制度性支撑。2021年，中国证监会发布的《合格境外机构投资者和人民币合格境外机构投资者境内证券期货投资管理办法（征求意见稿）》为外资从事股权投资活动提供了具体的操作活动范围。而2022年5月，北京市地方金融监督管理局等四部门联合印发的《关于推进北京全球财富管理中心建设的意见》（以下简称《意见》）强调，持续深化开放创新试点，支持合格境外机构投资者和人民币合格境外机构投资者开展证券投资业务，参与北交所交易活动。《意见》为外资参与北交所建设提供了地市层面的文件指导。但迄今为止，外资在北交所活跃程度并不高，政策协调机制还留有改进空间。可见金融领域改革是中国改革开放环节中最重要的改革进程，牵一发而动全身，而实现金融领域的改革进展需要多部门协同合作，自上而下有序进行，才能将具体开放措施有力推进。从国家层面的顶层设计，监管层面的制度安排，到地市层面的具体安排，都需要多部门协调安排统一行动，其最终效果不仅依赖于顶层设计，还依赖于各部门之间的协调联动。

四 建议

（一）完善专精特新类企业审查机制

当下"专精特新"企业实施梯度培育，国家级、省级、市级"专精特新"企业每年申报1次，申报上一级别的"专精特新"企业要从已认定的下一级别的"专精特新"企业中遴选推荐，企业需要根据要求准备纸质申报材料，按时提交到区县（市）工信部门，工信部门初审后逐级推荐上报。这就要求各地工信部门组织会计力量，对专精特新类企业加强审计监察。为此，可设计专精特新企业的逐年审计，动态退出机制，以保证专精特新企业的准确性。同时对新三板已经上市的企业，加强审计力度，保护投资者合法权益，促进北交所的良性发展。

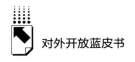
（二）增强北交所交易流动性

吸引更多增量资金入场，可降低中国投资者交易门槛。散户投资者是中国资本市场的最广大参与者，提供了市场上绝大多数的流动性。引入散户投资者可以有效地激发北交所的交易活力，同时北交所如能先于科创板放宽投资者交易限制，也将形成对科创板、创业板的流动性优势，进一步放大北交所的流动性优势。

吸引更多增量资金入场，可降低外资投资者交易门槛。当下外资只能通过 QFII 进入北交所交易市场，且开通北交所交易席位的外资企业并未形成规模，目前仅有数家外资金融机构开通交易席位。可考虑适当放宽在北交所交易的外资者的投资资格限制，吸引全球高风险高收益偏好的投资者参与北交所建设。同时，学习沪港通、沪伦通、深港通互联互通经验，实现北交所与海外资本市场的互联互通，引入更多增量资金。

（三）打造高水平金融开放新窗口

应从国家层面提高北交所的战略定位，将北交所定位为金融领域高水平开放的新窗口，创新外资利用模式的新典范，从而才能真正实现和科创板、创业板的错位竞争。综观金融领域改革，需要顶层设计、监管部门和地方政府三方联动。当下要利用外资实现产业升级，打造高水平金融开放新窗口，更需要顶层决策者在金融开放领域对北交所的精确定位和整体把握。多部门联动促进北交所在境外投资者准入、股权交易比例、自贸区制度创新等领域扩大开放程度，尽早借助北交所平台进行高水平金融开放的有限试点工作，为下一步资本账户的逐步兑换积累宝贵经验。

参考文献

［1］吴科任、郭霁莹：《创新活力充沛 北交所市场融资功能不断提升》，《中国证券

报》2022 年 7 月 14 日。

［2］杨虹：《扩大高水平对外开放 推动经济高质量发展》，《中国经济导报》2021 年 12 月 31 日。

［3］刘坤：《外资准入负面清单有哪些变化》，《光明日报》2021 年 12 月 28 日。

［4］国家发改委外资司：《减至 31 条 持续扩大高水平对外开放 国家发改委有关负责人详解 2021 年版外商投资准入负面清单》，《财经界》2022 年第 1 期。

［5］陆娅楠：《外商投资准入负面清单进一步缩减》，《人民日报》2021 年 12 月 28 日。

［6］邱海峰：《2021 年版外资准入负面清单再缩减》，《人民日报》（海外版）2021 年 12 月 28 日。

［7］赵碧：《新版外商投资准入负面清单发布 条目精简精准度提高》，《中国产经新闻》2021 年 12 月 30 日。

［8］夏小禾：《2021 年版外资准入负面清单再"瘦身"》，《机电商报》2022 年 1 月 17 日。

［9］谈文鑫：《从大胆能人到知识能人再到创造能人，中小微企业数字时代再启航》，《财富时代》2021 年第 12 期。

B.18
北京大兴国际机场综合保税区：
打造国际创新资源要素接驳地

徐 晨*

摘　要： 北京大兴国际机场是世界级航空新枢纽和国家发展新动力源，也是京津冀世界级城市群和雄安新区创新发展新门户。报告以北京"两区"建设为背景，从经济地理空间深化、业务创新探索、协同管理机制三个方面，总结归纳了北京大兴国际机场综合保税区对标国际一流自由贸易港区，通过与国际创新资源要素无缝衔接，加快成为临空经济产业驱动引擎，京冀两地扩大开放和改革创新的先行先试区，我国临空型综合保税区发展引领区和东北亚地区参与全球贸易的核心节点，也同时提出了圈层式优化内部资源要素与国际对接，做强做长做实做足复制推广，勇于先行先试创新综合保税区发展的具体政策建议。

关键词： 北京大兴国际机场　综合保税区　自由贸易港区　开放创新　资源要素

在习近平新时代中国特色社会主义思想指导下，综合保税区发展在推动形成全面开放新格局中具有重要的战略位置。改革开放以来，综合保税区始终是对外开放的"试验田"和"排头兵"，是开放型经济的重要平

---

* 徐晨，博士，对外经济贸易大学北京对外开放研究院研究员，政府管理学院公共经济系主任，中国报关协会副秘书长，主要研究方向为国际贸易、海关管理、口岸营商环境。

台，是新时代全面深化改革开放、实施高水平开放与自由贸易区战略的新高地。2016 年 10 月，经国务院批准同意，国家发展改革委印发《北京新机场临空经济区规划（2016—2020 年）》，同意北京市与河北省全国首创共建北京大兴国际机场临空经济区，首次赋予北京大兴国际机场临空经济区国际交往中心功能承载区的战略定位，并提出设立北京大兴国际机场综合保税区（以下简称"大兴机场综保区"）的战略规划。经过两地规划者、建设者和管理者的不懈努力，如今，一个国际创新资源要素接驳，制度创新成果不断涌现的临空型综合保税区正在成为首都对外开放发展的新亮点。

一 案例背景：北京地区综合保税区发展与创新综述

党的十九届五中全会通过的《中共中央关于制定国民经济和社会发展第十四个五年规划和二〇三五年远景目标的建议》，提出"要加快构建以国内大循环为主体、国内国际双循环相互促进的新发展格局，以紧扣高质量发展为主题，坚持创新驱动发展，全面塑造发展新优势"。[1]

综合保税区是我国开放型经济的重要平台，是推进新发展格局中实施创新发展战略的重要载体，是统筹国内外两个市场、两种资源推进经济双循环发展的重要枢纽节点。2019 年初，国务院印发《关于促进综保区高水平开放高质量发展的若干意见》（国发〔2019〕3 号，以下简称"国发 3 号文件"），提出要"推动综合保税区发展成为具有全球影响力和竞争力的加工制造中心、研发设计中心、物流分拨中心、检测维修中心、销售服务中心"[2]，并提出了 21 条具体支持措施，为新形势下高质量

---

[1] 《中共中央关于制定国民经济和社会发展第十四个五年规划和二〇三五年远景目标的建议》，中国政府网，2020 年 11 月 3 日，http：//www. gov. cn/zhengce/2020-11/03/content_5556991. htm。

[2] 《国务院关于促进综合保税区高水平开放高质量发展的若干意见》，中国政府网，2019 年 1 月 12 日，http：//www. gov. cn/gongbao/content/2019/content_ 5366474. htm。

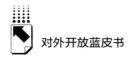

发展综合保税区指明了前进方向，是近年来国家关于综保区发展的关键性政策文件。

综合保税区是我国海关特殊监管区域的主体。截至 2021 年底，全国共设有海关特殊监管区域 168 个，其中综合保税区 156 个。根据海关统计数据，全国海关特殊监管区域以不到 0.005% 的国土面积，实现全国 1/5 的外贸进出口值，已经成为各地区发展外向型经济的重要平台和主阵地。尽管如此，从综合保税区的发展历史、发展现状看，其也面临着一些客观的问题，其中北京地区综合保税区的发展也经历过曲折的历程。

这些问题主要是，第一，地方政府"重设立、轻管理、弱运营、差服务、低协同"的情况始终存在，个别综保区设立之后，综合绩效水平较差。第二，随着我国总体关税水平和增值税税率下降，加之我国自贸协定数量稳步增加，综保区传统业务如保税加工和保税物流对企业节约资金成本的吸引力随之下降。第三，从数量和分布上看，综保区在个别经济区域呈现饱和状态。虽然数量并不是决定综保区发展的唯一因素，但说明综保区在我国的发展已经从增量与转型发展过渡到存量与创新发展阶段。第四，综保区的南北东西区域发展态势呈现出明显不同，综保区对所在区域的经济带动和辐射作用呈现出异质化格局，相当多地区存在隐忧。第五，上海临港特殊综合保税区和海南自由贸易港的出现，以及《中华人民共和国海关综合保税区管理办法》的出台，给各地综合保税区的发展带来新的挑战和机遇，各地自由贸易试验区范围内的综合保税区如何引领自由贸易试验区的制度创新成为新的命题。

从全国情况看，综合保税区在整合升级创新创优方面，纷纷对标本地优势产业资源要素，进一步创新体制机制，拓展保税功能，培育发展新优势。在海关总署关于综合保税区申请设立、发展绩效评估等一系列最新政策的推动下，综合保税区如何加快创新升级，如何有力地支持企业参与国际国内双循环，如何更好地发挥综保区对区域经济的带动辐射作用，是各地综保区发展创新面临的核心问题。

从北京地区看，在大兴机场综保区设立之前，仅设立有毗邻首都国际机场，从出口加工区转型而来的北京天竺综保区。北京地区综保区从数量，更重要的是从功能上看，存在着与首都功能定位不相适应的问题。解决这一问题，需要对综保区在对外开放格局和首都发展战略中的本质、定位、功能和管理进行深刻的思考与研究。大兴机场综保区是这一思考研究创新过程结出的果实。作为报告研究对象即大兴机场综保区的长期近距离观察者，我们发现，从大兴机场综保区的规划与建设过程看，有三个时间阶段反映出这一创新过程。

第一，北京新机场项目开工建设后，2016年10月，经国务院批准同意，国家发展改革委印发《北京新机场临空经济区规划（2016—2020年）》，同意北京市与河北省共建北京大兴国际机场临空经济区，该规划赋予临空经济区国际交往中心功能承载区等战略定位，提出设立和同步建设综合保税区。这一时期，虽然已经明确设立新机场综保区的设想，但综保区的定位、功能和发展方向依然不明确。2019年1月，北京市政府联合河北省政府共同向国务院递交设立大兴机场综保区申请，恰在国发3号文件发布同月之后，不难看出，国发3号文件对于大兴机场综保区建设的重要推动和创新作用。

第二，2020年6月，北京市委市政府发布《北京市实施新开放举措行动方案》，提出构建由1个自贸试验区、3个综合保税区、若干开放园区组成的"1+3+N"的开放型经济发展新格局，方案提出"打造各具特色的综合保税区"，"积极争取北京大兴国际机场综合保税区尽快获批、如期封关运行，在全国率先打造'一个系统、一次理货、一次查验、一次提离'港区一体化监管模式"[1]，该方案还提出了天竺综保区的改革方向和亦庄综保区的设立方向，说明北京地区综保区发展和创新的思路已基本形成，为北京自贸试验区的建设构建了综保区创新发展的支撑力量。9月，国务院印发《中国（北京）自由贸易试验区总体方案》，北京自贸区诞生。

---

[1] 《北京市实施新开放举措行动方案》，北京市发改委网站，2020年6月10日，http://fgw.beijing.gov.cn/fgwzwgk/zcgk/qtwj/202203/t20220322_2636745.htm。

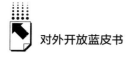

第三，2020年11月5日，北京大兴机场综保区获国务院批复；6日，《北京市人民政府关于支持综合保税区高质量发展的实施意见》公布，这一文件迄今仍是北京地区综保区高质量发展最为全面的文件之一。北京大兴机场综保区进入全面建设阶段。

2022年1月6日，陈吉宁市长在北京市政府工作报告中指出，2022年北京的主要任务之一是，"推动引领性制度创新，打造改革开放北京样板"①，其中提出，要"着力构建以科技创新、服务贸易、先进制造等为特色的综合保税区格局，提升航空'双枢纽'国际竞争力"。② 2022年6月27日，蔡奇书记在中国共产党北京市第十三次代表大会上的报告中，提出要"发展更高层次开放型经济"③，要"提升临空经济区发展能级，推动综保区高质量特色发展"。④ 因此，大兴机场综保区在北京地区综保区发展中承担着承上启下开辟新篇章的重要任务，将对海淀、亦庄、雄安等后续综保区的申请设立和运营发展起着关键的引领作用。大兴机场综保区投入运营后，工作重点将从申建转移到运营，通过"以更加开放的视野，深入开展国际高水平自由贸易协定规则对接先行先试，营造国际一流的营商环境，更好服务和融入新发展格局"⑤，努力通过"保税+"实现与国际创新资源要素接驳。

---

① 陈吉宁：《北京市政府工作报告——2022年1月6日在北京市第十五届人民代表大会第五次会议上》，京报网，2022年1月13日，https：//news. bjd. com. cn/2022/01/13/10029749. shtml。

② 陈吉宁：《北京市政府工作报告——2022年1月6日在北京市第十五届人民代表大会第五次会议上》，京报网，2022年1月13日，https：//news. bjd. com. cn/2022/01/13/10029749. shtml。

③ 蔡奇：《在习近平新时代中国特色社会主义思想指引下奋力谱写全面建设社会主义现代化国家的北京篇章——在中国共产党北京市第十三次代表大会上的报告》，京报网，2022年6月27日，https：//news. bjd. com. cn/2022/07/04/10112173. shtml。

④ 蔡奇：《在习近平新时代中国特色社会主义思想指引下奋力谱写全面建设社会主义现代化国家的北京篇章——在中国共产党北京市第十三次代表大会上的报告》，京报网，2022年6月27日，https：//news. bjd. com. cn/2022/07/04/10112173. shtml。

⑤ 蔡奇：《在习近平新时代中国特色社会主义思想指引下奋力谱写全面建设社会主义现代化国家的北京篇章——在中国共产党北京市第十三次代表大会上的报告》，京报网，2022年6月27日，https：//news. bjd. com. cn/2022/07/04/10112173. shtml。

二 创新要素一：大兴机场综保区的经济地理空间区位

（一）选址与主要功能规划

大兴机场综保区选址位于北京大兴国际机场货运区专用货运跑道东北方向，永兴河以北，京台高速以西，规划面积 4.35 平方公里，覆盖京冀两地。按照"规模适中、布局合理、用地集约"的设立要求，大兴机场综保区批复范围包括南部的口岸功能区和北部的保税功能区。

其中，口岸功能区位于大兴国际机场国际货运区，规划面积 0.834 平方公里，东至机场货运区用地红线，南至机场停机坪（与货机停机位无缝衔接），西至支十一路和国内货运站东侧，北至主干六路南侧。北部的保税功能区规划面积 3.513 平方公里，京冀行政区划地理界线穿区而过，北京、河北区域面积各约 1.76 平方公里，东至规划三路，南至永兴河北路，西至规划二路东侧，北至规划一路。口岸功能区与保税功能区之间，因永兴河自西向东流过，因此通过高架封闭联络道①连接为一个整体。截至 2022 年 6 月，已经实现封关运行的保税功能区一期项目规模为 2.12 平方公里，其中北京大兴部分为 1.04 平方公里，河北廊坊部分为 1.08 平方公里（见图 1）。

同时，大兴机场综保区也位于北京大兴国际机场临空经济区的核心范围内。根据《北京新机场临空经济区规划（2016—2020 年）》，这部分面积更大的区域是由国务院批复设立的临空经济示范区，核心区面积达到 150 平方公里，同样由京冀两地共建，其中北京部分约 50 平方公里，河北部分约 100 平方公里，规划了航空物流、科技创新与服务保障三大组团区域。

以上可见，从地理区位选址上，在规划之初大兴机场综保区就同机

---

① 双向 2 车道，车道宽度 4.5 米，设计时速 20 公里/小时，坡度 4%。

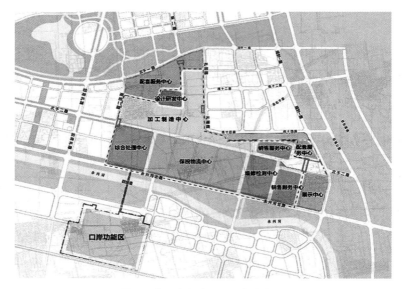

图1　大兴机场综保区功能布局

资料来源：北京大兴国际机场临空经济区官方网站。

场整体规划保持了高度的一致，作为世界级航空新枢纽和国家发展新动力源，服务京津冀世界级城市群和首都城市功能的新定位，打破经济地理与城市空间的传统束缚，努力在规划中实现资源要素的创新利用，成为全国唯一一个跨省市联合建设管理的综合保税区。回顾北京地区综保区的发展历史和未来趋势，这一点无疑将大大增强和拓展大兴机场综保区的发展动力与发展空间。

（二）区位与资源要素衔接

大兴机场综保区不仅紧邻北京大兴国际机场，口岸衔接优势突出，还能够通过便捷的综合交通运输网络，北接北京、东联天津、南通雄安，辐射京津冀，腹地市场空间广阔，创新要素资源集聚。

1.口岸衔接优势

目前，国内绝大多数开通国际航线的干线机场周边均设有临空型综保区，但是，受各种因素例如货运专用跑道与货运功能设计限制，并不是所有的临空型综保区都能够在设计规划上与口岸和机场货运区实现无缝衔接。首都国际机场虽有设计，但在实际运营中也因机腹带货因素无法完全发挥机场货运区与综保区衔接功能。根据北京大兴国际机场专用货运区、大兴国际机场临空经济区与大兴机场综保区三个规划统一衔接的设计，大兴机场综保区与北京大兴国际机场货运区真正实现无缝衔接，实现一站式通关，这将有效提升综保区的口岸通关效率，为综保区引进国际大型物流企业、贸易企业提供有利条件。同时北京大兴国际机场作为大型国际航空枢纽，其完善的航线网络，也为综保区的口岸通达性提供了有力支撑（见表1）。

表1 大兴国际机场货运区概况

1. 大兴国际机场货运区规划以满足货运发展规模为前提，以提高货运运行效率为目标，结合物流产业布局及区域产业规划的需求，按照南、北分区的模式分阶段发展，形成高效快捷、具有灵活性、可持续性发展的货运规划格局
2. 大兴国际机场北货运区位于大兴国际机场东北侧，距离航站楼1.8公里，总占地面积198公顷，东西长2160米，南北宽1120米，设有24个全货机机位；规划"8+1"功能区；设计2025年货邮吞吐量200万吨。
3. 大兴国际机场货运区总建筑面积达到80万平方米，一期建设已建成约40万平方米，功能齐全，可以满足2025年货运量要求
4. 目前，已经引入邮政、顺丰、京东等大型物流企业建立区域分拨转运中心，即将对冷库、跨境电商库和快件监管区公开招商，并制定京津冀三地四场（大兴国际机场、首都国际机场、天津机场、石家庄机场）航空物联网规划，搭建大兴国际机场综合信息管理系统和智能统一安检系统（运用自动线面阵扫码、人工智能和物联网技术手段，对航空货物进行信息收集、识别、确认、存储和管理的系统。由安检信息集成子系统、自动扫码子系统、安检机管理子系统、安检信息管理子系统、安检IT基础设施组成）

资料来源：首都机场集团公司相关资料。

2. 腹地空间资源

除定位成"新国门"的首都功能优势外，大兴机场综保区地处京津冀地区核心区域、临近雄安新区，位于我国京津冀世界级城市群与环渤海经济圈的核心地带，腹地空间整体覆盖1亿多人口，同时，京津冀地区也是我国产业体系最完善的区域之一，在先进制造、数字经济、科技创新、服务贸易、现代物流、现代服务等诸多领域拥有完整的产业体系和对外贸易优势。

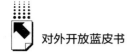

随着京津冀协同发展不断向前推进有序落实，不到 5 平方公里的大兴机场综保区对内面向的是 150 平方公里的临空经济区、119.68 平方公里的北京自贸试验区、119.97 平方公里的河北自贸试验区以及全北京国家服务业扩大开放综合示范区、雄安新区。

3. 交通资源要素

大兴机场综保区地面交通优势突出，可利用北京大兴国际机场"五纵两横"① 交通网络、雄安新区"四纵两横"② 区域轨道交通网络和"四纵三横"③ 高速公路网络，实现与周边主要城市连接和沿海港口的"海陆空联运"。

4. 创新环境要素

京津冀是全国乃至全球重要的创新要素聚集地，是全国创新能力最强的地区之一。科技资源富集，科技人才、企业家、高技能劳动力丰富，行业领先企业和研发机构众多，尤其是聚集了大批代表国家最高水平的高校、科技机构与科技人员，每年产出的科技创新成果居全国首位，有条件通过区域协同在创新驱动发展方面走在全国前列。

三 创新要素二：大兴机场综保区的制度业务创新探索

（一）自贸试验区引领下大兴机场综保区的发展方向

2015 年，国务院办公厅印发《加快海关特殊监管区域整合优化方案》，提出"在大力发展高端制造业的基础上，促进区内产业向研发、物流、销售、维修、再制造等产业链高端发展，提升附加值，促进新技术、新产品、新业态、新商

---

① "五纵两横"：五纵指轨道交通新机场线、京雄城际、京开高速、新机场高速、京台高速，两横指新机场北线高速和城际铁路联络线。
② "四纵两横"：四纵指京广高铁、京港台高铁（京雄段）、京雄城际—石雄城际、新区至北京大兴国际机场快线，两横指津保铁路、津雄城际—京昆高铁（忻雄段）。
③ "四纵三横"：四纵指京港澳高速、大广高速、京雄高速、新机场至德州高速，三横指荣乌高速新线、津雄高速（原荣乌高速）、津石高速。

业模式发展，促进海关特殊监管区域产业转型升级和多元化发展"。①

2018 年 9 月，海关总署发布《综合保税区适合入区项目指引》，将适合入区企业分为保税加工类、保税物流类和保税服务类三类。保税加工类企业细分为：成品全部外销模式、成品全部内销模式、成品内外兼销模式和成品保税流转模式。保税物流类企业细分为：出口集拼型、进口配送型、简单加工型、国内流转型和物流综合型。保税服务类企业进一步完善，细分为研发、检测、维修型，保税展示型，服务外包型，进出境运输工具服务型，产品推广服务型，跨境电子商务型和其他服务型。

2019 年 1 月，国务院印发《关于促进综保区高水平开放高质量发展的若干意见》，提出推动综合保税区发展成为具有全球影响力和竞争力的加工制造中心、研发设计中心、物流分拨中心、检测维修中心、销售服务中心，并提出了 21 条具体支持措施。

2022 年 1 月 1 日，海关总署发布历史上第一部《中华人民共和国海关综合保税区管理办法》，在吸收近年来综保区改革创新成熟经验的基础上，优化拓展综合保税区内企业生产经营业务范围，支持保税维修、融资租赁、跨境电商、再制造等新业态、新模式入区发展，进一步统筹两个市场两种资源，进一步释放改革红利。

根据以上政策发展脉络，并通过对迪拜、仁川、史基浦、法兰克福、新加坡等国际空港型综合保税区②和国内上海浦东、北京天竺、郑州新郑、广州白云等空港型综保区的比较分析，不难发现，目前大兴机场综保区面临起步发展阶段产业要素资源不足，以及招商引资优质储备项目不足两大难题。因此，应主要通过政策红利的释放和营商环境的优化来实现运营初期的良好

---

① 《国务院办公厅关于印发加快海关特殊监管区域整合优化方案的通知》，中国政府网，2015 年 9 月 6 日，http：//www.gov.cn/zhengce/content/2015-09/06/content_ 10141.htm。

② 国际上与我国综保区对应的概念一般为"保税区"、"自由区"或"海关自由区"，本案例分析不做学术性概念讨论，取其功能为比较对象；因篇幅所限，国内外空港型海关特殊监管区域的资料略去。

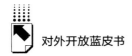
发展，需要紧密贴合临空经济区大兴片区的"1+2+2"产业体系①和临空经济区廊坊片区的"1+2+3"产业体系②，既抓住"复制推广"的机遇，也勇于"先行先试"，实现制度创新，获得"后发优势"。

方向一：从腹地空间资源和创新环境要素分析，大兴机场综保区具备区域产业链条协同、多重政策叠加、科技创新和金融创新双轮驱动等优势，适宜打造高水平开放促进高质量发展的创新生态。大兴机场综保区与大兴国际机场、大兴国际机场临空经济区、北京自贸区、河北自贸区强调了在空间上一体化发展，产业链协同合作、共享资源。大兴机场综保区拥有综合保税区政策、自贸试验区政策、北京服务业扩大开放试点政策等多重政策叠加的优势，将成为本区域开放创新政策最集中、最优惠的功能平台。同时，依托北京市高等院校、科研院所密集的优势，可有效促进科技成果在综保区转化；依托北京金融资源高度集聚的优势，为综保区企业提供创新资金支持。

方向二：大兴机场综保区应服务北京"四个中心"建设，立足京津冀，面向全球，综合考虑新冠肺炎疫情下显现出的应急物流和供应链管理水平不足等问题，按照综保区"五大中心"的功能指引，积极推进"保税+口岸+N"的业务发展，以物流汇聚商流、信息流和资金流，以供应链融合产业链、创新链和消费链，统筹推进与临空经济区、自贸试验区和雄安新区的协同发展。从产业方向上看，以"物贸融合"做强国际贸易和供应链管理产业，与临空经济区协同，构建航空产业、医疗健康、新一代信息技术全产业链；发挥人才等创新资源要素，积极拓展技术服务、金融服务和商务服务三大领域创新业态。

---

① 1个领先产业，即生命健康业，聚焦研发、应用、服务全产业链；2个基础产业，即枢纽高端服务、航空保障业，聚焦物流和商贸、国际会展、技术咨询与培训、航空培训、航空维修、公务机保障、航空金融；2个储备产业，即新一代信息技术和智能装备业，聚焦引用服务环节、机器人系统集成和航空研发。

② 1个先导产业，即新一代电子信息技术业，聚焦发展集成电路、车联网核心部件等；2个培育产业，即高端装备制造业、生命健康产业，聚焦工业机器人、智能物流装备、生物医药制造、高端医疗设备等；3个支撑产业，即航空科技创新、航空物流、高端服务业，聚焦航空装备制造、航空软件、航空维修、物流总部和计算中心。以上临空经济区大兴片区与廊坊片区的产业规划是两地协同制定的。

方向三：对标国际一流自由区，不断提升投资和贸易便利化水平，优化国际营商环境，并以开放促进产业聚集和创新，将大兴机场综保区打造成为东北亚地区连接全球的资源要素配置中心，京津冀自由贸易港建设先行区，临空经济区发展核心引擎和全国空港型综保区高质量发展示范区，实现"圈层式"一体化发展。

（二）复制推广视角下大兴机场综保区产业发展特色

1. 做强国际贸易和供应链管理

依托北京大兴国际机场国际性综合交通枢纽建设，以"物贸融合"为产业引入原则，重点聚焦高端消费品、医药及医疗器械、航材、跨境电商、供应链管理五大领域，引入专业的物流服务企业和国际贸易企业，在区内开展保税仓储、国际采购、国际分销、展示交易、外贸代理服务等业务，将大兴国际机场打造成为面向东北亚地区的国际贸易和供应链管理中心。

2. 做长航空产业价值链

对接临空经济区航空产业总体发展规划，充分发挥京津冀地区中航系等企业资源优势、航科院等高校和科研资源优势、丰富的人才资源优势，以引领产业升级为自身使命，围绕航空发动机维修、航空装备制造、航空租赁三大领域，重点聚焦国际巨头，在区内成立中外合资维修和制造企业；依托自贸试验区和北京服务业扩大开放政策创新优势，积极推动航空维修、航空制造政策创新，引入外商独资企业，将大兴机场综保区打造成为具有国际较高影响力的航空产业基地，我国航空产业政策创新的示范平台。

3. 做实医疗大健康产业

充分依托北京大兴国际机场航空运输优势，对接京津冀医疗健康产业基础和市场需求，发挥北京中关村昌平园、大兴园、亦庄园、海淀园、房山园等生物医药产业科技创新优势，进一步完善冷链物流、标准实验室等基础设施建设，重点面向跨境医疗服务、生物医药研发、医疗器械三大领域，构建集"航空物流—采购分销—研发中试—服务外—小批量生产"于一体的医疗健康产业，打造东北亚地区创新药物和高端医疗器械的集散基地、全球知

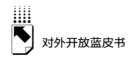

名的生物医药研发服务外包基地。

4. 做足新兴产业和贸易新业态

结合国内外新兴产业发展趋势和产业发展需求，重点推动技术服务、金融服务和商务服务三类业务的发展。例如，在大兴加快推进离岸贸易功能聚集区建设、提升离岸贸易服务能力，搭建离岸贸易公共信息服务平台，与第三方大数据公司合作，建立大数据应用和服务中心。为企业提供大数据存储、分析和应用等服务；为金融等机构开展供应链金融等服务提供数据技术手段支撑；为园区管理提供技术平台支撑。

（三）先行先试视角下大兴机场综保区创新发展探索

1. 实现更加有效的货物分类监管

大型枢纽机场周边的临空型综保区在符合大环境产业发展规划的前提下，均通过与机场货运设施的紧密衔接，提升物流、贸易的效率，可明显降低企业运营成本，有助于整个综保区内外产业环境的健康起步。北京大兴国际机场航空货运区域按照圈层模式发展，功能定位包括航空货运区（地面操作区）、航空货代仓库及物流产业区三个圈层。航空货运区内设施包括航空货运站、快件转运中心、邮件分拣中心及其配套设施。航空货运站是航空货物地面处理的场所，与机场空侧相连。航空货代仓库作为航空货运站的配套设施，是机场货运区的延伸，可以进行货物集散、预装及存储，从而缓解货运站压力，提高货物流通速度。但是，同时，大兴机场综保区规划突出的主要特色是"一个系统、一次理货、一次查验、一次提离"的关地一体监管模式和"打造全国最高通关效率，实现保税功能区与口岸功能区无缝连接"的港区联动模式。这种模式下，大兴国际机场国际货运的口岸功能区实际上已整体纳入综保区范围，因此，要特别重视充分运用综保区内的口岸功能区。

建议探索在安全可控的前提下，聚焦贸易新模式新业态，探索实施安全监管为主、体现更高水平贸易自由化便利化的监管模式。利用互联网和物联网应用技术建立信息化平台，对不同类型的货物如保税货物、应税货物、转运过境货物等进行有效的分类管理，对不进入关境的国际转运集拼分拨货物仅采用舱单管理模式，以有限空间的最大集约便利化释放大兴国际机场的"动力源"功能。

2. 实现动态化模块化柔性管理，突破物理围网，实现"一线"放开、"二线"管住

我国海关对特殊区域的监管理念来源于之前利用特殊区域吸引外商投资、承接国际产业转移、扩大对外贸易的功能定位，最主要特点是地方政府申建经国家部委联合验收后报国务院设立，由海关实施围网封闭式管理，针对的是"两头在外"业务。当前，应积极考虑在错综复杂国内外背景下，如何进一步以国发3号文件的监管思路来优化海关特殊监管区域的改革创新，建立国际上最有竞争力的海关监管制度。

现行综保区企业管理方式对企业实行"户籍"式封闭严格管理，客观上阻碍了生产要素的流动，在一定程度上既制约了区内企业的发展，也影响了区内外企业的资源要素和产业链互动。较为明显的一点就是在区内外政策红利落差缩减的大环境下，企业难以付出巨大的设厂或搬迁成本进入特殊区域内来享受政策红利。更严重的是，海关、相关部委、地方政府、园区机构等管理主体众多，各有职责分工，协同效应差进一步加剧了特殊区域监管矛盾。此外，从保税业务实际发展状况看，封闭式围网监管的存在，反而造成了企业认为海关监管政策内外倒挂，宽严倒置的片面认识。

我们注意到，国内一些先进地区都在探索综保区的灵活边界方案，无论是"分区"方案，还是"小集中、大分散"方案，都借鉴了国际上较为先进的主区+分区方案。笔者曾经提出，以现有成熟且发展良好综保区为"主区"依托，以企业为单元，以企业信用管理和信息化为手段，建立"一企一区"式综保区"分区"，营造企业零制度成本进入或退出综合保税监管的优越营商环境，实施更优"一线"放开、"二线"管住。

大兴国际机场2025年货邮吞吐量规划目标为200万吨，但北京国际物流服务领域长期存在较大的贸易逆差，进口物流与营业额远大于出口，且大兴国际机场缺少腹地货源支撑，航司货运航班难以平衡进出。而统计显示，

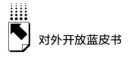

国际枢纽空港的国际货物中转率一般可达到 30% 以上，如韩国仁川国际机场 2021 年的转运货物就达到 128 万吨，占到全部国际货运总量的 39%。只有面向更大的货源腹地以及周边海关特殊监管区域，提高国际中转货源在大兴国际机场货量结构中的占比，才能打造成为国际转运枢纽空港，才能更好完成"动力源"的货运发展目标。

3. 先行先试民用航空货物运输管制代理人制度

"管制代理人"是与经营者有业务关系，并在货物和邮件处理过程中实施有关当局安保控制标准的代理人、货物发运人或其他任何团体。"管制代理人"最早在 1992 年的国际民航组织会议上被提出，1997 年将其正式提升为标准。该制度将航空货运的部分安全责任前移至具备一定资质条件、社会信誉和安全信誉好、能够承担一定安全责任和义务的航空货运代理人身上，相对减轻了机场或航司的安全风险和安检压力，是发达国家较为成熟的国际规则。例如，香港"管制代理人"规定货代、货主、承运人要确保空运货物的安全性，这类安全性不是指货损或者遗失，主要指货物是否具备空运的资格和条件，以避免货物上机后发生爆炸等事故。《香港航空管理条例》规定，如果不是管制代理机制下的知悉货物，则须额外付费来检验其是否具备登机资格。

目前，我国航空货运依照的标准是民航局 2012 年印发的《民用航空货物运输安全保卫规则》，其中第三章第二十九条规定航空货物应当实行单元包装件逐一接受 X 射线安全检查，对通过 X 射线安全检查的航空货物，安检机构应当在航空货运单上加盖安检验讫章，并留存航空货物安检申报清单等相关单据；另外，第三十三条规定对单体超大、超重等无法接受 X 射线安全检查的航空货物，在采取隔离停放至少 24 小时安全防范措施的同时，还应当采取爆炸物探测等其他检查措施。

安全是我国航空发展的底线。建议在保证航空货运的安全前提下，以充分技术手段为保障，探索安检"管制代理人"制度，可将货物安检前移，交由货代负责货物安检，可破解机场安全检查通过能力的瓶颈，保证航空货物的快速交付。

4. 探索实验室、检测机构与研究型医院落户综保区

参照海南博鳌乐城国际医疗旅游先行区模式，以制度集成创新为抓手，持续探索、加快"医教研"一体化发展，吸引境外医疗消费回流，放宽综保区入驻企业类型和土地使用性质，逐步打造国际医疗旅游目的地、国际化医疗技术服务产业聚集区。

建立国内特许药械保税仓，机构根据需求把相应药械提前购入储备，及时满足手术需要；对于单抗类药品等低风险类特殊物品实施"先入仓，后检验"监管检疫模式，鼓励特许药械批量进口存储，探索"分送集报"出仓模式，大幅提高特许药械进口效率。探索医疗健康领域实验室及共享实验室、临床研究中心、国家指定检测机构、研究型医院等医疗机构落户综保区。探索海外中医药"地道"药材原料进口。

四 创新要素三：大兴机场综保区的两地协同管理机制

大兴机场综保区地跨京冀两地，是京冀合作、协同发展的先行领域和重要载体，是京冀协同、区港联动、关地一体的高效服务型综保区。为落实京冀联合领导小组关于大兴国际机场临空经济区建立"统一领导、统一规划、统一标准、统一管控、统一考核的管理体制和运行机制"的要求，在综保区的运营管理方面，以"一个机构、三方参与、一个平台、分建统管、协商分配"为原则，构建大兴机场综保区管理机制。

"一个机构、三方参与、一个平台"的内涵是，北京大兴国际机场临空经济区联合管委会作为北京市政府、河北省政府共同派出机构，统筹大兴国际机场临空经济区的发展，并负责组织推进大兴机场综保区的规划建设、产业发展和运营管理工作。进一步，由北京新航城控股有限公司、河北临空集团有限公司、首都机场临空发展集团有限公司三家共同组建综保平台公司，承担平台服务、产业促进和资源整合职能，服务保障综保区高效运营。

以上原则中，"分建统管"和"协商分配"创新性地突破我国现有行政

区划管理方式和手段，塑造了京津冀协同发展进程中的经典案例。其内涵是，综保区内的企业建设手续办理、工程监管，不涉及交界的地块由北京、河北分头办理，跨省界地块由河北省委托北京办理。综保区内的经济发展事务，包括市场监管、税务、食药监等，由北京统一实施管理。综保区的海关管理，因海关设关原则不受行政区划的限制，海关总署已决定由北京海关统一实施管理，不属于"分建统管"的范围。综保区内的社会事务管理，包括消防、公安等，由北京统一实施管理。综保区所产生的贸易额统计、投资额、税收等经济数据分配，北京与河北采取协商方式共享发展成果。

附录：

大兴国际机场综合保税区申建大事记

——2014 年 12 月，北京新机场项目开工建设。

——2016 年 10 月，经国务院批准同意，国家发展改革委印发《北京新机场临空经济区规划（2016—2020 年）》，同意北京市与河北省共建北京大兴国际机场临空经济区（以下简称"临空经济区"），规划赋予临空经济区国际交往中心功能承载区等战略定位，提出设立和同步建设综合保税区。

——2017 年 2 月 23 日，习近平总书记考察新机场建设，提出"新机场建设……是国家发展一个新动力源"。

——2018 年 9 月，北京新机场项目定名"北京大兴国际机场"。

——2019 年 1 月，国务院印发《关于促进综保区高水平开放高质量发展的若干意见》（国发〔2019〕3 号），提出推动综合保税区发展成为具有全球影响力和竞争力的加工制造中心、研发设计中心、物流分拨中心、检测维修中心、销售服务中心，并提出了 21 条具体支持措施。

——2019 年 1 月，北京市政府联合河北省政府共同向国务院递交设立综保区申请。

——2019 年 9 月 25 日，北京大兴国际机场正式通航。

——2019 年 10 月 27 日，北京大兴国际机场航空口岸正式对外开放，实行外国人 144 小时过境免签、24 小时过境免办边检手续政策。

——2020 年 1 月 19 日，北京市委书记蔡奇、市长陈吉宁实地考察综保区项目进展。

——2020 年 4 月，海关总署主办并征求自然资源部、国家发改委、财政部、商务部、国家税务总局、国家市场监管总局和国家外汇管理局七部委意见，完成部委会签，上报国务院审批。

——2020 年 10 月，党的十九届五中全会通过《中共中央关于制定国民经济和社会发展第十四个五年规划和二〇三五年远景目标的建议》，提出要加快构建以国内大循环为主体、国内国际双循环相互促进的新发展格局，以紧扣高质量发展为主题，坚持创新驱动发展，全面塑造发展新优势。

——2020 年 10 月 17 日，北京市委书记蔡奇到大兴区就推进大兴国际机场临空经济区及自由贸易试验区片区规划建设调查研究时强调，要加快综合保税区建设。积极推进设施建设，尽快实现封关运行。完善航空口岸功能，提高通关便利化水平，发展跨境电商、数字经济等服务贸易新业态新模式。坚持产业国际化，抬高门槛、高位引进，加强国际合作，吸引优质外资项目入驻，打造高精尖产业链条。优化口岸免税店布局，谋划推进会展项目。实施"一体化审批"等制度创新，打造国际一流营商环境。

——2020 年 11 月 5 日，北京大兴国际机场综合保税区获国务院批复，标志着全国唯一一个省级行政区划综合保税区正式设立。

——2021 年 5 月 20 日，北京市委书记蔡奇到大兴区就推进北京大兴国际机场临空经济区建设进行调查研究时强调，要深入贯彻习近平总书记对北京重要讲话精神，进一步抓住大兴国际机场这一国家发展新的动力源，坚持"三个更好"要求，以更大力度推进临空经济区规划建设，努力打造全球临空经济区创新发展新标杆。

——2021 年 11 月 6 日，《北京市人民政府关于支持综合保税区高质量发展的实施意见》（京政发〔2021〕33 号）公布。

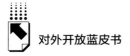

——2021 年 11 月 25 日，经北京海关、石家庄海关牵头，京冀两省市十六部门组成联合预验收工作组严格评审，大兴国际机场综保区（一期）通过封关预验收。

——2021 年 12 月 20 日，经海关总署等国家八部委组成的联合验收组评审，北京大兴国际机场综合保税区（一期）正式通过国家验收，标志着综保区进入封关运营阶段。

——2022 年 4 月 25 日，综保区首批货物顺利通关。

——2022 年 6 月 27 日，北京市委书记蔡奇在中国共产党北京市第十三次代表大会上的报告中指出，要提升临空经济区发展能级，推动综保区高质量特色发展。

附　　录
Appendix

B.19
北京对外开放大事记（2021）

对外经济贸易大学北京对外开放研究院课题组*

一月

1月8日　北京市委书记蔡奇围绕国际科技创新中心建设到中关村科学城调研。

1月12日　北京市发展和改革委员会印发《北京市"两区"建设专业服务领域工作方案》，以"两区"建设任务为重点，围绕人才全链条服务、资金全环节保障、土地高质量利用、数据安全有序流动四大要素，按照问题导向、目标导向、结果导向的工作思路，实施六方面任务。

1月15日　北京市委理论学习中心组学习（扩大）会举办构建新发展

---

* 对外经济贸易大学北京对外开放研究院课题组负责人：王颖，对外经济贸易大学国家对外开放研究院常务副院长，主要研究方向为对外开放政策实践、中美经贸关系、国际贸易理论与政策。课题组成员：张焕，对外经济贸易大学北京对外开放研究院助理研究员，主要研究方向为公共管理、智库建设；刘宇佳，对外经济贸易大学国际经济研究院2020级博士研究生，主要研究方向为数字经济、世界经济与区域经济。

283

格局讲座，邀请北京微芯区块链与边缘计算研究院院长董进围绕区块链技术与价值做辅导报告。

1月18~20日 中共中央总书记、国家主席、中央军委主席习近平在北京、河北考察，主持召开北京2022年冬奥会和冬残奥会筹办工作汇报会并发表重要讲话。

1月21日 北京市委常委会召开扩大会议，传达学习习近平总书记在北京河北考察并主持召开北京2022年冬奥会和冬残奥会筹办工作汇报会时的重要讲话精神。

1月23日 北京市第十五届人民代表大会第四次会议在北京会议中心隆重开幕，市长陈吉宁代表市人民政府向大会报告政府工作。报告全面回顾"十三五"时期北京经济社会发展成就，明确"十四五"时期的主要目标任务和2021年十方面重点工作，为确保"十四五"开好局起好步、奋力谱写新时代首都发展新篇章、以优异成绩庆祝中国共产党成立100周年划出路线图、施工表。

1月25日 国家主席习近平在北京以视频方式出席世界经济论坛"达沃斯议程"对话会，并发表题为《让多边主义的火炬照亮人类前行之路》的特别致辞。

二月

2月1日 北京—惠灵顿缔结友好城市关系15周年系列活动开幕式在新西兰国家博物馆毛利会堂举行，北京市市长陈吉宁通过视频致辞，惠灵顿市市长安迪·福斯特致辞。

2月2日 北京市委书记蔡奇围绕国际科技创新中心建设到未来科学城调研。

2月3日 北京市知识产权局印发《北京市知识产权局"两区"工作推进措施》，通过四个方面10项措施，在知识产权保护、金融服务、国际化服务、流程服务等领域取得突破，推动知识产权服务首都创新发展。

2月4日　北京2022年冬奥会倒计时一周年活动在国家游泳中心"冰立方"举行，北京2022年冬奥会和冬残奥会火炬外观设计正式对外发布。北京市委书记、北京冬奥组委主席蔡奇致辞，国际奥委会主席巴赫以视频形式致辞。

2月4日　京津两地商务（口岸）、海关、交通运输、市场监管、税务等部门联合制定印发《关于进一步优化京津口岸营商环境促进跨境贸易便利化若干措施的公告》，贯彻落实党中央、国务院深化"放管服"改革优化营商环境决策部署，进一步优化京津口岸营商环境，推出第八批改革创新措施。

2月8日　北京市商务局印发《关于跨国公司在京地区总部认定事项告知承诺制度的实施意见（试行）》，对告知承诺的含义、办理事项与条件、办理流程、申报材料、日常监管、信用监管及惩戒措施、申诉渠道和生效时间做出规定。

2月8日　位于北京大兴国际机场临空经济区的北京自贸区创新服务中心建成开园，这是中国（河北）自由贸易试验区大兴国际机场片区内首个建成投用的项目。

2月9日　国家主席习近平在北京以视频方式主持中国——中东欧国家领导人峰会，并发表题为《凝心聚力，继往开来 携手共谱合作新篇章》的主旨讲话。

2月9日　"欢乐春节"活动在爱尔兰都柏林市线上举办，北京市市长陈吉宁、都柏林市市长黑兹尔·朱视频致辞。"欢乐春节"活动通过线上形式举办，中爱两国艺术家表演了民乐合奏、杂技、踢踏舞等文艺节目，还通过非遗互动展示、美食展示、冰雕制作等进行了"魅力北京"城市旅游推介。

2月18日　北京市委书记蔡奇围绕助推经济社会发展"开门红"到北京经济技术开发区调查研究。

2月18日　北京市"两区"工作领导小组与文化旅游协调工作组办公室发布《文化旅游领域"两区"建设工作方案》，致力于扎实推进文化和旅

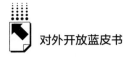

游领域改革创新，扩大开放，全力完成文化旅游协调工作组承担的"两区"建设各项任务。

2月22日　北京市委理论学习中心组学习（扩大）会举办构建新发展格局讲座，邀请清华大学经管学院院长白重恩围绕国际消费中心城市建设做辅导报告。

2月27日　北京冬奥组委·北京市深入推进北京冬奥会冬残奥会筹办决战决胜动员部署大会召开。

三月

3月12日　北京市委理论学习中心组学习（扩大）会举办构建新发展格局讲座，邀请中国科学院院士、北京量子信息科学研究院院长薛其坤围绕量子科学与技术的现状和未来做辅导报告。

3月13日　北京市委书记蔡奇围绕"两区"建设到朝阳区调查研究，并召开市"两区"工作领导小组全体会议，部署今年任务。

3月18日　北京市商务局印发《对外劳务合作经营资格核准部分事项告知承诺实施意见（试行）》，持续优化营商环境，简化审批方式，完善事中事后监管机制。

3月18日　2021中关村论坛首场系列活动——中关村科学城生命科技创新论坛在中关村国家自主创新示范区展示中心举办。论坛聚焦"新药创新走进首创时代"，邀请来自中国、英国、意大利等国家的近20位生命科技领域科学家、企业家、投资人等，通过线上线下结合的方式对新药基础研究与应用转化、国内外新药发展路径比较、医药企业融资等热点问题交流分享。

3月22日　北京市委外事工作委员会召开全体会议。北京市委书记、市委外事工作委员会主任蔡奇主持会议。

3月22日　最高人民法院印发《最高人民法院关于人民法院为北京市国家服务业扩大开放综合示范区、中国（北京）自由贸易试验区建设提供司法服务和保障的意见》，分六个部分共二十六条，明确了人民法院服务和保障北京"两区"建设的总体要求和重点领域的具体举措。

3月24日 由城市气候领导联盟（C40）主办的中欧绿色与包容复苏市长对话会以视频形式举办。对话会由C40主席、美国洛杉矶市市长贾西提和欧盟委员会第一副主席蒂默曼斯共同主持，德国海德堡市，葡萄牙里斯本市，丹麦哥本哈根市，中国北京市、上海市、广州市、南京市、青岛市等城市代表参会，旨在促进中欧城市间交流，推动疫后绿色复苏和应对气候变化领域的务实合作。

3月27日 北京市委书记蔡奇到城市副中心调研检查环球主题公园开园前各项准备工作。

3月27日 北京市委副书记、市长陈吉宁视频会见德勤全球董事长舒亚玟，双方共同见证德勤（中国）大学项目签约落户北京市怀柔区。

3月31日 北京高精尖产业招商引资推介会在京举行。来自意大利驻华使馆、德国联邦外贸与投资署等驻华使馆、外国政府代表机构、国际商协会和国内外企业负责人约100人参会。

四月

4月9日 北京市委理论学习中心组学习（扩大）会举办构建新发展格局讲座，邀请中国工程院院士、北京理工大学校长张军围绕智能物联网赋能北京高质量发展做辅导报告。

4月16日 北京·平谷世界休闲大会在平谷区金海湖国际会展中心开幕。

4月16日 北京市委书记蔡奇以视频形式会见世界休闲组织理事会主席乔安妮·施罗德。

4月16日 北京市委书记蔡奇以视频形式会见日本SMC株式会社社长高田芳树。

4月21日 北京推进国际交往中心功能建设领导小组全体会议召开。

4月22日 国家主席习近平在北京以视频方式出席领导人气候峰会并发表重要讲话。习近平指出，中方将生态文明领域合作作为共建"一带一路"重点内容，发起了系列绿色行动倡议，采取绿色基建、绿色能源、绿色交通、绿色金融等一系列举措，持续造福参与共建"一带一路"的各国人民。

4月26~28日 北京国际互联网科技博览会暨世界网络安全大会在北京展览馆举行。

4月27日 北京市委书记蔡奇会见英国太古集团总裁施铭伦一行。

4月27日 北京市人力资源和社会保障局发布《国家服务业扩大开放综合示范区和中国（北京）自由贸易试验区对境外人员开放职业资格考试目录（1.0版）》，明确造价工程师、建造师、证券业从业人员、专利代理师等35项职业资格考试对外籍人员开放，为本市"两区"建设提供人才支撑。

4月28日 第十届中德经济技术合作论坛在北京召开。论坛以"携手共进、合作共赢——凝聚新发展动力"为主题，旨在顺应时代发展大势，以对话凝聚共识，以合作实现共赢，打造更加紧密的中德经济技术合作伙伴关系。

4月28日 北京市地方金融监督管理局、北京市市场监督管理局印发《关于本市开展合格境外有限合伙人试点的暂行办法》，推动北京市金融业新一轮高水平对外开放和扩大利用外资规模、提升利用外资质量，促进北京市股权投资市场发展，推动北京市科技金融创新。

五月

5月11日 北京市委理论学习中心组学习（扩大）会举办构建新发展格局讲座，邀请中国科学院院士、清华大学汽车安全与节能国家重点实验室主任欧阳明高围绕面向碳中和的新能源革命做辅导报告。

5月14日 国家外汇管理局北京外汇管理部印发《中国（北京）自由

贸易试验区外汇管理改革试点实施细则》，在中国（北京）自由贸易试验区内开展外汇管理改革试点。

5月18日 "北京国际讲堂"通过视频连线形式，邀请阿联酋迪拜国际金融中心专家团队围绕"建设具有前瞻性的自贸区"做专题报告。

5月19日 国家主席习近平在北京通过视频连线，同俄罗斯总统普京共同见证两国核能合作项目——田湾核电站和徐大堡核电站开工仪式。

5月20日 北京市委书记蔡奇到大兴区就推进北京大兴国际机场临空经济区建设进行调查研究。

5月21日 国家主席习近平应邀在北京以视频方式出席全球健康峰会，并发表题为《携手共建人类卫生健康共同体》的重要讲话。

5月25日 莫斯科市首届智慧城市线上国际论坛举行，北京市市长陈吉宁通过视频致辞并对论坛召开表示祝贺。

5月27日 北京市市长陈吉宁以视频形式会见美国前财长、保尔森基金会创始人兼主席亨利·保尔森。

5月27日 外交部和北京市人民政府共同主办的驻华使节"培育中外友谊林 感知北京新发展"活动举行。来自朝鲜、埃及、马耳他、斐济、巴哈马、智利等140余家驻华使团的近150位外交官共植友谊林，感受北京发展变化。

5月31日 北京市召开"培育建设国际消费中心城市媒体通气会"，宣布北京市将实施"十大专项行动"，培育建设具有北京特色和全球影响力的国际消费中心城市。

六月

6月2日 为期6天的"北京市外贸进出口线上展洽会（东南亚/南亚专场）"在京举行开幕仪式。现场部分已达成初步合作意向的北京企业与境外企业以"云签约"的形式签署合作备忘录，推动北京市与东南亚、南亚国家的货物贸易畅通合作，促进区域贸易往来。

6月7日 中国国际服务贸易交易会组委会第一次全体会议在京召开。国务院副总理、组委会主任委员胡春华主持会议并讲话。

6月8日 北京市市长陈吉宁以视频形式会见德国拜耳集团管理委员会主席沃纳·保曼。

6月21日 北京冬奥组委暨北京市运行保障指挥部第四次调度会议召开，检查各项任务落实情况，研究调度下一步筹办工作。

6月23日 联合国教科文组织《关于城市历史景观的建议书》发布十周年纪念活动以线上线下相结合的方式举行，北京市市长陈吉宁视频致辞。

6月24日 中国国际服务贸易交易会执委会第一次全体会议召开，传达中国国际服务贸易交易会组委会第一次全体会议精神，研究部署服贸会筹办工作。

6月25日 外国驻华使节庆祝中国共产党成立100周年招待会在北京成功举行。

七月

7月5日 北京市发展和改革委员会、北京市司法局印发《北京市关于改革优化法律服务业发展环境若干措施》，进一步加强法律服务领域体制机制创新，促进法律服务业专业化高端化国际化发展。

7月10日 国家国际发展合作署与延庆区共同签署《国家国际发展合作署助力北京市延庆区乡村振兴合作意向书》。

7月12日 第27届世界建筑师大会中巴（西）合作论坛在北京城市副中心张家湾未来设计园区以线上线下相结合方式举行。

7月16日 国家主席习近平应邀在北京以视频方式出席亚太经合组织领导人非正式会议并发表讲话。

7月17日 由国家文物局和北京市人民政府共同主办的第44届世界遗产大会"城市历史景观保护与可持续发展"边会在福州海峡文化会展中心举办。

7月19日　商务部在京召开培育国际消费中心城市工作推进会，深入贯彻党的十九届五中全会精神，落实党中央、国务院决策部署，加快推进国际消费中心城市培育建设各项工作，赋予城市新功能定位，更好服务构建新发展格局。商务部部长王文涛宣布，经国务院批准，在上海市、北京市、广州市、天津市、重庆市，率先开展国际消费中心城市培育建设。

7月24日　部市合作推进北京国际消费中心城市建设现场会召开。

7月30日　中共北京市委办公厅、北京市人民政府办公厅印发《北京市关于加快建设全球数字经济标杆城市的实施方案》，将通过5~10年的接续努力，打造引领全球数字经济发展的"六个高地"，即城市数字智能转型示范高地、国际数据要素配置枢纽高地、新兴数字产业孵化引领高地、全球数字技术创新策源高地、数字治理中国方案服务高地、数字经济对外合作开放高地。

八月

8月2~3日　2021全球数字经济大会在北京举办，这是首届大会，以"创新引领数据驱动——建设全球数字经济标杆城市"为主题。大会设置了开幕式、主论坛、数字经济体验周、全球数字经济创新大赛、"数字首邑之夜"企业家座谈会，以及20余场平行论坛和成果发布会，旨在探讨数字经济新道路、数字技术新理论、数字治理新规则，助力完善全球数字领域的规则标准。

8月16日　北京市委书记、北京冬奥组委主席蔡奇到北京冬奥会、冬残奥会北京赛区检查调研竞赛场馆疫情防控和筹办工作。

8月19日、26日　北京市政府外事办公室会同北京市商务局、北京市国有资产监督管理委员会、北京市发展和改革委员会、北京市工商业联合会及企业所在区政府分两批与仍在巴基斯坦、伊拉克、吉尔吉斯斯坦、安哥拉、布基纳法索、南苏丹、尼日尔、尼日利亚8个国家开展业务的15家市属国企、民企举行线上巡查视频会议，巡查指导企业驻地周边安全状况、疫情防控和安防措施落实情况。

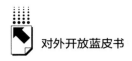
8 月 20 日　北京市人民政府印发《北京市"十四五"时期优化营商环境规划》。这是北京市首次编制 5 年营商环境专项规划,在各省和直辖市中也是首例。"十四五"时期北京市将推行 356 项改革任务,打造"北京效率""北京服务""北京标准""北京诚信"4 大品牌,全面建成与首都功能发展需求相一致的国际一流营商环境高地。

8 月 20 日　部市领导到朝阳区调研并召开北京推进国际交往中心功能建设领导小组全体会议。

8 月 23 日　北京市人力资源和社会保障局、北京市人才工作局印发《国家服务业扩大开放综合示范区和中国(北京)自由贸易试验区境外职业资格认可目录(1.0 版)》(简称《目录》),对持《目录》内境外职业资格的专业人员提供支持措施和便利化服务,吸引国际化专业人员来京创新创业。

8 月 26 日　北京市委书记蔡奇到首都国际机场检查调研机场口岸疫情防控工作,看望慰问民航、海关、边检、公安、机场、疾控等防疫一线工作人员。

8 月 26 日　中国国际服务贸易交易会执委会第二次全体会议召开,研究部署服贸会筹办和疫情防控工作。北京市委书记、执委会主任蔡奇主持会议,北京市委副书记、市长、执委会执行主任陈吉宁出席。执委会执行副主任、副主任,执委会"一办十三组"负责同志参加。

8 月 27 日　中共北京市委办公厅、北京市人民政府办公厅印发《北京培育建设国际消费中心城市实施方案(2021—2025 年)》。北京将力争通过 5 年左右的时间,率先建成具有全球影响力、竞争力和美誉度的国际消费中心城市。

8 月 31 日　2021 世界 5G 大会在北京经济技术开发区亦创国际会展中心开幕。

九月

9 月 1 日　北京市委常委会召开会议,研究"十四五"时期加强国际交往中心功能建设规划和加快推进韧性城市建设指导意见等事项。

9月1日 北京市人力资源社会保障局发布《国家服务业扩大开放综合示范区和中国（北京）自由贸易试验区建设人力资源开发目录（2021年版）》，充分发挥市场在人力资源配置中的决定性作用、更好发挥政府作用，加强重点产业领域人力资源开发。

9月2日 2021年中国国际服务贸易交易会全球服务贸易峰会在北京举行。国家主席习近平在峰会上发表了视频致辞。中共中央政治局常委、国务院副总理韩正出席峰会并宣布服贸会开幕。

9月2~7日 2021届中国国际服务贸易交易会在北京举办。本届服贸会聚焦数字经济、碳达峰碳中和等全球热点趋势，突出服务开放合作促进世界经济复苏，主题为"数字开启未来，服务促进发展"，围绕主题举办全球服务贸易峰会、论坛和会议、展览展示、推介洽谈、成果发布、边会6类活动。

9月3日 北京市委常委会召开扩大会议，学习贯彻习近平总书记在2021年中国国际服务贸易交易会全球服务贸易峰会上的重要致辞精神。

9月3日 以"振兴世界旅游，赋能城市发展"为主题的2021世界旅游城市联合会北京香山旅游峰会暨世界旅游合作与发展大会在国家会议中心开幕。

9月3日 2021中国电子商务大会在北京开幕。大会以"数育新机·商引未来"为主题，由商务部、北京市人民政府主办，众多国内外专家、企业代表参会，共同探讨电子商务发展新方向。

9月8日 北京市商务局、北京市财政局印发《北京市外经贸发展资金支持北京市外贸企业提升国际化经营能力实施方案》，支持北京市外贸企业提升国际化经营能力。

9月8日 北京市商务局、北京市财政局印发《北京市外经贸发展资金支持北京市跨境电子商务发展实施方案》，将充分发挥财政资金支持引导作用，促进北京市跨境电子商务发展。

9月9日 金砖国家领导人第十三次会晤以视频方式举行。中国国家主

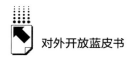

席习近平、南非总统拉马福萨、巴西总统博索纳罗、俄罗斯总统普京出席，印度总理莫迪主持会晤。

9 月 10 日　2021 世界机器人大会在北京经济技术开发区开幕。

9 月 16 日　北京市委书记蔡奇以视频形式会见美国康卡斯特集团董事长兼首席执行官布莱恩·罗伯兹。

9 月 16 日　北京推进国际交往中心功能建设新闻发布会举行，《北京市"十四五"时期加强国际交往中心功能建设规划》正式发布。这是国际交往中心功能建设的第一个五年规划，也是推进国际交往中心功能建设的"施工图"。

9 月 16 日　2021 北京"两区"与 GaWC（全球化与世界城市研究机构）及国际高端产业服务企业合作主题沙龙（"两区"建设全球视频大会）在香港大学北京中心举办。来自 13 个国家（地区）的近百位企业家同步上线北京"两区"建设全球视频会议，聚焦国际高端服务业，交流探讨在"两区"建设背景下，专业服务领域所迎来的北京机遇。

9 月 17 日　国家主席习近平在北京以视频方式出席上海合作组织和集体安全条约组织成员国领导人阿富汗问题联合峰会并发表重要讲话。

9 月 17 日　北京商务中心区管理委员会出台的《促进中国（北京）自由贸易试验区国际商务服务片区北京 CBD 高质量发展引导资金管理办法（试行）》，为 8 个领域的企业和机构提供资金以及办事绿色通道等支持。

9 月 21 日　国家主席习近平在北京以视频方式出席第七十六届联合国大会一般性辩论并发表题为《坚定信心 共克时艰 共建更加美好的世界》的重要讲话。

9 月 22 日　2021 北京国际设计周开幕活动在张家湾设计小镇北京未来设计园区举行。北京的友好城市芬兰赫尔辛基市为本届设计周的主宾城市。两市将以"友城合作引领绿色发展"为主题，共同举办"北京—赫尔辛基结好 15 周年系列活动"。

9 月 24 日　2021 中关村论坛开幕式在北京举行。国家主席习近平在开幕式上发表视频致辞。中共中央政治局委员、国务院副总理刘鹤出席开幕式并宣布论坛开幕。中共中央政治局委员、北京市委书记蔡奇主持开幕式。

9 月 24 日 第五届中国—中东欧国家创新合作大会在北京举办。

9 月 24~28 日 2021 中关村论坛在北京举行。论坛共举办会议、展览、发布、交易、大赛、配套活动 6 大板块 60 场活动，来自全球 50 多个国家和地区的上千名嘉宾，包括政府官员、国际组织代表、顶尖科学家、著名企业家、知名投资人等，围绕全球关注的重大科技议题，开展了广泛而富有建设性的交流合作。国家主席习近平在开幕式上发表视频致辞。

9 月 25 日 2021 世界智能网联汽车大会在位于顺义区的中国国际展览中心开幕。中共中央政治局委员、北京市委书记蔡奇宣布大会开幕。

9 月 25 日 2021 中关村论坛召开全体会议。中共中央政治局委员、北京市委书记蔡奇讲话并颁发北京市科学技术奖突出贡献中关村奖。

9 月 25 日 2021 全球能源转型高层论坛在北京开幕。

9 月 26~27 日 以"以人为中心的可持续发展"为主题的第二届可持续发展论坛在北京举行，来自 31 个国家和地区、26 个国际组织的近 500 名嘉宾通过线上线下方式参与，共商全球可持续发展大计、共谋人类可持续发展未来。

9 月 28 日 北京市商务局、中共北京市委网络安全和信息化委员会办公室、北京市财政局、北京市经济和信息化局、北京市知识产权局联合印发《北京市关于促进数字贸易高质量发展的若干措施》，以促进数字贸易高质量发展，打造数字贸易示范区，助力全球数字经济标杆城市建设。

十月

10 月 5 日 "相约北京"系列冬季体育赛事 2021 下半年测试赛和测试活动展开。北京冬奥会运行指挥部召开首次调度会，听取当日测试赛安排及场馆防疫和运行等情况，并与相关场馆运行团队、测试赛组委会现场视频连线，调度测试赛疫情防控和办赛工作。

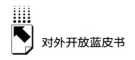

10 月 12 日　"北京市外贸进出口线上展洽会（东北亚专场）"在京举行开幕仪式。本场展洽会是继上半年"东南亚/南亚专场"的延续，以"首都精品，云端撮合"为主题。展洽会围绕各国特色及优势设置了"防疫物资与医疗健康，高新技术产品与智能装备，智慧生活，时尚生活，包装材料技术及设备"等五大主题的专题展览，吸引了来自中国、日本、韩国、朝鲜、蒙古国、俄罗斯、白俄罗斯等国家企业和团体积极参与。

10 月 14 日　国家主席习近平以视频方式出席第二届联合国全球可持续交通大会开幕式并发表题为《与世界相交 与时代相通 在可持续发展道路上阔步前行》的主旨讲话。

10 月 14~16 日　第二届联合国全球可持续交通大会在北京举行，聚焦实现可持续交通目标的机会、挑战和解决方案。本次大会跟进 2016 年土库曼斯坦阿什哈巴德首届全球可持续交通大会的后续工作，并为可持续交通事业指明发展方向，推动实现 2030 年可持续发展议程的目标。

10 月 18 日　中共中央政治局常委、国务院副总理韩正在北京以视频方式出席第二届"一带一路"能源部长会议并发表致辞。主题是"携手迈向更加绿色、包容的能源未来"。

10 月 18 日　北京市社会保险基金管理中心印发《关于外国人和港澳台人员参加北京市城乡居民养老保险有关经办问题的通知》，优化经办流程，拓宽办理渠道。

10 月 18~19 日　第四届中非地方政府合作论坛北京分论坛以线上形式举办。论坛以"常态化疫情防控与经济发展"为主题，通过了《第四届中非地方政府合作论坛北京分论坛共识》，并达成多项合作成果。

10 月 19 日　北京市商务局、北京市发展和改革委员会、北京市财政局联合印发《关于北京市专业服务业助力"走出去"发展若干措施》，以发挥北京专业服务业集聚优势，支持北京市企业高水平"走出去"，积极参与国际竞争合作。

10 月 19 日　北京市政协召开"培育消费新时尚品牌，改造传统商圈，大力建设国际消费中心城市"专题协商暨主席年度提案办理协商恳谈会。

10 月 19 日　第四届中欧人才论坛以线上线下形式在北京、苏黎世同时举行，作为 2021 中关村论坛系列活动之一，论坛以"共享、共生、共赢——激发人才创新活力"为主题，邀请中欧知名专家学者、国际组织代表、知名智库和企业负责人等出席，为激发全球人才创新活力，推动中欧人才交流合作建言献策。北京市领导、中瑞双方大使、国际移民组织驻华代表、瑞士德科集团负责人出席论坛并致辞。

10 月 20 日　以"经济韧性与金融作为"为主题的 2021 金融街论坛年会在京开幕。

10 月 21 日　2021 金融街论坛年会举办市场驱动的人民币国际化暨京港专场交流活动，京港两地政府官员、专家学者、企业界代表共同探讨人民币国际化发展。北京市委副书记、市长陈吉宁出席并致辞。

10 月 21 日　2021 全球系统重要性金融机构会议在北京举行。

10 月 22 日　2021 世界剧院联盟理事会以视频会议的方式在北京国家大剧院举行。

10 月 23 日　2021 北京·中国文物国际博览会——国际文物艺术品博览会开幕。

10 月 25 日　国家主席习近平在北京出席中华人民共和国恢复联合国合法席位 50 周年纪念会议并发表重要讲话。

10 月 25 日　北京市推进"一带一路"建设工作领导小组印发《北京市推进"一带一路"高质量发展行动计划（2021—2025 年）》，北京将以创新、数字、绿色、健康丝绸之路建设为重点，打造国际交往、科技合作、经贸投资、人文交流、综合服务五大功能平台，努力实现更高水平合作、更高投入效益、更高供给质量、更高发展韧性，成为推动"一带一路"高标准建设的试验示范。

10 月 25 日　"北京培育建设国际消费中心城市"第二场媒体通气会举行，朝阳区、海淀区、顺义区、大兴区介绍了助力北京国际消费中心城市建设的方案。

10 月 26 日　北京市召开落实国务院调法调规工作新闻发布会，对国务院发布的《关于同意在北京市暂时调整实施有关行政法规和经国务院批准的部门规章规定的批复》进行解读。此次《批复》共涉及 6 个领域的 9 项开放措施，标志着"两区"方案中涉及的开放措施落地实施依据更为充实，北京进一步深化服务业扩大开放的法治保障也更为坚实有力。

10 月 29 日 北京市政府举办第 15 届"长城友谊奖"颁奖暨座谈交流会，15 位为北京发展做出突出贡献的外籍人士获此殊荣。

10 月 29 日 北京冬奥组委暨城市运行保障指挥部第十五次调度会议召开，研究调度冬奥会防疫和测试赛办赛工作。

10 月 30 日 国家主席习近平在北京以视频方式出席二十国集团领导人第十六次峰会第一阶段会议并发表重要讲话，全面阐述中方对世界经济形势和全球卫生合作的鲜明立场，围绕全球抗疫、经济复苏提出一系列重大主张，为疫后经济发展和全球治理指明方向，彰显中国作为负责任大国的气魄与担当。

十一月

11 月 3 日 北京市委常委会召开会议，学习《中国共产党组织工作条例》，研究本市新增产业禁止和限制目录等事项。会议听取了《北京市国际交往语言环境建设条例》立法工作情况汇报，指出，营造国际交往语言环境有利于推进国际交往中心功能建设。

11 月 4 日 国家主席习近平以视频方式出席第四届中国国际进口博览会开幕式并发表题为《让开放的春风温暖世界》的主旨演讲。习近平强调，开放是当代中国的鲜明标识，中国将坚定不移维护真正的多边主义，坚定不移同世界共享市场机遇，坚定不移推动高水平开放，坚定不移维护世界共同利益。

11 月 6 日 北京市人民政府发布《关于支持综合保税区高质量发展的实施意见》，进一步创新体制机制，构建布局合理、功能完善、特色鲜明、保障有力的综保区发展格局，更好服务北京开放型经济高质量发展。

11 月 11 日　国家主席习近平应邀在北京以视频方式向亚太经合组织工商领导人峰会发表题为《坚持可持续发展 共建亚太命运共同体》的主旨演讲。

11 月 12 日　国家主席习近平在北京以视频方式出席亚太经合组织第二十八次领导人非正式会议并发表重要讲话。

11 月 12 日　北京市委书记蔡奇会见英国怡和集团执行主席班哲明·凯瑟克一行。会见后，双方还共同见证了首钢集团与怡和集团签署《战略合作框架协议》。

11 月 18 日　由波黑首都萨拉热窝市主办的第五届中国—中东欧国家首都市长论坛以视频方式举行。本届论坛以"携手抗击疫情 推动韧性合作"为主题，旨在提升北京与中东欧国家首都城市在经贸、城市治理等领域合作水平，增强合作韧性。论坛前后还举办首都商会会长圆桌会、健康城市建设研讨会等 5 场线上平行活动，围绕深化经贸合作、建设健康城市、促进旅游合作等问题进行交流研讨。

11 月 19 日　北京冬奥组委暨城市运行保障指挥部第十七次调度会议召开，研究调度冬奥会筹办、疫情防控、测试赛办赛工作。

11 月 20 日　北京市人民政府办公厅印发《北京市培育和激发市场主体活力持续优化营商环境实施方案》，涉及的改革任务涵盖着力打造高度市场化的营商环境；着力打造稳定、公平、透明、可预期的法治化营商环境；着力打造更加自由便利的国际化营商环境等方面。

11 月 22 日　第四届世界媒体峰会在北京以视频连线方式举行。来自全球 240 家媒体的代表出席此次"云盛会"，涵盖通讯社、报刊、广播、电视、网络新媒体等各种媒体形态。部分国际组织和外国驻华使馆等机构代表也应邀出席。峰会发表《第四届世界媒体峰会北京共识》。

11 月 22 日　国家主席习近平在北京以视频方式出席并主持中国—东盟建立对话关系 30 周年纪念峰会。

11 月 23 日　北京市政协召开协商恳谈会为中医药海外发展支招。市政协开展相关调研后提出，应抓住"两区"建设机遇，打造首都中医药国际

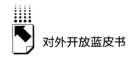

服务体系，提升中医药服务水平。

11 月 24 日　在北京冬残奥会开幕倒计时 100 天之际，北京 2022 年冬残奥会倒计时 100 天主题活动在国家游泳中心"冰立方"举行，北京 2022 年冬残奥会火炬接力计划对外发布。

11 月 26 日　北京冬奥组委举办第二次驻华使节奥运情况介绍会，北京市副市长、北京冬奥组委执行副主席张建东出席开幕式并致辞，北京冬奥组委专职副主席兼秘书长韩子荣主持会议。来自 70 多个国家约 120 位驻华使节、高级外交官及国家（地区）奥委会代表通过线上和线下方式参加此次介绍会。

11 月 26 日　北京市第十五届人民代表大会常务委员会第三十五次会议通过《北京市国际交往语言环境建设条例》，自 2022 年 1 月 1 日施行。作为国内首部国际交往语言环境建设方面的地方性法规，条例明确规定了多项外语公共服务内容，要求民用机场、火车站、城市公共交通站点等五大类公共场所在规范使用汉语标识的同时，应同步设置、使用外语标识，但不可单独设置外语标识。

11 月 28 日　北京 2022 年冬奥会和冬残奥会"赛时一天"综合演练进行。

11 月 29 日　国家主席习近平在北京以视频方式出席中非合作论坛第八届部长级会议开幕式，发表题为《同舟共济，继往开来，携手构建新时代中非命运共同体》的主旨演讲。

11 月 29 日　"2021 世界交响乐北京论坛"在国家大剧院以视频会议的方式开幕，并通过国家大剧院古典音乐频道、央视网、人民日报新媒体、北京日报新媒体等多家海内外网络媒体平台进行同步直播。

11 月 30 日　北京市委全面深化改革委员会召开第二十三次会议。会议审议了《北京市生物医药全产业链开放实施方案》，指出要推动市场准入、国际研发合作、研发用物品通关便利化。加大对创新药械研发注册的支持力度等。

十二月

12月1日　第十一届中意创新合作周以"线上—线下结合方式"在中国北京、意大利罗马及那不勒斯开幕。

12月2日　由亚洲金融合作协会主办的"亚洲金融高峰论坛暨亚洲金融智库2021年会"以线上方式召开。会议以"深化区域金融合作 助推经济复苏"为主题。北京市应邀参加会议并介绍金融业发展有关情况。

12月5日　国家主席习近平在北京向"2021从都国际论坛"开幕式发表视频致辞。

12月6日　第二十四届北京·香港经济合作研讨洽谈会开幕。本届洽谈会以视频连线方式在京港两地同步举行。京港洽谈会以"优势互补、共创繁荣"为宗旨，是京港两地政府和机构共同搭建的促进投资平台。本届洽谈会以"融入新格局，开启新征程"为主题，分为开放合作、科技文化创新合作、重点区域推介、城市管理与公共服务合作四大板块，将举办10项专题活动，深化京港两地高质量合作，推动实现高水平互利共赢。

12月7日　国际奥委会执行委员会会议以视频形式召开。北京市委书记、北京冬奥组委主席蔡奇致辞，国际奥委会主席托马斯·巴赫主持会议，国际奥委会北京冬奥会协调委员会主席胡安·萨马兰奇讲话。蔡奇在致辞中代表北京冬奥组委，向巴赫主席、向各位执委长期以来给予北京冬奥会的支持帮助表示感谢。

12月9日　北京市商务局印发《北京市关于进一步加强稳外资工作的若干措施》，落实国家和北京市关于稳外资工作的有关决策部署，进一步提升本市对外开放水平，提高投资便利化水平，加强外商投资合法权益保护，促进外商投资稳定发展。

12月10~12日　第26届澳门国际贸易投资展览会在澳门举办，北京市以线上方式参展。结合"十四五"时期发展目标和全市中心工作，市政府港澳办精心设计线上参展方案，统筹协调市贸促会等8家市属相关单位在

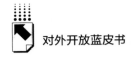

MIF 线上展厅设立北京馆，重点宣介"两区""三平台"建设和优化营商环境有关政策。

12 月 11 日 全球数字经济标杆城市建设现场推进会召开。

12 月 11 日 "永葆赤子心 共圆中国梦——港澳台侨同胞共建北京奥运场馆纪念展"在国家游泳中心"冰立方"揭幕。揭幕式上，港澳台侨同胞捐资人代表发言，北京海外联谊会发布《港澳台同胞、海外侨胞支持北京 2022 年冬奥会、冬残奥会倡议书》。

12 月 14 日 中共中央政治局常委、国务院副总理、第 24 届冬奥会工作领导小组组长韩正在北京调研冬奥会、冬残奥会筹办工作。

12 月 16 日 北京国际奥林匹克学院在首都体育学院揭牌成立。北京国际奥林匹克学院是世界上第三所由国家政府决定成立的国际奥林匹克学院，将为"后奥运时代"奥林匹克精神与文化在北京的传承与发展起到推动作用，也是北京 2022 年冬奥会的第一个人文遗产。

12 月 20 日 国务委员兼外交部部长王毅在北京出席 2021 年国际形势与中国外交研讨会开幕式并发表题为"2021 年中国外交：秉持天下胸怀，践行为国为民"的演讲。

12 月 22 日 中共中央政治局委员、中宣部部长黄坤明在北京调研冬奥会、冬残奥会新闻报道筹备工作时强调，要深入学习贯彻习近平总书记关于做好北京冬奥会、冬残奥会筹办工作的重要指示精神，扎实做好新闻宣传，精心组织信息发布、采访报道和媒体服务，努力为北京冬奥会、冬残奥会营造浓厚氛围。

12 月 27 日 "相约北京"奥林匹克文化节暨第 22 届"相约北京"国际艺术节在北京冬奥组委举办盛大的发布会，宣布于 2022 年 1 月 6 日至 2 月 18 日期间，通过一系列精心设计的线上线下文艺活动，营造浓厚的冬奥文化氛围，呈现北京作为世界首座"双奥之城"的独特魅力。

12 月 27 日 北京召开贸易投资便利化专场新闻发布会，在新一轮贸易投资便利化改革中，北京将发挥"两区"优势，先行先试对接高水平国际自由贸易规则，促进贸易和投资自由化便利化，营造公平、透明、可预期的国际化营商环境。

12 月 29 日 "北京·国际范儿"短视频大赛颁奖仪式在京举办。大赛共收到投稿作品 220 部，吸引 50 多个国家和地区人员参与，参赛作品在快手平台播放量超 1000 万次，全网总浏览量超 5000 万次。

12 月 30 日 北京培育建设国际消费中心城市领导小组召开第一次全体会议。会议听取并研究培育建设国际消费中心城市 2021 年工作进展、2022 年工作安排以及统计监测情况、物流基地和农产品一级综合批发市场规划建设和转型升级等事项，审议领导小组工作规则、办公室工作细则和下设专项工作组职责分工，部署下一阶段重点任务。

12 月 31 日 北京 2022 年冬奥会和冬残奥会誓师动员大会召开。

以上内容根据联合国、中央人民政府、国务院新闻办公室、商务部、外交部、首都之窗、国际科技创新中心、科学技术部、北京市人民代表大会常务委员会、北京市政府、北京市发展和改革委员会、北京市商务局、北京市政府外办、北京市人力资源和社会保障局、新华网、人民法院新闻传媒总社、中国新闻网、《北京日报》、新浪网、搜狐网、央广网、中国科技网、网易新闻等网站相关内容和报道整理。

Abstract

The *Annual Report on Beijing Opening-Up Development* (2022) conducts an all-round, multi-angle and in-depth analysis of the overall situation of Beijing's opening up in 2021, and studies the future direction and development path of opening up, providing intellectual support for promoting Beijing to accelerate the formation of a new pattern of high-level opening up with characteristics and advantages, and to create a new highland for opening up to the outside world. This report comprehensively uses investigation and research, case analysis, horizontal comparison, empirical research and other methods to comprehensively analyze and sort out and expound Beijing's opening up to the outside world, and thought the current level of Beijing's opening up has maintained a sustained and steady improvement trend, and actively and deeply explores a new model of opening up led by the service industry, Beijing high-quality economic development and high-level opening up have entered a new stage. In the field of open development, Beijing has taken advantage of the policy combination of Beijing Pilot Free Trade Zone, the two Zones and the cultivation and construction of international consumption center, actively promote the convergence of high-standard rules and institutional innovation, and made great efforts to build a platform for innovative development of high-level opening up mechanisms. In the field of digital economy, Beijing adheres to world-class and best practices, promotes the high-quality development of digital trade, accelerates the construction of a benchmark city of global digital economy, and promotes the healthy development of platform economic norms by improving regulatory efficiency. In the field of cultural exchanges, the deepening of cultural digitalization in Beijing has brought about the rise of new business forms and models. The cultural trade has achieved both quality and quantity improvement, and the development opportunity of RCEP has been seized to accelerate the "going out" of cultural industries. In the field of international communication, based on its advantages as a capital, Beijing has promoted the function of an international communication center, constantly optimized its international accessibility, and continued to expand its international influence.

The report believes that Beijing has already made important achievements in high-level opening-up, and that a deep grasp and push forward the building of "new heights, new engines, new platforms and new mechanisms" will further enhance Beijing's opening-up level and influence. Given the combination of COVID-19 risks and geopolitical risks, Beijing faces a series of challenges in its opening-up, and should foster a more fair and transparent business environment and promote investment facilitation; improve the economic service guarantee system for multinational corporations' headquarters, and support multinational corporations in setting up global and regional R&D centers in Beijing; foster new forms and models of foreign trade development, and build new advantages of Beijing's international competition and cooperation; promote the high-quality development of Beijing's trade in services and culture through high-level free trade agreements; accelerate the innovation of intellectual property protection system in Beijing, and promote the construction of a demonstration city with strong intellectual property rights; accelerate the pace of "going out" of Beijing enterprises, and deeply participate in and actively explore the international market.

Keywords: Opening to the Outside World; Institutional Innovation; Construction of "Two Zones"; Digital Economy; Cultural Trade

Contents

I General Report

Abstract：With the continuing impact of the pandemic, the international
situation is increasingly volatile, and the world is facing profound changes unseen
in a century. China's opening-up has entered a new stage of development,
gradually shifting from commodity-and factor-based opening-up to institutional
opening-up. In the turbulent international situation and the transformation of the
domestic economic structure, Beijing has always been based on the strategic
positioning of "four centers", and constantly improved the level of "four
services". Remarkable achievements have been made in epidemic prevention and
control and economic construction, and the level of high-quality opening to the
outside world has been continuously enhanced. The total volume of trade in goods
reached a new high, and the trade structure was constantly upgraded. The business
environment continues to improve, and the "strong magnetic field" effect of
attracting investment is further enhanced. The level of open platform has been
continuously improved, and the park construction has achieved remarkable
results. Capacity for institutional innovation and policy integration has been
improved, and capacity for independent innovation has been further enhanced.

Although Beijing is facing a series of challenges in opening up to the outside world, the fundamentals of steady progress have not changed. In the future, Beijing should take the lead in exploring effective ways to build a new development pattern, actively carry out trials to align the rules of high-level international free trade agreements, and strive to create a new plateau of opening-up.

Keywords: Opening to the Outside World; Foreign Trade; "Two Zones" Construction

II Subject-reports

（1） Open Development Chapter

B.2 Report on the Development of China (Beijing) Pilot Free Trade Zone (2022)

Du Guochen, Liu Yizhuo / 038

Abstract: The construction of China (Beijing) Pilot Free Trade Zone is a major responsibility entrusted to Beijing by the CPC Central Committee and the State Council. It is also an important starting point for Beijing to base itself on the new development stage, implement the new development concept and build a new development pattern. Since the approval of the Pilot Free Trade Zone in September 2020, Beijing has conscientiously implemented the Overall Plan of China (Beijing) Pilot Free Trade Zone, actively promoted institutional innovation around the key tasks of the pilot zone, focused on key areas, continuously expanded the opening-up, and promoted linkage innovation mode, which already achieved phased results. At the same time, China (Beijing) Pilot Free Trade Zone also has some problems in the aspects of institutional innovation, institutional mechanism, and opening-up stress test. Next, in accordance with the decisions and deployment of the Party Central Committee and the State Council, we should focus on building a new development pattern of dual circulation, take key areas and key links as breakthroughs, continue to strengthen the

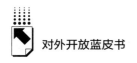
implementation of policy tasks, lead forward-looking institutional innovation, give full play to the leading role of China (Beijing) Pilot Free Trade Zone and contribute to the formation of a nationwide gradient development pattern by taking key areas and key links as a breakthrough.

Keywords: China (Beijing) Pilot Free Trade Zone; System Innovation; Business Environment; Opening to the Outside World

B.3 Taking RCEP as an Opportunity to Promote the High-level
Development of Beijing's National Integrated
Demonstration Zone for Greater Openness in the
Service Sector and a Pilot Free Trade Zone (FTZ)

Liu Bin, Liu Yuejun / 049

Abstract: RCEP is a free trade agreement with the largest population and the largest economic and trade scale. The conclusion of the agreement provides a new opportunity for the construction and development of the "Two Zones" in Beijing. The text of RCEP rules is inclusive, comprehensive and enforceable. Its tariff reduction, origin accumulation rule, negative list system, e-commerce and intellectual property rights provisions have created opportunities for Beijing to promote free trade and open trade in services. Beijing should take the initiative to align with the RCEP's high-standard system and rules, take the lead in implementing the negative list management system for trade in services, and speed up the pilot work of cross-border e-commerce in the "Two Zones". We will actively fulfill the requirements of the RCEP on investment and trade facilitation, further improve the business environment, and attract more high-quality foreign investment and professionals. Continue to give full play to the leading role of the "Two Zones" platform, accelerate the construction of the digital trade demonstration zone, the national service trade innovation development demonstration zone and the international high standard economic and trade rules pioneering cooperation demonstration zone, and improve the development level of the "Two Zones" in Beijing in an all-round way.

Keywords: RCEP; "Two Zones" Construction; Rule Benchmarking

B.4 A Comparative Study of International Consumption Center Cities

—On Basis of the Comparison between Beijing and Shanghai

Jiang Rongchun / 062

Abstract: On July19, 2021, Beijing, Shanghai, Guangzhou, Tianjin and Chongqing are approved to build international cities as the first group. Considering Beijing and Shanghai are most comparable and easy to learn from each other, this research focus on them, including the main contents of the implementation plan, relevant supporting policies and the latest practical progress, etc. and then systematic sorting and comparative analysis are carried out. The study found that Beijing and Shanghai have both similarities and differences. Beijing's plan is more detailed and specific, and its supporting polices are more systematic and targeted. Shanghai has obvious advantages in consumer goods trade, first-store economy and international promotion. Finally, suggestions are put forward from four aspects: to strengthen coordination with Tianjin, to learn from Shanghai's experiences in international promotion etc., to make a support plan for specialized talents, and increase people's sense of participation.

Keywords: Beijing; Shanghai; International Consumption Center City

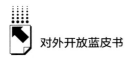

对外开放蓝皮书

（2）**Digital Economy Chapter**

B.5　Research on Beijing's Policy System of Building a Global

　　　Digital Economy Benchmark City

Lan Qingxin，Han Yawen and Hu Jianglin / 073

Abstract: Under the new normal of global digital economy development, data elements have become a new point of contention in international competition, the trade nature of the digital economy has been further enhanced, the digital economy and the real economy have been deeply integrated, and technological innovation has been accelerated through openness and coordination. Enterprise competition has changed from product technology competition to business model competition. The digital economy mainly promotes the high-quality development of the region by improving production efficiency, expanding the boundaries of division of labor, creating high-quality employment, and strengthening the accurate matching of supply and demand. Building Beijing into a global digital economy benchmark city will stabilize the momentum of economic growth, strengthen the positioning of Beijing's "four centers", accelerate the construction of Beijing's "two districts", expand employment space, and promote green and low-carbon transformation. In the development of the digital economy, Beijing has the basic conditions and advantages of increasing policy support, long-term high investment level, sufficient driving force for R&D and innovation, gathering of leading enterprises, continuous deepening of international opening, leading data sharing across the country, and strong digital application foundation. To build Beijing into a global digital economy benchmark City, Beijing needs to accelerate the layout of key "industries + regions", strengthen the connectivity of integrated infrastructure, build a technology integration and innovation system, optimize the investment promotion channels of the digital economy, and promote the upgrading and expansion of new consumption. Based on the research on the current situation and path of the development of Beijing's digital economy, we will further promote the development of industrial digitization and new digital industrialization by building a high-level digital supply chain and industrial chain, actively participate in the formulation of international digital trade rules, ensure the safety of cross-border data flow, increase financial and tax support, help enterprises in the digital economy to innovate and develop, improve policies and regulations and supporting links, and establish a data element governance system, Build a public service platform for the whole society's data circulation, create an inclusive and innovative development environment, increase the support for talents, formulate a digital economy talent training plan, build a policy system for Beijing to build a global digital economy benchmark City, form a development force, and accelerate the construction of a global digital economy benchmark city in Beijing.

Keywords: Digital Economy; Development Path; Policy System; Beijing

B. 6　Research on Digital Trade Measurement Method and

Beijing's Trial Measurement

Zhou Nianli, Yu Meiyue and Meng Ke / 094

Abstract: In order to better implement the "Two Districts Construction" work plan in Beijing, the depth and breadth of digital trade statistics research should be further improved. This report discusses the definition of digital trade and the attempts made by representative institutions at home and abroad for digital trade statistics, and based on this, the Beijing digital trade measurement work is carried out. Specifically, the first is to use the definition of the extension of digital trade in the "Central Product Classification System" (CPCVer 2. 1) as a benchmark, and compare it with the "Extended Classification of Balance of Payments Services (EBOPS 2010)" to make an interface, and calculate the scale of "digital" service trade in Beijing's through the interface. Second, the concept of "digitized rate" was innovatively proposed. According to the matching results of EBOPS 2010 between 9 digitalized service industries defined by the United Nations Conference on Trade and Development (UNCTAD), the "digitized rate" of each industry

対外开放蓝皮书

was calculated through the investigation of typical enterprises. Based on the "digitalized rate" of each industry and the corresponding "digitable" service trade scale, the "digitalized" service trade scale of Beijing is calculated. On the one hand, this report combines the measurement results to analyze the development of Beijing's digital trade. On the other hand, it summarizes the difficulties encountered in the survey and measurement, and tries to put forward countermeasures and suggestions from the aspects of promoting the improvement of the digital trade statistics system and improving the level of digital trade statistics.

Keywords: Digital Trade; Digitized Rate; Scale Measurement

B.7 Research on the Overall Development and Supervision
Path of Beijing Platform Economy

Deng Huihui, Cheng Yujiao / 109

Abstract: As an important part of the digital economy, platform economy plays a key role in improving public governance, improving the efficiency of social resource allocation, and connecting the national economic cycle. This report first analyzes the current development status of Beijing's platform economy, mainly from the platform economy as a whole to maintain the rapid development momentum, the application of public service platform in the forefront of the country, the production and service platform development results, focus on building a systematic life service platform. Secondly, taking Meituan, a leading platform enterprise in Beijing, as an example, this paper summarizes the development model of platform economy for consumers and businesses. Finally, aiming at the problems of non-standard development, imperfect rights and interests protection, improper data protection and so on in Beijing's platform economy, this paper puts forward the corresponding supervision optimization path.

Keywords: Platform Economy; Platform Enterprise; Platform Supervision

（3） **Cultural Exchange Chapter**

B . 8   Report on the Development of Beijing's Cultural

Trade （2022）

Wang Haiwen , Fang Shuo / 124

Abstract：Beijing's cultural trade has made good achievements in terms of industrial foundation, cultural supply capacity and quality, trade commodity structure, cultural digitization, assisting the construction of the "two districts" and the integration of Beijing, Tianjin and Hebei. However, it also faces challenges such as the uncertainty of the impact of the epidemic, as well as shortcomings in policy innovation and coordination, application and expansion of digital science and technology scenarios, cultivation of world-class cultural enterprises and regional coordination. In the future, Beijing's cultural trade will perform well in serving Beijing, promoting high-quality development, presenting new business forms and modes, and improving cultural governance capabilities. Therefore, we should actively respond to the impact of the epidemic with high-level epidemic prevention and control and cultural governance, strengthen policy integration, coordination and innovation, promote the rapid development and deepening of cultural digitization, promote the deep integration of industries and the cultivation of first-class enterprises, and actively promote the cultivation of strategic talents.

Keywords：Cultural Trade；Digital Technology；Cultural Governance

B . 9   A Study on the Measures to Enhance the International

Attraction of Beijing's Cultural Tourism

Wang Huiying / 138

Abstract：Enhancing the international attractiveness of Beijing's cultural tourism is not only conducive to boosting the development of Beijing's cultural

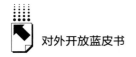
tourism after the epidemic and promoting economic growth, but also conducive to displaying the charm of the national cultural center and enhancing international exchanges and cooperation. Compared with the typical tourism cities at home and abroad, Beijing lags far behind these cities in terms of the number of inbound tourists and tourism income. On the basis of summing up the development trend and experience of cultural tourism, it is found that there are gaps in the development of cultural tourism in Beijing in terms of resource development, core content, digital tourism services and external publicity and promotion. It is suggested that the in-depth development of cultural tourism resources, aiming the young tourists as the target of market development, innovating the international promotion means and developing digital cultural tourism and services should be performed to enhance the international attraction of Beijing's cultural tourism.

Keywords: Cultural Tourism Resources; International Attraction; Digital Empowerment; Publicity and Promotion; City Quality

B.10 A Study on Beijing's Cultural Industry "Going Global" with High-quality under the Framework of RCEP

Zhou Jinkai / 152

Abstract: Cultural industry going global with high-quality is an important part of Beijing's opening up in the new era. In order to explore the measures of Beijing's cultural industry going global with high-quality, the report uses SWOT analysis under the framework of RCEP. The research shows that the opportunities of Beijing's cultural industry going global with high-quality are the high-standard economic and trade rules, unified market effect and cultural identity of overseas Chinese of RCEP. The strengths of Beijing's cultural industry going global with high-quality are the cultural industry upgrading and the institutional innovation of two zones in Beijing. At the same time, Beijing's cultural industry faces the threats of external competition and comparative advantage disruption from RCEP. And the weaknesses of Beijing are the international comprehensive competitiveness of cultural enterprises and the construction of service platform of going global. Therefore, Beijing could build a platform of cultural industry going global with high-quality, enhance the competitiveness of the cultural industry according to the high-standard economic and trade rules of RCEP and play the role of overseas Chinese to promote Beijing's cultural industry going global with high-quality.

Keywords: RCEP; Cultural Industry; "Going Global"; "Two Zones" in Beijing; SWOT Analysis

(4) International Communication Chapter

B.11 Optimizing Services Concerning Foreign Affairs and
Promoting the Functional Construction of a Global
Hub of International Exchange in Beijing

Liu Jiajia, Zhang Xiaoqing / 165

Abstract: The functional construction of the global hub of international exchange of Beijing is conducive to the construction of a new international order, to the formation of a community with a shared future for mankind, and to establishment of a new global order under the principle of extensive consultation, joint contribution and shared benefits. This report mainly focuses on the strategies and paths of Beijing to promote the functional construction of a global hub of international exchange from aspects of international medical treatment, international education and international tourism. This paper aims to improve the research on the functional system and policy system of the international exchange center of Beijing, promote the formation of efficient and pragmatic policies, and further promote the construction of the global hub of international exchange of Beijing.

Keywords: International Exchange Center; International Medical Treatment; International Education; International Tourism

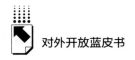
对外开放蓝皮书

B.12 Opportunities and Challenges of the Conference and
Exhibition Economy in the Context of the Construction
of Beijing as an International Consumption Center City

Deng Huihui, Li Huirong and Zhi Chen / 179

Abstract: Convention and exhibition is an important platform for promoting trade and investment, which helps Beijing boost cultural consumption demand and enhance the activity of international communication. At present, Beijing's conference and exhibition economy has a good development trend, with stable growth of conference and exhibition scale, continuous improvement of infrastructure and distinctive brand resources. With the proposed objectives and key tasks of fostering the construction of an international consumption center city, Beijing has both opportunities and challenges in developing the conference and exhibition economy. On the one hand, the construction of international consumption center city and the introduction of special incentive policies for the conference and exhibition industry provide policy support for the conference and exhibition economy, and the deepening of opening to the outside world, the development of digital economy and the rebound of cultural consumption inject new vitality into the conference and exhibition economy. On the other hand, there are problems and challenges in the development of exhibition economy in Beijing in terms of complex and changeable external environment, uneven development within the industry, insufficient professional talents reserve, urgent innovation in profit mode and marketization level to be improved. In this regard, this report suggests that Beijing should make multiple efforts to promote the high-quality development of the conference and exhibition economy, further enhance the soft power of conference and exhibition services, integrate the regional conference and exhibition resources in Beijing, Tianjin and Hebei, take the opportunity to actively integrate into the global consumption chain by developing the conference and exhibition economy, pay attention to the training of counterpart professional talents, promote the digitalization and market-oriented reform of the industry, and finally enhance the ability of the conference and exhibition industry to serve the construction of Beijing as an international consumption center city.

Keywords: International Consumption Center Cities; Exhibition Economy; Industrial Digitization

B.13 Policy Research on Optimizing Beijing's International Airline Network Accessibility

Wang Kun, Yang Hangjun and Hou Meng / 200

Abstract: Accelerating the construction of Beijing's international aviation hub and optimizing international aviation accessibility can give full play to the efficiency advantages of civil aviation, reduce the time and space distance between Beijing and major international cities, build good external connectivity conditions, promote trade facilitation and factor flow, and help the agglomeration of the high-quality international resources. This would lay a solid foundation for Beijing to develop into an international exchange center. This chapter firstly analyzes the status quo of Beijing's international aviation accessibility, clarifies the current bottleneck problems, and specifically finds that Beijing has "aviation resources", "transit connection ability", "hinterland radiation absorption ability", "visa customs clearance facilitation policy", etc. There are still obvious deficiencies, which limit the development of Beijing's international aviation accessibility. Through the introduction and analysis of the advanced experience of foreign cities and regions, combined with the specific situation of Beijing, this paper puts forward specific policy suggestions for improving Beijing's international aviation accessibility. It is recommended to focus on "opening the fifth freedom rights", "dual-hub function positioning", "international flight slot allocation", "visa facilitation", "attracting international airlines to enter", "strengthening the construction of multimodal transport in the Beijing–Tianjin–Hebei region", Active measures have been taken in various aspects such as "improving the transfer capacity of dual hubs" and

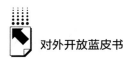

"improving the non-aviation business capacity".

Keywords: Beijing; International Navigation Route; International Exchange Center; International Aviation Market

Ⅲ Special Reports

B.14 Study on the Effect Evaluation of Beijing-Tianjin-Hebei
Coordinated Development

Zhang Ji, *Shi Xiao* / 209

Abstract: This paper first combs the current situation and problems of the coordinated development of Beijing, Tianjin and Hebei, and then measures the degree of coordinated development by using the coupled degree of coordination model. It is found that the degree of coordination of the coordinated development policies of Beijing, Tianjin and Hebei is still in the primary coordination stage, the degree of coordination of the transportation integration policy is the highest while the degree of coordination of the financial policy is the lowest, and the degree of coordination between the two regions shows differences. The coordinated development of Beijing, Tianjin and Hebei has brought remarkable economic effects to families, which can not only reduce the economic risks of families, but also narrow the gap of economic risks of families. At the same time, it is found that the radiation of the coordinated development of Beijing, Tianjin and Hebei is small, which can only significantly reduce the family economic risks in the core functional areas and some areas around Beijing. Our research conclusions provide the basis for policy improvement for the coordinated development of Beijing, Tianjin and Hebei. Strengthening policy coordination and promoting coordinated development of the financial sector; optimizing spatial distribution and increasing the role of radiation in driving growth; promoting industrial upgrading and relocation and building industrial clusters and relying on scientific and technological innovation and the digital economy; narrowing the gap in regional economic development; promoting the joint construction and sharing of basic public services, and narrowing the gap in household costs.

Keywords: the Coordinated Development of Beijing-Tianjin-Hebei; Coupled Degree of Coordination Model; Household Financial Risk; the Gap of Household Financial Risk

B. 15   A Study on Building World-class Business Districts in Beijing

Zhang Leinan / 228

Abstract: The world-class business district is the high integration of business, culture and international communication, and is the city's and national business cards. Among Beijing's international business districts, Wangfujing, CBD and Sanlitun have the potential of world-class business district. Among them, Wangfujing has unique advantages in establishing an world-class business district with diversity and recognition. However, there are still some problems in the construction of Beijing's world-class business district, such as brand construction, system planning, cultural integration, brand positioning, spatial optimization, regional radiation, data-driven and network integration. In the next step, we propose to attach importance to the brand building and publicity of the business district by establishing a business district management committee jointly managed by the government, the chamber of Commerce and enterprises; Integrate historical culture and art, highlight the profound cultural charm, define the core positioning of the business district, and draw on the characteristics of the business district; Establish the spatial layout of "Feng", "Mu" and "Tian", and realize regional coordination under the guidance of the government; Establish a digital intelligence business district information system and establish an online and offline integration mechanism to build an world-class business district.

Keywords: World-class Business District; Brand Building; Space Optimization; Digital Sales

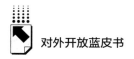

对外开放蓝皮书

B.16 Research on Attracting the Headquarters of Top 500
Multinational Companies in Beijing Under the
Background of "Two Districts" Construction

Lan Qingxin, Luan Xiaoli / 239

Abstract: Under the background of Beijing's 'two districts' construction,
the development of headquarters economy is helpful to the establishment of Beijing's
"high-grade, precision and advanced" economic structure, to firmly grasp the
strategic positioning of the capital city, to promote the functional construction of
Beijing's 'four centers' and to promote the high-quality development of the capital
economy. Therefore, this paper analyzes the changes in the influencing factors of the
headquarters layout of multinational companies from the global layout and transfer
trend of multinational companies. By analyzing the advantages of attracting
multinational companies in Beijing and the successful experience of typical cities at
home and abroad, this paper further compares and analyzes the investment status and
case analysis of the top 500 enterprises in various regions of Beijing, so as to put
forward policy suggestions for the capital to develop the headquarters economy and
better attract the headquarters of multinational companies.

Keywords: "Two Districts" Construction; Multinational Corporations;
Headquarters Economy

IV Case Study

B.17 Beijing Stock Exchange: Building A New Pattern of
High-Level Financial Openness

Jiang Ping, Yuan Bozong and Zheng Xiaojia / 253

Abstract: Promoting a higher level of financial openness is not only the need
for the current development of the financial industry but also the requirement for
deepening the financial supply-side reform and achieving high-quality economic

320

development. The Beijing Stock Exchange aims to serve the type of Specialized, Refinement, Differential, and Innovation (SRDI) enterprises, and achieves a new pattern of high-level financial openness through its unique path. The establishment of the Beijing Stock Exchange will continue attracting foreign venture capital funds to invest in Chinese SRDI enterprises, promote the participation of qualified foreign investors in capital market transactions, and enhance the internationalization of China's capital market. The Beijing Stock Exchange constitutes the basic framework of the multi-level capital market and provides a reform plan to solve the dilemma of corporate innovation based on high-level financial openness, and prepares for the further realization of a new pattern of high-level financial openness. The ultimate success of the Beijing Stock Exchange is inseparable from the linkage of policies and mechanisms to achieve high-level financial openness, and it has successfully practiced the specific central-local policy linkage path of high-level financial openness. The Beijing Stock Exchange will become another important milestone of the capital market reform due to its unique service targets and the late-mover advantage in financial mechanism design.

Keywords: Beijing Stock Exchange; High-level Financial Openness; Corporate Innovation

B.18　Beijing Daxing International Airport Comprehensive Free

　　　　Trade Zone: To Build a Connection Place for

　　　　International Innovation Resources and Elements

Abstract: Beijing Daxing International Airport is a new hub for world-class aviation and a new power source for national development, as well as a new gateway for the innovative development of Beijing–Tianjin–Hebei world-class city cluster and Xiongan New Area. This case is based on the construction of Beijing's "two zones", and summarizes three aspects: economic and geographical

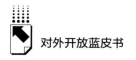

deepening, business innovation exploration, and cooperative management mechanism, summarizing the construction process and experience of Beijing Daxing International Airport Comprehensive Bonded Zone, which is benchmarked against international first-class free trade port zones, and accelerates to become the driving engine of airside economy industry through seamless integration with international innovative resources. It also puts forward specific policy recommendations to optimize internal resources and elements and international docking, to strengthen, grow and replicate, and to innovate the development of comprehensive bonded zones on an early and pilot basis.

Keywords: Beijing Daxing International Airport; Comprehensive Free Trade Zone; Free Trade Port; Open Innovation; Resource Elements

V   Appendix

B.19   Chronicle of Events on Beijing's Opening to the Outside World（2021）

Research Group of Beijing Open Economiy Research Insitute，*UIBE* / 283

社会科学文献出版社

皮 书

智库成果出版与传播平台

❖ 皮书定义 ❖

皮书是对中国与世界发展状况和热点问题进行年度监测，以专业的角度、专家的视野和实证研究方法，针对某一领域或区域现状与发展态势展开分析和预测，具备前沿性、原创性、实证性、连续性、时效性等特点的公开出版物，由一系列权威研究报告组成。

❖ 皮书作者 ❖

皮书系列报告作者以国内外一流研究机构、知名高校等重点智库的研究人员为主，多为相关领域一流专家学者，他们的观点代表了当下学界对中国与世界的现实和未来最高水平的解读与分析。截至2021年底，皮书研创机构逾千家，报告作者累计超过10万人。

❖ 皮书荣誉 ❖

皮书作为中国社会科学院基础理论研究与应用对策研究融合发展的代表性成果，不仅是哲学社会科学工作者服务中国特色社会主义现代化建设的重要成果，更是助力中国特色新型智库建设、构建中国特色哲学社会科学"三大体系"的重要平台。皮书系列先后被列入"十二五""十三五""十四五"时期国家重点出版物出版专项规划项目；2013~2022年，重点皮书列入中国社会科学院国家哲学社会科学创新工程项目。

皮书网

（网址：www.pishu.cn）

发布皮书研创资讯，传播皮书精彩内容
引领皮书出版潮流，打造皮书服务平台

栏目设置

◆关于皮书

何谓皮书、皮书分类、皮书大事记、
皮书荣誉、皮书出版第一人、皮书编辑部

◆最新资讯

通知公告、新闻动态、媒体聚焦、
网站专题、视频直播、下载专区

◆皮书研创

皮书规范、皮书选题、皮书出版、
皮书研究、研创团队

◆皮书评奖评价

指标体系、皮书评价、皮书评奖

◆皮书研究院理事会

理事会章程、理事单位、个人理事、高级
研究员、理事会秘书处、入会指南

所获荣誉

◆2008年、2011年、2014年，皮书网均
在全国新闻出版业网站荣誉评选中获得
"最具商业价值网站"称号；

◆2012年，获得"出版业网站百强"称号。

网库合一

2014年，皮书网与皮书数据库端口合
一，实现资源共享，搭建智库成果融合创
新平台。

皮书网

"皮书说"
微信公众号

皮书微博

权威报告·连续出版·独家资源

皮书数据库
ANNUAL REPORT(YEARBOOK)
DATABASE

分析解读当下中国发展变迁的高端智库平台

所获荣誉

- 2020年，入选全国新闻出版深度融合发展创新案例
- 2019年，入选国家新闻出版署数字出版精品遴选推荐计划
- 2016年，入选"十三五"国家重点电子出版物出版规划骨干工程
- 2013年，荣获"中国出版政府奖·网络出版物奖"提名奖
- 连续多年荣获中国数字出版博览会"数字出版·优秀品牌"奖

皮书数据库

"社科数托邦"
微信公众号

成为会员

登录网址www.pishu.com.cn访问皮书数据库网站或下载皮书数据库APP，通过手机号码验证或邮箱验证即可成为皮书数据库会员。

会员福利

- 已注册用户购书后可免费获赠100元皮书数据库充值卡。刮开充值卡涂层获取充值密码，登录并进入"会员中心"—"在线充值"—"充值卡充值"，充值成功即可购买和查看数据库内容。
- 会员福利最终解释权归社会科学文献出版社所有。

数据库服务热线：400-008-6695
数据库服务QQ：2475522410
数据库服务邮箱：database@ssap.cn
图书销售热线：010-59367070/7028
图书服务QQ：1265056568
图书服务邮箱：duzhe@ssap.cn

S 基本子库
SUB DATABASE

中国社会发展数据库（下设 12 个专题子库）

紧扣人口、政治、外交、法律、教育、医疗卫生、资源环境等 12 个社会发展领域的前沿和热点，全面整合专业著作、智库报告、学术资讯、调研数据等类型资源，帮助用户追踪中国社会发展动态、研究社会发展战略与政策、了解社会热点问题、分析社会发展趋势。

中国经济发展数据库（下设 12 专题子库）

内容涵盖宏观经济、产业经济、工业经济、农业经济、财政金融、房地产经济、城市经济、商业贸易等 12 个重点经济领域，为把握经济运行态势、洞察经济发展规律、研判经济发展趋势、进行经济调控决策提供参考和依据。

中国行业发展数据库（下设 17 个专题子库）

以中国国民经济行业分类为依据，覆盖金融业、旅游业、交通运输业、能源矿产业、制造业等 100 多个行业，跟踪分析国民经济相关行业市场运行状况和政策导向，汇集行业发展前沿资讯，为投资、从业及各种经济决策提供理论支撑和实践指导。

中国区域发展数据库（下设 4 个专题子库）

对中国特定区域内的经济、社会、文化等领域现状与发展情况进行深度分析和预测，涉及省级行政区、城市群、城市、农村等不同维度，研究层级至县及县以下行政区，为学者研究地方经济社会宏观态势、经验模式、发展案例提供支撑，为地方政府决策提供参考。

中国文化传媒数据库（下设 18 个专题子库）

内容覆盖文化产业、新闻传播、电影娱乐、文学艺术、群众文化、图书情报等 18 个重点研究领域，聚焦文化传媒领域发展前沿、热点话题、行业实践，服务用户的教学科研、文化投资、企业规划等需要。

世界经济与国际关系数据库（下设 6 个专题子库）

整合世界经济、国际政治、世界文化与科技、全球性问题、国际组织与国际法、区域研究 6 大领域研究成果，对世界经济形势、国际形势进行连续性深度分析，对年度热点问题进行专题解读，为研判全球发展趋势提供事实和数据支持。

法律声明

"皮书系列"（含蓝皮书、绿皮书、黄皮书）之品牌由社会科学文献出版社最早使用并持续至今，现已被中国图书行业所熟知。"皮书系列"的相关商标已在国家商标管理部门商标局注册，包括但不限于 LOGO（▨）、皮书、Pishu、经济蓝皮书、社会蓝皮书等。"皮书系列"图书的注册商标专用权及封面设计、版式设计的著作权均为社会科学文献出版社所有。未经社会科学文献出版社书面授权许可，任何使用与"皮书系列"图书注册商标、封面设计、版式设计相同或者近似的文字、图形或其组合的行为均系侵权行为。

经作者授权，本书的专有出版权及信息网络传播权等为社会科学文献出版社享有。未经社会科学文献出版社书面授权许可，任何就本书内容的复制、发行或以数字形式进行网络传播的行为均系侵权行为。

社会科学文献出版社将通过法律途径追究上述侵权行为的法律责任，维护自身合法权益。

欢迎社会各界人士对侵犯社会科学文献出版社上述权利的侵权行为进行举报。电话：010-59367121，电子邮箱：fawubu@ssap.cn。

社会科学文献出版社